●第16回愛知大学現代中国学部中国現地研究調査●

学生が見た蘇州社会

企業活動・農村社会・都市生活

2014

愛知大学現代中国学部中国現地研究調査委員会編

蘇州見聞録

製造業中心に躍進する蘇州

最先端の技術が集まった
蘇州高新技術産業開発地区

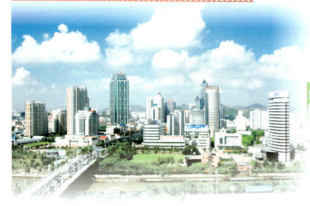

出所：http://www.nipic.com/show/1/38/b2130ba6634daad9.html

映像機器

蘇州科達科技股份有限公司

正面ホールに入ると液晶機器やカメラ機器、ビデオ等がたくさん飾ってあった

工作機械　紐威閥門有限公司

車の部品、工作機械の製造

製造現場を見学したときに撮った貴重な一枚

「片側だけの会議室」に案内されると……

新入社員の方たちと一緒に工場見学

横3m　縦2m

正面の大きなスクリーンに映像が?! リアルタイムで遠隔会議が可能

鉄道関連機器
易程(蘇州)電子科技股份有限公司

鉄道の改札機

カードをかざす新幹線の改札

半導体
住友電工(蘇州)光電子器件有限公司

製品への異物混入を防ぐため靴にビニールカバーを装着！

巨大な水のタワー

火力発電には蒸気を使うので、大量の水が必要！！

電力
華能蘇州熱電有限公司

工場内では安全のためヘルメットをかぶった

金属箔
蘇州福田金属有限公司

本社での研修の成果？京都弁がうまい中国人社員の方発見〜!!

ここがすごい！中国企業の福利厚生

3D映画館があり、自由に観ることが可能。迫力ある画面に感動！

メルヘン風、白くてかわいい！女性に嬉しい化粧台

息抜きにゲームも楽しめる
パソコンが自由に使えネットや動画が利用できる

蘇州見聞録

東山鎮
中原文化の残る碧螺春茶の郷

豊かな水と果樹・茶樹に抱かれた村々

花果之郷　ビワ・ヤマモモ・ミカンと碧螺春茶

果樹の下に碧螺春茶を植える

果物の香りが茶葉に移る

美味しいお茶とご飯をありがとう！

民俗　中原の伝統的な民俗が残る
お金を出し合って猛将会を運営

子供が主役です

南宋の将軍劉錡を祀る

中国版お神輿"抬轎"日本よりアクティブ！

伝統的なベッドもまだまだ現役！

明・清代の文化

清代の茶商人の邸宅

陸巷古村　多くの科挙合格者を輩出

彫花楼　七色のステンドグラスが美しい！

農家楽　東山鎮の観光開発を支える

まるでギリシャのミコノス島のよう!?

村一帯に黒屋根・白壁の新しい家屋が連なる

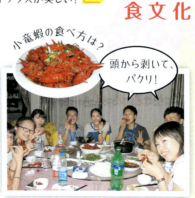

小竜蝦の食べ方は？
頭から剥いて、パクリ！

意外と簡単でおいしい！

食文化

特産の\太湖三白/

白魚
白蝦
銀魚

西山鎮
太湖に囲まれる島

昔は水上の舟で暮らしていた

2004年に政府の援助を受けて初めて陸上に家を持った

あそこに魚が!?

漁村・農村

周りにはビワやヤマモモが！

山頂に開墾された茶畑と果樹園

高齢化に悩む農村

新しい家で孫の子守をする老人

農貿市場で働く老人たち。まだまだ現役！

上海から戻ってきた若者世代

CJ（30）は、霊芝栽培に成功し、青年創業として表彰された！

HZ（49）は農家楽を経営。娘のXZ（26）は碧螺春茶「歌月湾」を販売する合作社を設立

蘇州見聞録

高齢社会に向かう蘇州

桂花社区 & 四季晶華社区

「蘇州が一番住みやすいね。気候も人も穏やかだから。」

「今朝も孫を小学校に送ってきたよ。」

「孫を育てることが生きがい！」

社区では子どもからお年寄りまで一緒に過ごす

おしゃべりに花を咲かせるお年寄り

ダンスルーム

いきいきと踊るおばあちゃんたち。50代にみえる…！

シルクで花作り

講習会で子どもたちに教える

完成！ 身内のおめでたい時などに贈られる

社会福利総院　病院が併設された介護施設。要介護者が多い

日本と変わらない設備。そして広くてゆったりとしている

真剣！手芸などの講座も充実

音楽療法によるリハビリ。新しい取り組みも

歴史文化街区の表と裏

商業区

人力車で街をめぐる外国人観光客

清代民国期の面影を残す町並み

"発財猪"が一番おいしい！

壁門をくぐると……

中心部は観光地として日夜賑わう

二人並ぶのがやっとの路地
住民の交通手段は専ら自転車

居住区

家と家の間に物干し竿をかける
家事も隣家同士が協力する

ベランダを支える土台の木々は
なんだか頼りない

昔使われていた井戸を発見！
直径約50cm

家の前で自転車を修理する住民
道路のど真ん中だが……

道路のあちらこちらに
瓦礫が。何かの開発中か？

目　次

蘇州見聞録 …………………………………………………………………………………	2
『学生が見た蘇州社会』の刊行に寄せて ………… 愛知大学学長・理事長　佐藤元彦 ……	11
第16回中国現地研究調査を終えて ………… 愛知大学現代中国学部学部長　安部　悟 ……	12
中国現地实习活动的意义与责任 …………… 中国劳动关系学院院长　李德齐 ……	13
中国现地研究实习的新形式和新变化 ……… 中国劳动关系学院外事办主任　吴万雄 ……	14
第16回中国現地研究調査参加者名簿 ……………………………………………………	15
第16回中国現地研究調査地点 ……………………………………………………………	16
第16回中国現地研究調査日程表 …………………………………………………………	18

第1部　第16回中国現地研究調査報告 ……………………………………………… 19

第1章　企業の人的資源管理――蘇州市高新区の企業を中心に【企業班】…………… 21

調査概要 ……………………………………………… 柴田優季・森有里花	22
Ⅰ　中国における企業の人材育成 …… 白木英香・森有里花・柴田優季・ノベラサオリ	24
Ⅱ　企業の求める人材と離職防止の手立てについて ……………………… 後藤冴香	37
Ⅲ　人材を確保するための給与体制と福利厚生について ………………… 神尾　龍	42
Ⅳ　人材確保のための昇進 …………………………………………………… 伊藤　栞	45
行動日誌 …………………………………………………………………………	49

第2章　蘇州農村部ですすむ高齢化と就業構造の変化【農村班】…………………… 51

調査概要 ……………………………………………………………… 橋本　華	52
Ⅰ　茶農家の将来 ……………………………………………………… 田中　緑	54
Ⅱ　東山鎮における観光開発と農家楽の発展 ……………………… 石田彩花	57
Ⅲ　蘇州市農村部における高齢化と農村社会保険 ………………… 吉田美波	61
Ⅳ　東山鎮における歴史と民俗 ……………………………………… 橋本　華	65
Ⅴ　金庭鎮の観光開発と農家楽 ……………………………………… 吉岡侑太郎	69
Ⅵ　西山鎮黄家堡の茶・果物農家 …………………………………… 河出眞希	72
Ⅶ　東山鎮と西山鎮の漁村にみる異なる変化 ……………………… 大橋里佳子	75
Ⅷ　蘇州市西山鎮の2人の若き起業家 ……………………………… 五藤優美	79
行動日誌 …………………………………………………………………	83

第3章　養老・観光から見る蘇州市民の生活【都市班】…………………………… 85

調査地概要 ………………………………………………… 槌岡咲帆・馬場有沙	86
Ⅰ　都市化の進む蘇州における現状と課題 ………………………… 豊田友唯	88
Ⅱ　蘇州市における老後のライフスタイル ………………………… 馬場有沙	90
Ⅲ　社区における高齢者の生活 ……………………………………… 菅原桃子	94
Ⅳ　蘇州市の公益事業 ………………………………………………… 秋田　翔	96
Ⅴ　蘇州市における歴史文化保護 …………………………………… 飯田雅崇	99

Ⅵ　河川をめぐる蘇州市民の生活の変化 ……………………………………… 槌岡咲帆 ……… 102
　Ⅶ　蘇州の文化保護活動の蘇州文化への影響 ………………………………… 大澤德宏 ……… 106
　行動日誌 …………………………………………………………………………………………… 111

第2部　第16回日中学生国際シンポジウム ……………………………………………………… 113
　Ⅰ　日中学生国際シンポジウム（調査報告会）プログラム ……………………………………… 115
　Ⅱ　日中学生国際シンポジウム出席者名簿 ………………………………………………………… 116
　Ⅲ　各班発表内容と総評 ……………………………………………………………………………… 117
　　　　農村班　117　　都市班　131　　企業班　139　　総評　151

第16回中国現地研究調査の講評 …………………………………………………………………… 202
編集後記 ……………………………………………………………………………………………… 204

『学生が見た蘇州社会』の刊行に寄せて

愛知大学学長・理事長　佐藤元彦

　現代中国学部による現地主義教育の3本柱の一つである「現地研究調査」は、本年は中国・蘇州で実施されました。この報告書は、16回目となる同調査の成果をとりまとめたものですが、まずはこの場をお借りして、事前の準備段階からお世話いただいた中国労働関係学院院長の李徳斎先生、同外事処主任の呉万雄先生をはじめとする関係者の皆様に、本学を代表して心から御礼を申し上げます。参加した22名の"現中生"は、例年通り、企業、農村、都市の3班に分かれて16日間に及ぶ調査を実施し、最終的に、中華全国総工会、蘇州市総工会の関係者の皆様、愛知大学校友（同窓生）の皆様の面前で中国語によりその成果を発表しましたが、参加"現中生"にとって、2年次前半の4カ月間に及ぶ現地プログラムの成果を発展させる新たな成長の機会になったのではないかと思います。この調査とのいわば交換のプログラムとして、来（2015）年3月には、中国労働関係学院の学生による「日本社会調査」が予定されていると聞いております。日本の学生が中国社会を、中国の学生が日本社会を実際に見聞するという取り組みは、日中の戦略的互恵関係を強化していく上でも、極めて重要であると認識しています。

　ところで、現地研究調査の取り組みは、本学のいわば前身とも言える東亜同文書院（大学）において実施されていた大調査旅行を彷彿とさせるものがあります。その当時に書院生がみた中国社会と愛大生がみた現代の中国社会とを比較してみるという試みも、意義深いのではないかと考えています。先日本学を訪問された北京大学のある先生から、書院生が大調査旅行において歩んだ経路を改めて愛大生が中国の学生と共にたどり、書院生の見聞記録を現代的観点から評価してみるのも興味深いのではないか、とのご教示をいただきました。そこまではなかなか難しいように思いますが、書院生の見聞記録は本学に大切に保管されていますので、訪問する地域について書院生がどのような記録を残しているのかを事前、事後に確認してみるというのも一計に値するのではないでしょうか。この巻頭言を読んでなるほどと思った方がおられれば、ぜひ取り組んでみて下さい。

　最後になりますが、今回の調査の実施に際してご後援いただいた在上海日本国総領事館、公益社団法人日本中国友好協会、一般財団法人霞山会、愛知県の関係者の皆様には心から御礼を申し上げます。また、このプログラムの開始以来、一貫してご支援をいただいている本学の同窓会、後援会、さらには公益財団法人愛知大学教育研究支援財団の関係者の皆様にも重ねて御礼を申し上げます。併せて、熱心に学生の指導に当たられた唐燕霞、松岡正子、藤森猛、劉乃華、加治宏基の各先生に対しまして、この機会に心から敬意を表します。参加された学生の皆さんには、調査中に辛い思いをされた方もおられるかと思いますが、それこそが今後の人生において糧となるはずです。大きな誇りをもって残りのキャンパス生活を送ると共に、確たる自信をもって社会に羽ばたいていただきたい、とのエールを送り、ご挨拶といたします。

第16回中国現地研究調査を終えて

愛知大学現代中国学部学部長　安部　悟

　第16回の「中国現地研究調査」は，8月3日から18日までの日程で江蘇省の蘇州で実施されました。今回は再び中国大陸での実施が可能となり，中国側パートナーの中国労働関係学院の全面的なご協力のもと，成功裡に終了することができました。学部長として関係者の皆様に心から感謝申し上げます。

　今回は，1999年から15回継続してきた中国現地研究調査にとって，革新の第一歩となりました。「共同調査」という新たな方法を採用したからです。これは，日中両国の学生がともに中国の一つの地域を調査し，「日中国際学生シンポジウム」においてともに報告し討論するものです。これまでは，日本の学生が中国側のサポートを得て調査を行い，日本の学生の見方を報告しました。しかし，今回から，中国の学生も日本の学生と同様に調査地について事前準備をし，ともに調査し双方の見方を報告しあいました。その結果，日本人学生は中国人学生の母国に関する鋭い質問や分析を聞いて自分たちとは異なる視点に気づき，多くの啓発を得ました。これは共同調査の最大のメリットです。ですが，この方式には日本側学生の高い中国語力が不可欠です。今回参加した22名の学生は，事前に毎週，中国語特別クラスを受講し，5月からは毎月，中国語でプレ報告会をして頑張りましたが，中国語のレベルアップはなお大きな課題です。

　実は，共同調査方式は，「中国現地研究調査」と対をなす「日本社会調査」において2013年度第10回から採用されました。日本社会調査は，社会調査の双方化を目的として，中国人学生が日本人学生のサポートのもとで日本の地方行政や企業活動等の調査を行うものです。第10回（2014年2月16～22日）では，本学部生が台湾の東呉大学生9名と共同で名古屋市とその周辺で調査を行い，日本について発信しました。これは，本学の「グローバル人材育成事業」（文科省主催，2011年採択）の目標の一つである日本発信力の養成であり，SEND活動の一環でもあります。本学部は，これからもアジアに根ざしたグローバル人材の育成に積極的に取り組んでいきたいと思います。

　最後に，今回の調査にご協力いただきました中国労働関係学院の李徳斉院長，呉万雄外事弁公室主任をはじめとする関係者の皆様，中華全国総工会，蘇州市総工会の関係者の皆様，学生たちの訪問を温かく迎えてくださった各方面の皆様，ご支援をいただいている本学の同窓会，後援会，公益財団法人愛知大学教育研究支援財団の関係者の皆様，報告会に参加してくださった愛知大学校友及び愛知大学孔子学院の皆様，その他関係の皆様に厚く御礼申し上げます。

中国现地实习活动的意义与责任

中国劳动关系学院院长　李　德　齐

　　爱知大学现代中国学部2014年中国现地实习活动，于2014年8月在中国苏州成功举办。和历年一样，此次活动，再次由中国劳动关系学院与爱大现代中国学部合作举办。由于两校多年的友好合作及对这项活动所共同执有的积极认识，2014年的苏州现地实习活动再次获得圆满成功。和往年不同的是，2014年的中国现地研究活动，中国劳动关系学院的12名大学生首次全程参与了此项活动，他们和22名爱大现代中国学部的学生，共同深入到苏州的农村、街道、社区、企业，通过这样的实习和社会实践方式，和日本大学生一起了解和认识苏州的经济、社会和文化，并透过对苏州的了解，来进一步认识中国发达地区的发展现状。

　　众所周知，苏州作为中国经济最发达地区的代表城市，它不仅是中国长三角经济圈的工业中心，还具有悠久的历史和独特的地域文化，更重要的是，它是中国自改革开放以来，中国经济高速和社会变革的缩影。经过三十多年的建设和发展，苏州已经从一个以山水秀丽、园林典雅闻名的中国水乡古城，成为目前中国古典与现代完美结合、古韵今风、和谐发展的国际化大都市。有别于往年在中国其它城市所进行的现地实习，苏州的现地实习可以让日本青年人更深刻地了解中国城市现代化发展的脉络，特别是中国东部发达地区城市经济社会发展的历史进程和现状。同时，通过对苏州工业、农业、城市居民生活的考察，可以让日本青年人看到今天中国东部蓬勃的经济发展景象，可以看到在这种发展景象下所存在问题，也可以看到中国东西部发展所存在的差距。我相信，通过他们的观察，会让他们去思考今天的中国，也会去更好地理解今天的中国。

　　此次由中国劳动关系学院学生与日本爱大学生共同参与的苏州现地实习活动，开创了中国现地研究实习活动一种新形式，也是一次的新尝试。如果说，以往是以日本学生单方面的角度来观察和了解中国的一个地区的发展，那么，此次中国学生的加入，两国青年学生以不同的视角来观察和了解中国的发展。这种以合作为基础的比较观察是非常价值的，它让我们两校的学生彼此去感知和接受中日两国青年不同的思考问题方式、不同的研究问题的方式、不同的解决问题的方式，彼此借鉴对方观察问题和研究问题的长处，同时，在这种共同研究问题的过程中，增进友谊，增加了解，我想这也是现地研究实习活动所展现的另一个重要意义。

　　爱知大学现代中国学部十几年来一直坚持组织学生到中国进行现地研究实习，这不仅仅是一种大学教育实践活动的坚持，更重要的是，是一种致力于培养日本青年学生加深对中国认识和了解的有益工作。中日两国长期稳定的合作关系是需要这样有远见、有价值、有坚持的大学生交流活动的，中国劳动关系学院很愿意与爱知大学来共同担负这样的责任，继续把这项活动发扬光大。

中国现地研究实习的新形式和新变化

中国劳动关系学院外事办主任　吴　万　雄

　　2014年爱知大学现代中国学部苏州现地研究实习活动，开创了一种新的形式。自1999年开始此项活动以来，这是首次由爱知大学现代中国学部和中国劳动关系学院的学生共同参与来实施，这也为中国现地实习这项活动，无论在形式还是在内容上，都赋予了新变化，这种变化应该会进一步推动这项有意义的活动向深层次的方向发展。

　　2014年8月，22名爱大中国学部的学生和12名中国劳动关系学院的学生在为期两周的苏州调查活动中，以混合编组的形式，分为三个小组，分别考察了苏州各类型企业的生产经营销售情况，走访了苏州市郊农民的生产生活状况，并与太湖岛上的渔民同吃同住，亲身体验了苏州农村的生活场景。同时，两校的学生还深入到苏州市居民社区，了解了苏州市成熟的社区服务与管理，感受了苏州市民丰富多彩的业余文化生活。两校学生通过这种社会调查和社会实践方式，在短短的时间内，全方位、多层面地认识和了解了苏州市的经济、社会和文化的发展。

　　作为现地研究实习成果的展示，本届日中学生国际研讨会，两校学生分别发表了此次苏州现地实习的调查报告。与历届研讨会不同的是，本届研讨会，我们也首次看到了中日两国学生看问题的不同视角，也能发现他们在同一问题上所产生的碰撞。日本学生研究问题对细节的注重和把握，对调查方法的娴熟运用，中国学生对所调查问题的宏观概括，都体现了两国学生调查研究问题的不同特点。两校学生的调查报告虽显稚嫩，但却是他们各自独立思考和研究成果，充分体现了他们对苏州现地实习活动的努力和投入。

　　2014年苏州现地研究实习活动虽然从形式上有大的变化，但和历届一样取得了圆满成功。作为此次活动具体工作的组织和协调方，苏州市总工会为此次活动的顺利开展给了大力协助，并付出了辛勤的努力。无论是在前期的准备工作方面，还是在活动进行过程中，苏州市总工会一直竭力配合，这也是此次活动得以顺利举办并获得成功的重要保障。

　　中国现地研究实习活动是中国劳动关系学院与爱知大学现代中国学部一项长期的学生交流活动，十多年来富有成效的合作，为日本的青年学生客观地认识和了解中国、增进与中国青年学生的理解与友谊开启了一条有益渠道。我们很钦佩爱知大学现代中国学部能一直致力于做这样有意义的学生交流活动，我们也希望在2014年苏州现地研究实习新形式的基础上，进一步使这项活动发挥更大的影响力。

第16回中国現地研究調査参加者名簿

● 愛知大学学生

【企業班】
伊藤　栞　　　柴田優季　　　ノベラサオリ
森有里花　　　白木英香　　　後藤冴香
神尾　龍

【農村班】
五藤優美　　　吉岡侑太郎　　橋本　華
田中　緑　　　石田彩花　　　吉田美波
大橋里佳子　　河出眞希

【都市班】
馬場有沙　　　豊田友唯　　　菅原桃子
飯田雅崇　　　槌岡咲帆　　　大澤徳宏
秋田　翔

● 労働関係学院学生

任　特（企業班・文化伝播学院漢語言文学専業）
趙　晴（企業班・経済管理系経済学専業）
張弘弦（企業班・経済管理系財務管理専業）
李美諾（企業班・経済管理系財務管理専業）
祝幹坤（農村班・安全工程系安全工程専業）
張　涛（農村班・文化伝播学院漢語言文学専業）
傅鈺崑（農村班・公共管理系労働与社会保障専業）
費敬一（農村班・公共管理系労働与社会保障専業）
龍泓宇（都市班・文化伝播学院戯劇影視文学専業）
黄鈺琳（都市班・文化伝播学院）
楊澤鑫（都市班・公共管理系労働与社会保障専業）
余程瑶（都市班・公共管理系労働語社会保障専業）

● 愛知大学指導教員

唐　燕霞（企業班担当）
松岡正子（農村班担当）
劉　乃華（都市班担当）
藤森　猛（都市班担当）
加治宏基（都市班担当）

● 中国側指導人員

呉万雄（中国労働関係学院外事弁公室主任）
焦園媛（農村班・同学院長弁公室総合信息科）
戦　帥（企業班・団委副書記）
常　爽（都市班・同学院外事弁公室国際交流科）
王子清（蘇州市工会）
熊　毅（蘇州市工会）
張黎浄（蘇州市工会）
柊春営（蘇州市工会）

● アシスタント

江亦舟（上海外国語大学科研処職員）
楊玉竹（上海外国語大学大学院生）
李　穎（上海外国語大学大学院生）

第16回中国現地研究調査地点

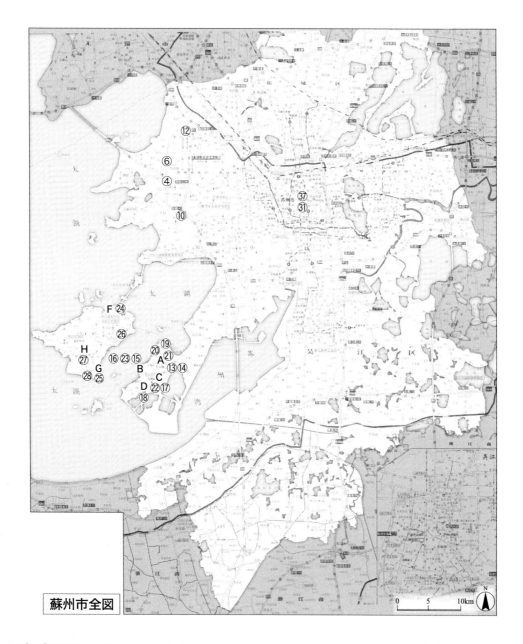

蘇州市全図

【企業班】 ①華能蘇州熱電有限責任公司　②蘇州路之遥科技股份有限公司　③紐威閥門有限公司　④易程(蘇州)電子科技股份有限公司　⑤蘇州科達科技有限公司　⑥住友電工光電子器件有限公司　⑦佳能蘇州有限公司　⑧蘇州福田金属有限公司　⑨NGK 蘇州環保陶瓷有限公司　⑩永旺夢楽城呉中店　⑪蘇州西門子電器有限公司　⑫蘇州協鑫光伏科技有限公司
【農村班】　東山鎮：A　東山集鎮（⑬東山集貿市場　⑭蘇州東山永財農副経営部）　B　東山鎮陸巷村（⑮外婆橋農家楽　⑯調査農家・漁家7戸）　C　東山鎮碧螺村（⑰訪問農家1戸）　D　東山鎮楊湾村（⑱東山鎮楊湾村民委員会）　E　参観地

蘇州とその周辺都市

中国現地研究実習地点（第15回まで）

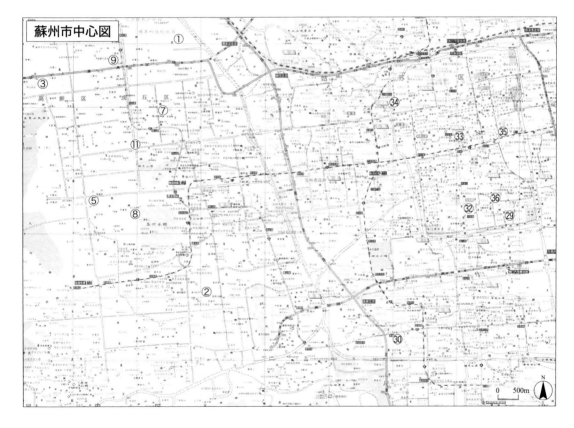

蘇州市中心図

(⑲啓園　⑳雨花勝境　㉑彫花楼　㉒紫金庵　㉓陸巷古村）　西山鎮：F　西山鎮震栄村（㉔漁家2戸）　G　西山鎮石公村黄家堡（㉕歌月湾農家楽，調査農家3戸）　H　西山鎮東蔡村（㉖蘇州葛家塢生物科技有限公司蘇州西山霊芝仙草園　㉗東蔡農貿市場）　I　参観地（㉘明月湾古村）

【都市班】㉙姑蘇区桂花社区服務中心　㉚姑蘇区友新街道四季晶華社区居民委員会　㉛蘇州市社会福利総院　㉜蘇州市工人文化宮　㉝蘇州中国国際旅游社有限責任公司　㉞山塘街　㉟平江路　㊱網師園　㊲姑蘇区（訪問家庭6戸）

地図出所：「蘇州CITY城市地図」中国地図出版社，2013，『中国分省地図集』中国地図出版社，2008をもとに作成。

第16回中国現地研究調査実施日程表（2014年8月3日〜8月18日）

日　時	企業班	農村班	都市班
8/3(日)	中部国際空港　10：30　→　上海浦東国際空港　12：15 上海浦東国際空港　12：15　→　蘇州会議中心大酒店　15：00		
8/4(月)	佳能有限公司	東山鎮へ移動	姑蘇区桂花社区服務中心
	蘇州西門子電器有限公司	啓園，雨花勝境 東山集貿市場	
8/5(火)	蘇州路之遥科技股份有限公司	農家訪問（碧螺村）	姑蘇友新街道 四季晶華社区居民委員会
	蘇州科達科技有限公司	蘇州市呉中区東山鎮楊湾村 村民委員会，紫金庵，彫花楼	山塘街
8/6(水)	華能蘇州熱電有限責任公司	漁家3戸，農家1戸 （太湖村，陸巷村）	蘇州市社会福利総院
	資料整理	陸巷古村	
8/7(木)	紐威閥門有限公司	蘇州東山永財農副経営部	平江路
	住友電工光電子器件有限公司	外婆橋農家楽	蘇州中国国際旅游社 有限責任公司
8/8(金)	蘇州福田金属有限公司	金庭鎮黄家堡へ移動	資料整理
	NGK(蘇州)環保陶瓷有限公司	蘇州葛家塢生物科技有限公司 蘇州西山霊芝仙草園	山塘街（旅行組のみ）
8/9(土)	永旺夢楽城呉中店	農家3戸（石公村黄家堡）	家庭訪問
	資料整理	東蔡村農貿市場	
8/10(日)	資料整理	明月湾古村	家庭訪問
	資料整理	同里鎮へ移動	資料整理
8/11(月)	蘇州協鑫光伏科技有限公司	同里古鎮	網師園
	易程(蘇州)電子科技股份 有限公司	蘇州会議中心大酒店へ移動	蘇州市工人文化宮
8/12(火)	シンポジウム準備		
8/13(水)	シンポジウム準備		
8/14(木)	シンポジウム準備		
8/15(金)	シンポジウム準備		
	シンポジウムリハーサル		
8/16(土)	9：00〜17：00　日中学生国際シンポジウム 18：30〜20：30　レセプションパーティー		
8/17(日)	自由活動		
8/18(月)	蘇州会議中心大酒店　9：00　→　上海浦東国際空港　11：45 上海浦東国際空港　14：00　→　中部国際空港　17：15		

注：上段午前，下段午後。

第1部

第16回中国現地研究調査報告

第1章

企業の人的資源管理
―― 蘇州市高新区の企業を中心に ――

【企業班】

調査概要

柴田優季・森有里花

1　調査目的

　企業班では，「人的資源管理」という研究テーマを掲げることにした。この大テーマのもと，企業班7名を2つの班に分けて調査した。企業の人材育成について調査する「人材育成班」，採用，待遇，昇進の3つの観点からとらえた雇用について調査する「雇用班」である。これら2つのテーマを調査することにより，中国での企業経営に適した人的資源管理を明らかにし，日本との共通点，相違点を知ることにより中国への理解を深めることができるからである。

　蘇州市は多くの企業を誘致しており，世界500強（フォーチュン誌による世界の企業ランキング500）の外資系企業も進出し，急激な経済成長を遂げている。2013年のGDPは17兆元に上り，GDPが前年度比7.7％増となった。蘇州市は現在，上海，北京，深圳などの直轄市や一級都市に匹敵する実力である。

　このような中国経済の現況を踏まえ，調査を進めていった。

2　調査方法

　今回訪問した企業は計12社である（一覧参照）。中国企業では華能蘇州熱電，路之遥，紐威閥門，易程，科達科技の計5社，日系企業では住友電工，佳能，福田金属，NGK，永旺夢楽城の計5社，ドイツ系企業では西門子電器，香港系企業の協鑫光伏科技を訪問した。中国労働関係学院の協力もあり，中国を代表する主要大手企業への訪問が実現できた。

　具体的な調査方法としては，蘇州でのフィールドワークまでに日本での文献調査を中心とした企業概要，人的資源管理動向等の先行研究を進め，その内容を踏まえて現地での調査に臨んだ。現地での企業調査は，あらかじめ各研究テーマに沿って質問を用意し，ヒアリングを行った。また訪問企業の工場や福利施設を見学し，生産現場や福利厚生の現状への理解を深めた。訪問先企業関係者の皆様にはご多忙のところ貴重な時間を割いていただき，改めて深く御礼を申し上げたい。

3　調査先企業の会社概要

華能蘇州熱電有限責任公司

　1990年に設立され，資本金は約200億元，敷地面積は約70万 m^2 である。主に加熱発電をしており，ボイラーを使って，1時間におよそ128万tの電力を供給している。夏場は電力需要が高いため24時間フル稼働している。

蘇州路之遥科技股份有限公司

　1986年に設立され，資本金は20億元，社員数は約3,000名である。敷地面積は30万 m^2 を占める。特殊電線ケーブル，ワイヤーハーネス，PCBAなどの部品や世界初のアルミアイスモールド製氷機を製造している。

紐威閥門有限公司

　2001年に設立され，資本金は8億元，敷地面積は3.3万 m^2 である。車の部品，バルブや自動車の部品を作る工作機械などを生産し，最先端CRM系統と携帯端末のドッキングを運用している。

易程（蘇州）電子科技股份有限公司

　2006年に設立され，資本金は6,000万元，社員数は約500名，敷地面積は13.2万 m^2 である。高速鉄道関連の製品の生産をし，清華大学と提携して研究，開発を進めている。

蘇州科達科技有限公司

　1995年に設立され，資本金は2億元，社員数は約2,500名である。主にビデオ会議やビデオ監視などのセキュリティ製品の研究開発と製造をしている。2008年の北京オリンピック，2010年の上海万博に参加している。

住友電工光電子器件有限公司

　2001年に設立され，資本金は3,400万ドル，社員数は約2,500名，敷地面積は6万 m^2 である。半導体とレーザーチップとオフティカルトランシーバーなどを生産しており，オフティカルトランシーバーの分野では世界第3位，日本では第1位である。

蘇州での訪問企業一覧

企業形態		会社名	住所	業種	主な業務内容
中国企業	国有	華能蘇州熱電有限責任公司	江蘇省蘇州市長江路688号	電力	発電
	民営	蘇州路之遥科技股份有限公司	江蘇省蘇州市高新区向陽路55号	製造	電子部品の製造
	民営	紐威閥門有限公司	江蘇省蘇州市高新区湘江路999号	製造	車の部品，工作機械の製造
	民営	易程（蘇州）電子科技股份有限公司	江蘇省蘇州市高新区科霊路2号	製造	鉄道関連製品の製造
	民営	蘇州科達科技有限公司	江蘇省蘇州市新区金山路131号	情報通信	セキュリティ製品の開発・製造
日系企業	独資	住友電工光電子器件有限公司	江蘇省蘇州市新区普陀山路199号	製造	半導体の製造
	独資	佳能蘇州有限公司	江蘇省蘇州市高新区馬運路266号	製造	複写機の製造
	独資	蘇州福田金属有限公司	江蘇省蘇州市高新区珠江路155号	製造	電気系統配線の製造
	独資	NGK蘇州環保陶瓷有限公司	江蘇省蘇州市新区鹿山路58号	製造	浄化用触媒載体の製造
	独資	永旺夢楽城呉中店	江蘇省蘇州市呉中区越溪蘇震桃路188号	小売	ショッピングモール
ドイツ系企業	独資	蘇州西門子電器有限公司	江蘇省蘇州市高新区珠江路455号	製造	電力機器の製造
香港系企業	独資	蘇州協鑫光伏科技有限公司	江蘇省蘇州市高新区科技城五台山路69号	エネルギー	シリコンやグリーン・エネルギー，新エネルギーの開発・製造

佳能蘇州有限公司

1994年に設立され，資本金は約1.5億ドル，社員数は約560名である。MFPコピー機を中心に製造・販売し，キヤノンの複写機はほとんどここで製造している。

蘇州福田金属有限公司

1994年に設立され，資本金は250万ドル，社員数は約560名である。配線板など電気系統の配線や銅分などを生産している。競争が激しい業界だが今年2014年で20周年目を迎え，ISOを3つ取得している。

NGK（蘇州）環保陶瓷有限公司

2001年に設立され，資本金は7,900万ドル，敷地面積は11万㎡である。大型自動車，乗用車，バス等3種類の浄化用触媒載体などを生産し，NGKとアメリカの2社で世界の90％をシェアしている。

永旺夢楽城呉中店

2014年に設立され，資本金は7,900万ドル，敷地面積は11.4万㎡の超大型ショッピングモールである。呉中店は中国華東地区最大級の規模であり，競争が激しいため戦略が他社に流れないように撮影はすべて禁止となっていた。日本のイオンモールとすべて同じ造りで，日本文化のおもてなしの精神を大切にしていた。

蘇州西門子電器有限公司

1994年に設立され，資本金は4,020.3万元，社員数は約1,600名，敷地面積は約8.7万㎡である。接触器や断路器などの電力機器を生産している。早い時期から品質管理体制を施行していて，生産能力の向上と低電圧器生産の研究能力の増強により優秀な品質とサービスを提供することが会社成功の鍵であった。

蘇州協鑫光伏科技有限公司

2010年に設立され，資本金は16億元，社員数は約2,000名である。シリコンやグリーン・エネルギー，新エネルギーなどを開発・生産しており，ソーラーパネルが世界市場の21％を占めている。

I 中国における企業の人材育成

白木英香・森有里花・柴田優季・ノベラサオリ

1 研究目的

　人材育成について着目したいと考えた。「ヒト」「モノ」「カネ」といわれるように、「人材」は企業における3大資源のひとつであると言われる[1]。
　大量生産・大量消費の時代が終わり、企業の提供する商品やサービスが厳しく選別されるようになった。また、企業の社会的責任や存在意義が厳しく問われる時代でもある。このような経営環境の変化によって、「人材」という資源の強化、すなわち人材育成の重要性が高まっている。
　「企業は人なり」「育てる経営」「人材ではなく人財」などと言われるように、企業が発展していくためには、人材育成が不可欠である。人材育成の重要性が高まるにつれて、その目標も、単に「人を育てる」という漠然としたものから、「生産性の向上」「競争力の向上」「組織パフォーマンスの向上」といった経営戦略上の課題へと変わってきている。つまり、人材育成は経営戦略の一環であり、企業の競争力を維持・向上させるためにも重要な取り組みなのである[2]。
　また、多くの大学生が就職活動で企業を選ぶ判断基準として注目しているのは、どのような人材育成をどのように行っているかである。なぜなら入社後に自分がどのように成長できるか、どのようなキャリアを積めるかなど、その会社に入って終わりではなく、会社に入ってどれだけ自分の能力を伸ばすことができるかを重要視しているからであると考える。蘇州での調査を通して、中国における企業の人材育成の現地化を明らかにしたい。

2 先行研究

　人材育成とは、将来のために有能な人物・専門的な知識を持った人物を育てること、個人の技術を育て企業全体の技術をあげること、そして個人の意識を向上させ企業の目標に社員皆で向かっていけるようにすることだと考える。

(1) 人材育成の目的

　人材育成は企業経営の根幹に係わるテーマである。人材育成の目的とは、企業が社員個人の能力の開発を行い、人材の成長によって経営理念の実現、企業業績の向上を目指していくことである。一方社員は人材育成を通して自分の能力が高まることにより成長を実感し、昇格昇進や報酬の上昇に結び付くものと期待する。このように人材育成は企業と社員の双方が将来的にメリットを受けることを期待して行われる。人材育成を行うことによって企業が受けるメリットが3つある。
　1つ目は企業特有の人材育成が可能になることである。社員に必要とされる能力には、その企業において特徴的に必要とされるものが存在する。具体的には、経営理念や経営方針の理解、経営戦略の浸透、業務に必要なシステムや機械の操作方法などがある。これらを習得するには、企業側からの情報提供や積極的な教育を実施することにより習得ができるようになる。2つ目は社員のモチベーションの向上や意識改革が可能になることである。商品やサービスそのものよりも、「その企業の社員のモチベーションの高さ」が、他社との差別化を生む競争力の源泉となっている。組織を構成する社員によって築き上げられた価値観や風土は、他社がいくら懸命になって、それを真似しても、短期間で真似ることは困難で、他社に対する「大きな競争優位」となる。人材育成を通じて、社員に自律的な行動をうながし、社員自身に「過去の惰性から脱却し、自分は成長しなければならない」という危機感もしくは向上心を持たせることができる。3つ目は能力開発の効率化、自己啓発への動機付けが可能になることである。仕事に必要な能力や資質を育成・開発する場合、本来は自己啓発であるべき内容であっても、それを社員任せにすると非効率になる場合がある。そういった場合、企業が先導して教育することで非効率さを軽減することができる[3]。
　また、人材育成を行うことによって社員が受けるメリットは育成を通して社内の状況や業務内容を自分で納得しながら理解できるため、仕事環境に適応しやすくなる。育成されることによって自

分の仕事に対しての不安が取り除かれ，個人の成長・業績アップにつながるため昇進や昇給が身近に感じられるようになる。

(2) 人材育成の変遷

リーマンショック以前の人材育成は，特に中堅層の社員が不足していたため，大量に採用した新人・若手をいち早く「使える人材」へと育成する必要があった。リーマンショック以降は企業の人材育成に対する意欲が低下したが，社会人教育，社内研修が全く行われなくなったわけではなく，あくまで削減であり，組織によってはむしろ教育・研修を強化したところもあり，教育研修内容，費用を吟味して実施するようになった。

そして，現在の人材育成の状況には，次に挙げる3つの特徴がある。

1つ目は，組織力強化のため，階層別教育が見直されていることである。これまではグローバルスタンダードにあわせ，個人のスキル強化，自己実現支援に重点がおかれていた。しかし，経済環境が悪化した現在は，研修の目的を組織強化，組織の成果拡大を第一に考える方向に変わってきている。中でも，即効性が高いと考えられる管理職研修が注目されている。

2つ目は，多様な人材を強化していることである。現在は，再雇用高齢者やアルバイト，女性管理職向けなど，雇用形態や性別の違いにかかわらず，強化していく研修が求められるようになった。世界を相手に生き残っていくためには，これまでのように正社員の男性だけが努力するままでは太刀打ちできないということも大きな理由であると考えられる。

3つ目は，「研修を内製化したい」というニーズが高くなっていることである。以前のように，高いコストをかけて研修を外部に委託することは難しくなり，その代わり，手がかかってでも内部で教育し，コスト削減と現場強化を同時に実現しようとしている[4]。

(3) OJTとOff-JT

人材育成は主にOJTとOff-JTと自己啓発で構成されている。その中でも企業が社員に行う育成は主にOJTとOff-JTの2つに分けられている。

OJTとは職場内で上司・先輩が部下に日常の仕事を通じて，必要な知識・技能・仕事への取り組み等を教育することであり，Off-JTは職場を離れ，日常業務外で行われる教育のことである[5]。

(4) 日本の人材育成

まず，日本の人材育成の根幹はOJT，Off-JT，自己啓発の3点で成り立っており，その中でも特にOJTを重視している。2013年の厚生労働省「能力開発基本調査」では，正社員の教育に対してOJTを重視している企業は20.7%，正社員以外の教育に対してOJTを重視している企業は29.4%であった。どちらにおいてもOff-JTよりも高い数値である。

そして日本と他国の大きな違いは，終身雇用，年功序列が機能していることである。終身雇用の影響により，1つの会社や組織に生涯勤めるという傾向が強く，組織に属していることが美しいと考えられており，日本人は安定志向が強いためコミュニティに属しているということが重要視されている。日本企業にとって「新卒業者」はもとから完成されている人材ではなく，素材であるという考え方であるため，新人研修を行うことによって，自社のカラーに染めたいという願望がある。人材が安定して企業に勤めることで人材育成がうまく機能している。人材育成を投資ととらえると，投資に見合っただけのリターン（利益や成果）を確保することができるため，企業による人材育成が充実している。

また，離職率が高いとせっかく時間や経費をかけた人材が他社へ行ってしまい企業にとって大きな損失となり得る。しかし日本だと年功序列が機能していることにより，成果とともに勤続年数が大切になってくるため他国よりも転職には積極的ではなく，計画的に長期的な人材育成が行われてきている。日本では多くの企業が入社前に研修を行っている。研修内容の例としては，eラーニングなどを使用した特定の通信教育を行ったり，講習会を行ったりして業務関連の専門知識やマナーを学ぶ。企業によっては1カ月に1～2回程度の会合も開かれる。社内報をメールなどにより送付して会社の状況を報告することで，内定者の不安を取り除くことができる。メーカーの製品の感想をまとめるレポート提出は，会社内の各部門や事

業所，工場などに関して新入社員に自由に取材・調査をさせ，レポートにまとめさせる。部門概要や業務説明など，知識的な部分をこうしたレポート形式にするケースが多い。講義形式で知識を詰め込むより，自分で納得しながら理解できる利点がある。これらの入社前研修に共通していえることは内定者の負担にならない手段，方法，内容を考慮していることが明らかになった。

入社後の具体的な取り組みとしては，eラーニングは業務関連の知識や関連する法律，資格，語学の学習に用いられる。配属後に，通信教育・社外講座などの「語学教育」の場を設けている企業は多くあるが，それを新入社員教育中に行うというものである。徹底した集中教育で語学力のアップを図ることにより，配属後の勉強への動機付けを意識しているケースもある。外部講師を依頼し，期間中は一切日本語禁止というストイックな内容にしていることも少なくはない。実習，シミュレーター訓練は講義や講習だけでなく，体を使った「体験学習」を行う。「現場実習」と，「修業的な実習」に分かれ，「現場実習」では工場や営業の実習を指し，実際の作業にローテーションとして組み込まれて勤務し第一線の仕事ぶりを体得することが狙いである。「修業的な実習」の場合，達成感を味わわせることにより，仕事への前向きな姿勢を身に付けさせることを狙いとしている。オリエンテーリング，ゲームはウォーク・ラリーやゲームなどのイベントに参加させ"遊び"の要素を取り入れるということもある。その狙いは，同期生とのチームワーク，共感性の育成などである。ゲームやイベントは研修中の息抜きの意味でレクリエーションの時間として設定することはあったが，最近ではそれを一歩進んだ形で，業務と関連付けて行うケースが多くなっている。入社後の新人研修をまとめると受身型から参加型へ，講義よりも体験重視の研修が多くなっていることがわかった[6]。

(5) 欧米の人材育成

一方欧米企業では従業員に職業的・プロ的意識を求める傾向が強くある。例えば，エンジニアといった専門技術に特化した人材を必要としている。そのため欧米企業は日本企業に比べて一般職と総合職の考えがなく，従業員を明確なポジション化（専門家）している。欧米流の考え方からすれば，そもそも企業は教育機関ではなく，教育研修を担うのは，高校や大学などの高等教育機関や専門学校等の専門職業教育機関である。そのため欧米企業には，大学を出たばかりの社員を手取り足取り教えるような研修制度は存在しないのである。欧米企業は即戦力となる人材を採用する傾向が強いため，新入社員が自分から学ぶ姿勢がなければ，「企業」側からわざわざ研修の場を提供することはしないのである。欧米では，日本国内の企業に見ることができるような，毎年一定数の新卒業学生を採用するという定期採用は基本的に行わず，欠員が出た際や，業務拡大や新規プロジェクトの発生など，必要に応じて職種ごとに人材を募集している。これは日米の就業観の違いに基づく人事システムの相違によるもので，その根本には日本では「人に仕事がつく」のに対し，欧米では「仕事に人がつく」という考え方の違いがある。

欧米では企業の方針に基づいて業務計画や人事計画が立てられ，それに基づいて業務やポジション（職務）に応じた職務記述書（Job Description）と給与基準が作成される。そして，その職務記述書に従って，その職務を遂行できる人を募集・採用するため，選考の対象となるのは，その業務の経験者が中心である。言い換えれば，職務経験のない新卒業者は，就職において不利ということである。

欧米で大学生がインターンシップを積極的にするのは，在学中に可能な限りの職務経験を得るためであるが，大学の授業の一環でもある。これは前述の通り，欧米の企業の多くが「すぐに活躍してくれる即戦力を採用したい」と考えているからである。また，終身雇用が今なお主流である日本と異なり，キャリアアップのための転職が一般的な欧米には，日本国内の企業に見られるような充実した研修制度を持つ企業はほとんどない[7]。

(6) 中国の人材育成

さて，中国ではどのような人材育成の傾向にあるのであろうか。中国では業種によって異なるが，大部分の仕事は数日で覚えられるものであり，そういった軽作業で，長期間勤めた社員に高い賃金

を払う必要はないと考え，既存社員の有無にこだわらないのが中国の特徴と言える。他の作業においても優秀な人物であれば他社から抜擢されるため，1つの会社に長く務めることよりも他の企業に転職して勤める人物が有能であると考えられており，転職することはやむを得ないという風潮がある。

また，軍事訓練が会社の研修にも反映されており，集団意識，規則遵守，忍耐力を強化させる傾向にある。基本的には社員を育成するための研修ではあるが，有能な人材を見つける方法の1つとしても研修が行われる。研修内容は企業が必要とする訓練内容であり，企業目線の研修となっている。また中国人が好まない方針の特徴は，日本の終身雇用のため定番化されていた長期的視野に基づく人材育成，自分の能力にあった給与が与えられない報酬制度，中国語がわからない外国人社員の駐在のため，本当に有能な現地従業員が気付いてもらえない不平等な評価，コミュニケーション不足から生じる不明確なキャリアパス・企業方針などである。

一方中国人が好む方針の特徴は，個人のための短期的視野に基づく人材育成，自分の成果や能力にあった報酬制度，本当に優秀な人材が評価されること，明確な企業方針が自分で理解できること，個人のやる気を引き出すこと，自分のアイディアが採用されること，自己成長の機会が多いことなどである。つまり，目的を明確にしたその育成の先に何があり何を得られるか，キャリアパスがはっきりとしていて個人の能力が適正に評価される人材育成がよいと考える傾向にある。

その1つが社員教育である。社員教育には主に，新入社員研修，監督者研修，管理者研修といった研修が存在し，専門職コースやマナー教育などもある。新入社員研修は大部分の者が対象だが監督者研修，管理者研修は全社員に行うのではなく，その中でもより高く評価された社員だけが参加することができる。さらにこれらの教育研修により実力差が明確となり，抜擢・登用すると良い社員が見えてくる。結果，「企業が求めている社員は残ってくれる」というのが中国での考え方である[8]。教育研修の中でも新入社員に対する就業前の新人訓練は，一般的には，軍事訓練，基礎理論の勉強，実務操作の訓練と3つの部分で構成されている。軍事訓練を通じて，新人の集団意識，規則を守る意識，厳しい条件への忍耐力を養うことを目的としている。基礎理論の勉強は企業文化や企業制度の勉強をして，新人に企業の歴史を紹介し，企業の目標・経営理念・企業精神・業務範囲などを理解させる。そして企業の行政管理制度・業務扱い制度や職業道徳規範などを勉強させ，掌握させる。また職務訓練では，職業訓練担当部門は職務担当予定の新人に専門的な訓練を施し，その職務の責任・業務関係の知識・日常の業務扱い手順などを身につけさせる。そして事例研究及び実践演習として，事例研究を通じて当企業の教訓や経験を紹介し，新人に基本的な原則や業務要求を把握させてから，目的を定めて実践演習をさせる。実務操作の訓練は主にベテラン社員が担当し，ベテラン社員が新人に実技を「伝授する・援助する・指導する」責任をもって新人に実務操作訓練を行い，専門技能を向上させるのである[9]。

一方，どのようにキャリアアップしていくのか。それには，2つの道がある。1つは，仕事のエキスパート化である。自分のスキルを徹底的に磨いて，専門性を高める。そのため日本企業の総合職のように，10年ぐらいさまざまな部署を回ってやっと課長や部長になるというようなキャリアパスは，中国人にとっては遅すぎるのである。マーケティング部で2～3年鍛えれば，マーケティングのエキスパートになれるのに，なぜマーケティング部の後に企画部に異動しなければならないのか。なぜその後に営業部に異動しなければならないのか。まずマーケティングのエキスパートになった時点で「早く評価してほしい」と思い，そして，マーケティング部で係長，課長，部長と昇進していきたいと考えるのである。もう1つの道は，転職をすることである。転職は自分の階級を上げるチャンスであるため，会社で上のポストが詰まっていて昇進が見込めない場合，転職をしようとする。競合会社からお呼びがかかり，そこで経理，総監にしてくれるのであれば即決をする。転職も，以前のようにいきなり倍増のような例は少なくなったが，給料が徐々にステップアップすることは

一般的である。この2つの道を突き詰めて考えていくと，日本以上に，一人ひとりが自分を商品として思い，その価値を高めようとする「個人事業主精神」という言葉がぴったりくる。自分で本当に事業を立ち上げるわけではないため，ベンチャー精神ともまた違うのだが，自分の市場価値をもっと上げようという意識が非常に強いのである。会社は好きでもその帰属心や従属心がこの意識を上回ることはごく稀である。キャリアパスが少しでもあやふやで不明確であったり，上が詰まっていたりすると，近道はないかと捜し回る傾向が強い。

(7) 日本と中国の人材育成の比較

ここで日本での人材育成と調査対象国中国での人材育成について比較をしてみよう。企業内教育訓練を代表とする日本の人材育成体系は，OJTを中心に行われることによって，その企業の固有な技術を身につけることができるが，そのため企業間の人員調整が行われにくくなる。中国は日本に比べて人材育成制度への取り組みが遅く，企業内教育訓練の定着率がまだ十分とは言えないのが現状である。多くの企業では，企業内教育訓練制度が導入されたのにもかかわらず，有効に機能できていない。また現在経営環境が変化する中，中国企業は事業革新に迫られている。事業革新を推し進めるあまり，業務優先で育成は後回しになってしまうことや，人材育成ができる教育者である人材の不足などの問題が存在している。

(8) 中国での成功例

では，中国ではどのような人材育成が成功してきたのであろうか。住友電気工業株式会社では，全員が活き活きと仕事に取り組める温かい面倒見の良い職場で，上下左右の活発なコミュニケーションがなされる風通しの良い職場を作っている。業務に就けばピンと緊張感が張り，全員が職場目標の達成にチームワークを発揮し，全員が目標にベクトルを合わせ，能力を存分に発揮できる職場・組織を目指すことが成功につながっている。さまざまなコミュニケーションの場を設け，グループとしての一体感の向上，風通しの良い，温かい職場作りに取り組んでいる。

また，中国に進出するキヤノン有限会社では挨拶運動を徹底して行っている。10〜30人で組まれたうちわをもった"你好隊"（挨拶をしながら回る集団）が，毎朝会社中を歩き回り，たとえ役職者が会議中でも無礼講ですべての部署を回り，挨拶をする運動を6年間も続けている。社員間に「家族意識」が形成され，組織としての一体感，共通する文化・価値観が根付き，組織統制が容易になっていったのである。

海底撈（四川風火鍋が有名な高級料理店）は経営理念を通じて，「家族意識」を形成し，組織統制を可能にした。会社内の仕組みや制度に反映させると同時に，それらの仕組みを運用する従業員の意識変革と行動変革を，社員教育を通じて行った。一例としては従業員の教育を充実させており，職場では良いアイディアやサービスが継続的に創出されるように，従業員に権限を与え，自らの判断で顧客志向のサービスを提供することが許されており，現場の従業員は顧客志向のサービスを日々提案することが奨励されている。貢献が認められた人は，役職問わず奨励される。また，上司にとっては，「部下が主」というサーバントリーダーシップ（職場やプロジェクトのメンバーを支援して目標達成に導く，奉仕型のリーダーシップ）の考え方が定着しており，上司は毎月部下に評価される。数カ月間連続で部下から低い評価を受けた上司は，降格される。これこそがこの組織に「家族意識」を醸成させ，組織統制を容易にさせたのである。

3 仮説

先行研究では，日系企業は中国で「現地化」に取り組んでいてもなかなか現地化は進んでおらず，現地化のためには現地従業員の能力・意欲を引き出していかなければ，彼らの離職を招き，「離職したから，新たに採用し新たに育成」のサイクルを繰り返していると考えた。また，長期的雇用で人を育て，ゼネラリスト（分野を限定しない広範囲な知識・技術・経験を持つ人）を育てていく志向の日本的人材育成はスペシャリスト（特定分野に深い知識や優れた技術を持った人）志向の中国人には合わないのではないかと考え，同じスペシャリスト志向の欧米的人材育成が合うのではな

いかと考えた。そして転職が激しい中国社会において人材育成はじっくり長期的に行うことはできないのではないかと考え，有能な人材は会社で時間をかけ育てるのではなく外部から調達しているのではないかと考えた。

そこで，中国にある企業に相応しい人材育成は，欧米のように結果がすべての成果主義を重視し短期的な明確なキャリアパスをだせる育成方法だと考えた。また出稼ぎ労働者が多いため故郷に帰るといった理由を中心とし離職する人が多い。そのためせっかく育てた人材が他社に流れてしまうことが多々ある。人材育成にかけた時間・経費がむだになってしまうため意味をなくし，あまり重視されていないのではないかと考えた。では，実際に中国ではどういった人材育成が行われ成功してきているのであろうか。

4　訪問企業での調査方法，調査項目

調査方法は，日本で文献調査を中心に企業概要，人的資源管理動向等の先行研究を進め，その内容を踏まえて現地での調査に臨んだ。現地での企業調査は，あらかじめ各研究テーマに沿って質問を用意し，ヒアリングを行った。また訪問企業の工場や福利施設を見学し，生産現場や福利厚生の現状への理解を深めた。

調査項目は，下記の10項目となる。①人材育成の具体的な例は何か。なぜこのような人材育成を行っているか。②配置転換，OJT，Off-JTのどれを重要視しているか。その内容は何か。③入社前の研修内容は何か。④階層別の研修内容は何か。⑤企業独自の育成方法は何か。⑥人材育成費は経費の何％か。⑦人材育成をするにあたって遭遇した困難は何か。⑧成功した人材育成は何か。⑨人材育成を通してどのような人材になって欲しいか。⑩今後人材育成は企業で行うべきか，学校で行うべきか。

5　中国での現地調査結果

中国での訪問企業に対し，各企業で行われている人材育成について調査した。以下は訪問企業に対するヒアリング調査の主な回答結果である。

【A社】

A社はエネルギー分野の国有企業である。A社は離職率はとても低く，国有企業であるため敷居が高く社員に対する要望が高い。専門知識を持っている人だけ入社でき，社員の成長の機会が多い。成長の道は管理要員と技術要員の2つの道があり将来性はとてもよく，福利厚生も良い。下記が質問項目の回答となる。

質問①
「どの配置転換も研修がある。」
質問②
「全部重要である。すべてに試験がある。配置転換は3年間行う。」
質問③
「今年は16名の新入社員が10日間の軍事訓練を行っている。さらに，入社後の研修では専門の社員（師匠）が付いている。練習を通して実習に参加することができ，マンツーマン指導を行っている。研修は1年あり，毎月1回試験がある。弟子が試験に合格すると，師匠に100元を与える。また，安全研修があり班ごとに専門の安全社員が付いている。」
質問④
「管理職には管理職の研修，エンジニアにはエンジニアの研修がある。すべて企業グループ内での研修である。また生産現場を離れる研修がある。研修の後試験に合格すると，試験の費用は企業が負担してくれる。」
質問⑤
「それぞれの部門で人材育成を続けること。内部では毎月部門ごとに人材育成を行う。外部では各職種別に人材育成を行っている。」
質問⑥
「賃金総額の約2.5％占める。」
質問⑦
「人材育成費が不足している。そのため企業グループの内部訓練しかできない。社会訓練が非常に少ない。」
質問⑧
「成功例はS主任（38歳，男性，既婚）の成長が具体的な例として挙がった。専門のエンジニア，安全監察部主任，運行部主任へ昇進していった。」

質問⑨
「企業が人材育成をするというより，感化をうけて知らず知らずに性格が変わるためおのずと人材が育成される。求める人材としては成績優秀，性格，企業文化への理解，忠実で協調性のある人材，企業に対しての忠誠心。」
質問⑩
「現在は企業で行っているが，今後は学校で研修を行うことが重要である。技術研修を強調し，専門学校の学生を試験などによって募集し，技術研修を企業で行う。また自分で費用を負担する研修がある，例えば大学院生が勉強すれば企業は奨励することができる。」

【B社】
B社はテレビ会議関連の製品開発と製造の民営企業である。人材が企業を強める戦略と科学的な発展を確実に実施することで人的資源・職業能力の加速向上を目標として人材の育成・取引・利用の3つの段階をよく把握し，人材グループの構築を加速し，人材不足を改善して，会社の発展を維持するため，人材を確保している。
質問①
「2つあり，1つ目に心理訓練，街道や区の総工会が行われ，管理層が各自の技能を高めることができる。これによってさらに良い企業内のコミュニケーションが生まれる。また自分の企業内でEAP（Employee Assistance Program，従業員支援プログラム）が行われる。2つ目に従業員の入社後の技能研修（企業内の人が指導する）。中途採用に対して1週間の期間に企業の文化・規則，秩序などの内容を学ぶ。新卒者に対して1カ月の研修あり。コミュニケーション，チームワーク，業務などがある。」
質問②
「仕入れと営業を担当する従業員に対して配置転換を実施している。」
質問③
未回答
質問④
「技術者が専門的な技術についての訓練を通して，社員の能力を向上させる。そして試験もある。ブルーカラーは一般的な講座しかやっていない。まず理論上の教育，次に実践，先輩について現場で実践。つまり，OJTという形でマンツーマンで行う。一人前のエンジニアになるには半年かかる。」
質問⑤
「人徳に対する訓練，心理訓練，現場訓練，毎週の土曜日は特色な訓練がある。」
質問⑥
未回答
質問⑦
「人材育成にかける資金不足，指導者の能力不足。」
質問⑧
未回答
質問⑨
未回答
質問⑩
未回答

【C社】
C社は工作機械製造の民営企業である。協力，革新，尊重，誠実の4つを大事にしている。女性社員が少なく，新人研修は楽なものではない。会社内に機械トレーニングができるトレーニングルームを所有している。
質問①
「新人入社研修，既存社員研修，プロジェクト種類研修，各職種の学習を行っている。
新人研修の内容は，実施期間は3カ月で，1，2カ月で配置転換を行い，現場で生産，設計，品質管理，物資工芸などについて勉強させ，会社内容を理解する。前までは半年だったが今では3カ月。」
質問②
「どれも重要である。」
質問③
「入社前の研修は実践研修である。毎年統一した募集計画がある。11月に募集が完了し，翌年7月に報告する。不安をとりのぞく研修がある。学生は入社する前，自由な空間があるかに関心をもつ。」

質問④
「新人入社研修，既存社員研修がある。」
質問⑤
「独自の研修は年功序列を行わずに，研修を行うイノベーションを持続し，技術革新と人材管理の革新をする。」
質問⑥
「必要に応じて調査研究をし，再度予算を考える。毎年計画を制定する。研修費用は毎年約50万元だが，講師の費用，現場の費用がある。」
質問⑦
「育成訓練は1つの持続の過程であり，どのように測量すれば効果があるのかどうか，訓練の価値はどれぐらいなのかを判断するのが難しい。そこで，訓練結果に対して追跡調査を行い，部門長間のコミュニケーションを図ることが大事である。」
質問⑧
「大学生の配置転換訓練，備蓄幹部の育成訓練計画。若い人は訓練を通して会社の重要な職務を担当できる。」
質問⑨
　　未回答
質問⑩
「学校は，素質教育，学生素養を高めるための教育（個性や創造性を重んじる教育），企業は人が実際に出発するところ。つまり学校と企業は互いに補って成長し協力した方が良い。」

【D社】
　D社は複写機を製造している日系企業である。この会社で製造している複写機の最大拠点地であり直接各国に輸出している。1万を超える部品メーカーが近くにあり品質の良い材料が近くで調達できるため蘇州市に進出した。地域の住民，環境を気にかけ，「共生」を企業理念として掲げ，ごみ拾いや学校への寄付などをしている。
質問①
「マナー教育を行っている。三自精神（自発，自覚，自治）を読み上げ，毎日少しずつ企業理念を浸透させている。」
質問②

「Off-JTを中心に行っている。」
質問③
「ある。一部の文系ホワイトカラーは内定をもらってから入社式の3カ月前にノウハウの教育を行っている。」
質問④
「職位ごとにある。日本語を必要とする部署では日本語教育，また管理職に対しては管理職研修，職位の専門性にそった人材育成がある。」
質問⑤
「管理職研修ではマネジメント中心の研修を行っていて，2日くらいの合宿などがある。管理職会議があり，トップからの意識がみんなに直接伝わるようになっている。日本よりも密接な関係が築ける。」
質問⑥
「平均よりは割合大きく，人に対しての投資は惜しみなく。」
質問⑦
「ホワイトカラーは安定しているが，ブルーカラーは故郷に帰るなどの理由から毎月約400人が離職している。入れ替わりが激しいからこそきちんと教育をするべきである。」
質問⑧
　　未回答
質問⑨
　　未回答
質問⑩
「基本的なこと（マナーなど）は学校で，しかし入社してから行っても遅くはない。」

【E社】
　E社は自動車の部品，金属，銅箔を製造している日系企業である。社員の99％が地元の人のため離職率がとても低く2％に満たない。また福利厚生を第一と考えている。今年で蘇州進出20周年を迎え，競争が激しい業界で活躍している。
質問①
「製造関係の技術教育のための研修生の日本への派遣が約2週間。水処理，電解工程，生産技術，技術開発など部門ごとに1名，計5名を推薦する。管理職の教育が年に1回，1泊2日である。」

質問②
「今は課長や部長は多忙で教育は難しいためOJTを中心に行っているが，今後は配置転換も重要になる可能性が高い。」
質問③
「入社前研修はないが，入社直後の研修として入社した初日に安全教育を2時間から3時間行う。3カ月間は試用期間で期間を終えるとテストがあり，合格すれば採用がある。」
質問④
「管理職がある。24時間運転するから班長と班長が話しあったりすることができないため，交流が深められないので，お互いの個性を知るために一緒に会議をしたりする研修がある。」
質問⑤
「社内での作業の競技会を年に何回かしている。」
質問⑥
「係長班長は117名いて5万元以内，課長は8万元以内，日本への研修は1人あたり2万元である。」
質問⑦
「80年代後半生まれは，一人っ子政策のためわがままである。入社してから，いきなり『明日やめます』のように理由は特になくいきなり辞めてしまう。」
質問⑧
「今年から班長係長に対して育成後のアンケート調査を行っている。これによって育成の効果を確認できる。アンケートの結果の内容は，よく知った仲であるため信頼できる。アンケート結果をその人が関係している部署にも見てもらい，その人の育成満足度を担当部署にも理解してもらい，来年の計画を調整できる。またアドバイスの欄も設けてあり，アドバイスを研修対象者からしてもらうことができる。」
質問⑨
「技術を得るのに時間がかかる会社だから，順番に教育をしていきたい。今行っている仕事のポイントを他の中国人社員に伝えていく。指導をちゃんとしてくれる人になってほしい。」
質問⑩

「しつけの部分は一番難しい。習慣をつけるためにはどうすればいいか今後検討していく。」

【F社】
　F社は半導体とレーザーチップとオフティカルトランシーバーなどを生産している日系企業である。この会社のミッションは中国の豊富な労働者を使ってモノづくりをしようということである。会社内ではみんな日本語を使う。
質問①
「若者，スタッフ，管理職に分け，全社員参加する研修もある。新人は3カ月で生産の技術を学ぶマンツーマンの実習があり，実習費は無料である。現場ではJITの講師（後述）を日本から呼んで，毎月1回現場における改善活動を行う。」
質問②
「配置転換は重要だがあまりしない。エンジニアは自分のやっている技術に思い入れがあるため。OJTをやりながらでないと会社はなりたたない。どれも必要だと思う。」
質問③
「これといってないが，英語か中国語はいるから独学で勉強しておく必要がある。半年間ほどのインターンは行っている。」
質問④
「ホワイトカラーとブルーカラーとで違い，ブルーは実践であり，入社してすぐに仕事をしながら教えられる研修が3日間ある。基本的に男女で研修は一緒だが，健康管理研修は，女性のみ実施している。」
質問⑤
「ジョブトレーニングでは真剣にしている。独自の研修は今後の課題であり，会社側が可能な限り社員にチャンスを与え社員にやる気があることをさせたい。」
質問⑥
「あまり多くはなく，約1％である。日本よりはトレーニング費用や講師の費用を多く使っている。」
質問⑦
「育てた技術系の人材の流失があり，新卒でも1, 2年は仕事ができない。3, 4年で仕事がで

るようになったら他の会社に行ってしまう。トレーニングも人事の人が引き続き勉強する必要がある。長年同じ研修だと若い人たちが飽きてしまうため，企業側は心理学の勉強をする。子育ての問題をうまく解決できないと仕事に支障がでてしまう。」
質問⑧
「JIT（トヨタ生産方式）の講習を行い，日本から講師の方が来てトヨタのモノづくりを学ぶ。毎月あり，製造現場をまわるが，講師に払うお金が高い。」
質問⑨
「性格，知識，経験の3つのバランスがとれた人材になってほしい。最終的には20年たっても地域に根づく会社になってほしいため，現地化できる社員に成長してほしい。」
質問⑩
「会社が大きな家族としてマナー教育を社員に行っていきたい。」

【G社】
G社は大型自動車，乗用車，バス等3種類の浄化用触媒載体などを生産している日系企業である。トラック，自動車，バスなどのガスを有害なものから無害に変える。この工場の特徴は土を焼却してセラミックにするため窯がたくさんある。
質問①
「3つあり，1つ目は現場作業，製造技術や，ノウハウ，しつけの教育，2つ目に管理者管理知識，社内外のトレーニングもある，3つ目にスタッフの専門知識やしつけと技術教育を行っている。これらは年度計画を作成し毎月アセスメントをし，不足を補う。およそ3年間の計画を作成し毎年見直しをする。」
質問②
「すべて重要であり，OJTは入社してから，スケジュールが決まっている。製造メーカーにおいてはOJTが一番重要である。配置転換は実施しているが，中国人社員の理解を得られるのが難しい。」
質問③
「新入社員は職場の安全を教育する安全研修がある。人事で一般教育があり，安全ルールや環境のルールが3日間行われる。配属されたら1人の指導者がついて作業内容や注意事項を学ぶ。」
質問④
「管理者，管理知識，社内，社外ごとに異なった教育を行っている。」
質問⑤
「QCサークル活動という提案制度があり，内容は入社して何かいいアイディアがあればそれを実現し，会社に貢献できたら奨励される。QCサークル活動は毎年2回評価制度があり，終わったら発表するチャンスがあり，点数が最も高いチームは日本に行き発表することができる。」
質問⑥
「2〜5％である。」
質問⑦
「従業員も最初は積極的に参加していたが，そのうち教育されることが任務になってしまう。自分が勉強したくてしているのではなく，会社がアレンジをしてしまい，勉強させられているという感じがする。トレーニングの効果のアセスメントが難しい。作業などの訓練は機械の運転の試験などを通してトレーニングの効果はわかるが，具現化できない研修の効果はわからない。講師を招いて管理者の講習を受けたとしても，その成果が得られているかどうかわからない。訓練後に感想を書かせることを始めようと考えている。」
質問⑧
「社員のZさんは入社して上海にいたとき，ソフトウェアの研修としてOfficeやExcelを学んだ。その後発表の資料もきれいに作れるようになり，同僚たちがOfficeの問題で困っているときに助けることができるようになった。現在はQCサークル活動のリーダーとなった。」
質問⑨
「時間やコストをかけて育てたため，安定してほしい。専門性，責任を持てる人になり，お互いに一人ひとりの仕事がサポートできる人になって欲しい。」
質問⑩
「企業に関する知識は企業で行い，職場の雰囲気にそって教育していくのが大事。G社では楽し

く働くことを目指している。」

【H社】
　H社はグリーン・エネルギー，新エネルギーの開発を行っている香港企業である。ソーラーパネルが世界市場の21％を占めている。社員階級による格差はなくみな平等な待遇である。
質問①
　「新人研修（企業文化，会社の沿革，安全制度，管理体制，軍事訓練，安全研修，専門的な研修，管理方面の研修を行っている。」
質問②
　「OJTを一番重視している。次に配置転換（入社して3～6カ月の間にマスターする）。配置転換は管理職と品質管理部で実施している。管理職は総合的な能力を高めるために，配置転換を行っている。品質管理部では「多能工」を育成するための手段として使われている。入社して3～6カ月の間に関連の4～5の持ち場を変えて教育訓練を実施する。」
質問③
　　未回答
質問④
　「専門の研修は部門によって違い，専門の授業がある。基本知識は企業文化，環境に関するトレーニング，意識管理はストレス，時間，意欲に関するトレーニング，管理能力は現場管理，管理理念に関するトレーニング，現場操作の社員は操作に関する研修が多い。」
質問⑤
　「企業の大学があり，南京大学と親密な提携関係の大学で，1年の研修テーマを行う（人的資源，中層管理，財務担当者）。他にも江蘇大学，南京大学，上海財経大学と提携した研修がある。」
質問⑥
　「毎年育成の計画を制定している。従業員は多方面の会社の訓練を受けられる。会社の人材育成費用は毎年約100万元で，その他にも長期的なトレーニングがかかるお金はプロジェクトごとに約100万元費やしている。」
質問⑦
　「もし多数の従業員が長期的なトレーニングに参加してしまったら，仕事や生産の方面に影響が出てしまうかもしれない（中心スタッフが足りないなど）。会社はいかにして育成と仕事のバランスがとれるか考える必要がある。」
質問⑧
　「非常に多い。従業員は育成を通して十分な技能を発揮でき，職業の安定性，離職率が低くなる。仕事10年目の従業員がとても多い。去年は10年目のベテラン社員の祝典活動を催した。」
質問⑨
　「能力に溢れた人，仕事にたいしてやる気がある人，弊社で働きたい人。」
質問⑩
　「企業教育はとても重要。企業にぴったりと合った育成，企業理念を教えこむことができる。学校教育は一定範囲内で通用する技能，素質を育成する。大学にGCLのクラスを設け，企業で活用できる人材を育てる。合計3～4のクラスがあり，1クラス40人程度。企業と大学が協力して人材育成する。」

【I社】
　I社は接触器や断路器などの電力機器を生産しているドイツ企業である。社員の娯楽とスポーツの中でも練習や試合を通して，社員それぞれの能力を高めることも目的として，先輩が後輩に指導している。
質問①
　「技術的な研修，専門知識の研修など」
質問②
　　未回答
質問③
　「毎年インターンシップが3カ月ぐらいある。このようなインターンシップに参加した人は入社してからの研修時間が短縮される。1～2年インターンシップに参加する学生も募集している。その中でも優秀な人材は入社できる。」
質問④
　「ブルーカラーは技術的な研修がある。先輩たちが技術も理論も教える。ホワイトカラーはOffice, Excel, PowerPointなどの講習がある。ネットでツールボックスを提供して，従業員は自由

に内容を選んでトレーニングする。既存社員には，定期的な研修がある。目標を設定してがんばる。」
質問⑤
「入社前にインターンシップに参加した人は入社してからの研修時間が短縮される。」
質問⑥
「人材育成にかける費用は年間1人あたり2,000〜3,000元ぐらい。」
質問⑦から質問⑩は未回答。
　I社は最初の訪問企業のため自分たちが想像していたような調査を行えず未回答項目が多々発生してしまった。I社では人材育成はブルーカラーでは基本の質，基本の業務訓練，流れ作業のライン生産を覚えるために行い，ホワイトカラーでは専門の知識と業務をさらに理解し，同時に管理レベルをあげるために行っている。

【J社】
　J社は電線ケーブル，ワイヤーハーネス，PCBAなど部品の製造をしている民営企業である。世界初のアルミアイスモールド製氷機を製造している。人材が企業を強める戦略と科学的な発展を確実に実施することで，人材の職業能力の加速向上を目標とする。そして人材の育成・取引・利用の3つの段階をよく把握し，人材グループの構築を加速し人材不足を改善して会社の発展を維持するため人材を確保している。
質問①
「人間本位の原則。人材の持続発展を目標として中心となる人材を強化し，人材グループの構築と企業の発展が協調することを推進している。」
質問②
「中核の従業員に対して，配置転換を実施している。3，4つのポジションを経験してもらう。この方法は株式会社松下電工から学んだ。」
質問③
「入社前はないが，入社研修は新入社員に対して会社の理念，企業の文化，政策及び各部門の機能と営業方式を理解することを目的として，7日間の研修を行っている。」
質問④
　未回答
質問⑤
「会社の規則は安全知識，静電保護，品質体系知識など。全面品質管理教育の基礎的な技能訓練は4〜5日間ある。チームワーク精神の育成は1日。」
質問⑥
「年間訓練費用は500万元，経費の1.5%ぐらいである。」
質問⑦
「訓練体系の不完備である。」
質問⑧
「技能と専門知識の研修は，会社内部に管理レベル向上，コミュニケーション技術，マネージャーの技能のような管理技術と専門知識の研修コースがたくさんある。」
質問⑨

表1　各社の人材育成の特徴

A社	入社後に新入社員が軍事訓練を軍事園で受けている。
B社	新卒の新入社員には心理訓練，安全技能，コミュニケーションやチームワークなどを学ぶ研修がある。
C社	新人研修，既存社員研修，プロジェクト種類研修，各職種の学習がある。
D社	物を大切に扱う，列は並ぶなどのマナー研修を行っている。
E社	班長・係長の研修がある。チームワーク精神の育成。
F社	性格・知識・経験の3つのバランスがとれた人材を目指す。
G社	QCサークル活動が行われている。
H社	管理職と品質管理部で配置転換を実施している。
I社	毎年9月末に上司が従業員と面談し，それを踏まえて次年度の訓練計画を策定している。
J社	コミュニケーション技術，マネージャー技能の管理技術と専門知識の研修コースがある。

「これからは従業員の成長に応じて優秀な人物を育成する。」
質問⑩
　未回答

6　各社の人材育成方法

　中国企業のA社では，入社後に新入社員が軍事訓練を軍事園で受けている。A社独自の育成は研修後の試験に合格すると，試験の費用は企業が負担してくれる。人材育成を通して成績優秀，性格，企業文化，忠実で協調性がある人材になってほしいと考えている。B社では新卒の新入社員には心理訓練，安全技能，コミュニケーション，チームワークなどを学ぶ研修がある。中途採用の新入社員には企業の文化・規則・秩序などを学ぶ研修がある。人材育成を通してB社では人徳と才能両方持ち，真面目に仕事に取り組む態度のある人材。一般社員においては基本的に企業文化を持ち，管理職においては高度的に企業文化のある人材になってほしいと考えている。

　C社では新人研修，既存社員研修，プロジェクト種類研修，各職種の学習があり，新人研修の内容は配置転換を行い，現場で生産，設計，品質管理，物資工芸などを勉強する。このC社では入社前に新入社員のために不安を取り除く実践研修を行っている。

　そして，日系企業のD社では物を大切に扱う，列は並ぶなどのマナー研修を行っている。E社では班長係長の研修がある。チームワーク精神の育成。製造関係の技術教育のための研修生の日本への派遣，部門ごとに推薦。管理職研修を行っている。共通する点はしつけ，基本的なマナーの研修や新人研修，管理職研修がある。E社では今行っている仕事の重要な点を理解し，ほかの従業員に対して指導していける人材になってほしいと考え，F社では性格・知識・経験の3つのバランスがとれた人材を目指す。現地化できる社員になってほしいと考えて研修を行っている。

　また，欧米系のI社では毎年9月末に上司が従業員と面談し訓練したい項目について従業員の希望を調査し，それを踏まえて次年度の訓練計画を策定している。会計年度始まりの10月に計画通りに教育訓練を行っている。

(1) OJT, Off-JT, 配置転換の比較

　中国では全体的にOJTを比較的重視している傾向にある。最近では欠員が出た場合すぐにそこの人材を補うことができるように多能的な人材を育てたい，仕事はコミュニケーションが大切になるためさまざまな人と交流を持ってほしいなどという理由から，配置転換を重視する傾向もできている。またF社で行っている配置転換は，なぜ配置転換をするか社員に説明をして納得してもらえる人には配置転換を行い，スペシャリスト志向の強い中国人社員には理解してもらえない場合もあるが，その場合はそのまま配置転換の話はなかったことにし今まで通り通常に働いてもらっている。H社では配置転換は管理職と品質管理部で実施している。管理職研修は総合的な能力を育てるために，品質管理部では「多能工」を育てるための手段として配置転換が使われている。

(2) 人材育成費

　人材育成費用において，蘇州市の企業では経費の平均2％を占めている（1.5％は企業で0.5％は政府が負担）。E社では2～5％と平均を上回った。一方F社では1％と育成費の割合は低かった。またJ社では年間約500万元を人材育成費として使っている。

(3) 成功例

　F社独自の研修としてはJITというトヨタ生産方式の講習を行っている。JITの講師を日本から呼び，月に1回生産現場を周り，改善点を見つけてもらう。この方法は効果的な育成でありさまざまな企業よりF社を参考にしたいと要望がでている。またG社ではQCサークル活動は毎年2回評価制度がある。QCサークル活動とは職場で自発的に集まった少人数集団が製品や品質管理，安全対策，改善に取り組むことである。G社はQCサークル活動の評価時に点数が最も高いチームは本社に行き発表することができる。この活動はさまざまな外資系企業でも取り入れられており，グループ全体の能力，自主性の向上，職場活性化などの相乗効果が期待でき人材育成に大きく役立っている。

　今後の人材育成に関して中国，日系企業のすべ

ての企業において基本的なマナー，創造性などの教育は学校で行い，企業文化・理念・専門的な技術等の教育は企業で行うべきだと考えており，学校，企業の双方の協力的育成が必要であるとしている。

まとめ

仮説とは大きく異なり，配置転換が中国でも重視されつつあった。日系企業の人材育成は日本本社の育成方法を基にして現地に合ったものに少しアレンジして行っているため，うまく機能していた。離職率が高いからこそ，欠けてしまった人材を補うために一人ひとりがさまざまな作業ができるようにし，個々の能力を引き出し成長させるためにも配置転換を行っている企業があった。また仮説では欧米企業は企業側から研修を提供するのではなく個人で研修の場を見つけるという形態だったが，実際は企業側から提供していた。その点では日系企業と類似している。また，中国社会では離職率が高いことはあまり問題視されていなかった。集約型産業で経済が発展している中国には，出稼ぎ労働者は欠かせない存在である。出稼ぎ労働者が働く目的は，生きていくため，家族を養うためである。休息を惜しみお金を稼ぎ，たくさんお金を貯めて，そのお金をもって故郷に帰ることを目標としている。スキルをあげて，企業の利益を求めているのではないのだ。そのため中国社会では故郷に帰るための出稼ぎ労働者の離職に対して，暗黙の了解，やむを得ない状況として理解されている。

つまり，中国では遠方から出稼ぎに来ている人は短期的に働きお金を貯めて帰郷することが当たり前であり，ブルーカラーの育成に関しては入れ替わりが激しいため特に重視していない。しかし離職率が高いからこそ，多くの従業員の中から安定的に真面目に働く従業員を見出し，彼らに対しては力を入れて育成することで彼らの成長を期待していることがわかった。日系企業は育成した人材が他の会社に流失してしまう。マナーや物の扱い方などの基礎的な教育から始めなければいけない。中国企業では育成に使う資金不足，長期的な育成により人材が不足してしまい仕事に支障がでるといった問題がある。日系，中国企業に共通していることは育成を通して効果がわかりにくい。資格や合否がでるものは成果がわかるが，成果が具現化できない研修では効果が見えにくい。

中国で効果的な人材育成を行うには，研修内容に変化を持たせ社員に新しいことを教育していくことで，仕事に対するモチベーションをあげる。長期的な訓練にかける時間と人員が多すぎると生産力を下げてしまう可能性があるため短期的な訓練のほうがよく，育成と仕事との双方のバランスが必要となってくる。さらに育成の効果を実感できるように，研修後にアンケートを行ったり，試験を受けさせたりすることで，成果を具現化させ会社と従業員の双方に自信を持たせることができる。

注
1) 田園『中国日系企業の人材育成』桜美林大学北東アジア総合研究所，2011，p. 14
2) 「研修サーチ」 https://www.kenshuu-portal.com/portal/about_kenshu01.php （最終アクセス日：2014.12.1)
3) 「人材育成・社員教育向上委員会」 http://www.jinzaiikusei.com/kitotishiki_yogo/jinzaiikusei_mokuteki.html （最終アクセス日：2014.12.1)
4) WEBinsource: http://www.webinsource.com/archive/100119001145.html （最終アクセス日：2014.12.1)
5) 注3)に同じ。
6) 梶原豊『地域産業の活性化と人材育成の確保・育成』同友館，2009，p. 113
7) 「世界と日本をLinkする国際派就職・転職＆キャリアアップメディア　ワールドキャリア」http://www.worldcareer.jp/specialist-human-resources/detail/id=111 （最終アクセス日：2014.12.1)
8) 「上海ビジネスフォーラム異業種交流会」 http://www.sbfnet.cn/useful/management/19.html （最終アクセス日：2014.12.1)
9) 「第8章　中国の職業教育と教員の養成・訓練」http://www.uitec.jeed.or.jp/images/fiftyyear/50th_04/15.pdf （最終アクセス日：2014.12.1)

II 企業の求める人材と離職防止の手立てについて

後藤冴香

1 研究の目的

中国はWTOの加盟により外資系企業の進出が

著しく進み，経済発展はますます活発となっていった。しかしその結果，中国国内では今まで保護されていた産業も競争市場と化してしまうことになった。

これにより発生した産業競争市場の激化を考慮し，日系企業，欧米企業，中国企業では各社競争市場で優位に立つため新卒よりも即戦力となり得る中途を多く採用しているのではないだろうか。また転・離職の激しい中国で企業はどのような工夫を行い，人材の流失をくい止めているのかについて疑問を持つようになった。

本稿ではそれら疑問を検証するため，主にホワイトカラー人材に焦点を当て，企業はどのような人物を求めているのか，そしてそれにより採用された人材の主な離職理由とそれに対して企業が講じる対策は何かについて明らかにし，今後の企業の課題について考察していく。

2 先行研究

中国のWTO加盟により各国の企業がこぞって中国に進出し，中国は世界の工場から世界の市場へと変化していった。しかし，それに伴い人材獲得競争の激化が起こり，優秀な人材の確保がさらに難しくなっていった。また中国の現状では採用しても，多くの中国人は離・転職する。そしてそれは新卒者だけでなく幹部クラスまでにも影響が及ぶ。2006年では日系企業，欧米企業ともに離職率が10％以上と非常に高い現状にあった（表1）[1]。また，2011年にニッセイ基礎研究所が日系企業363社に対し行った調査では，離職理由の多くが，発展空間（キャリアアップ），報酬，福利に対しての不満であった（図1）[2]，果たしてそれが現在の中国の離職問題の根幹なのか。また欧米，中国企業ではどのような理由で離職する人が多いのだろうか，現地で実態を検証すべく以下の企業に対し聞き取り調査を行った。

3 調査概要

今回の現地調査では，8月4日から8月11日の7日間にわたって，日系企業，欧米企業，中国企業，計10社に対しインタビュー調査を行った。以下がその調査対象企業についてまとめたもので

表1 日系と欧米系企業の離職率の比較

項目	クラス別	日系	欧米系
離職率	経営者	17.8%	16.5%
	部長・課長	16.6%	13.0%

出所：湯進「中国に進出する日系企業の人材戦略――ローカル企業の人的資源管理を踏まえて」『専修大学社会科学研究所月報』515号, 2006, p. 26

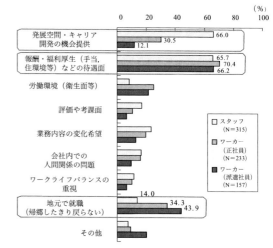

図1 日系企業の離職理由（2011）

回答企業：363社
調査対象地：上海市，江蘇省，浙江省，北京市
出所：片山ゆき「中国における日系企業の福利厚生・人的資源管理」(pdf版), ニッセイ基礎研究所, 2013, p. 4

ある（表2）。

この調査対象企業情報をもとに調査結果を報告していく。

4 企業の求める人物像

まず企業の求める人物像とはどのようなものだろうか。聞き取り調査の結果（図2），日系，欧米系，中国企業共通して人間性，専門性が特に重要視される傾向にあることがわかった。そこでもう少し細かく見てみると，以下のような共通点を見出すことができた。

(1) 日系企業

全4社共通して，協調性，向上心のある人，明るくて楽しい人など人間性を重視すると答えた。また全4社中3社が共通して技術的要求はしてい

表2　調査対象企業一覧

企業名	国別	主な人材募集方法
A社	日系企業	学校，人材市場
B社	欧米企業	人材紹介会社，インターンシップ
C社	中国企業	学校，人材市場
D社	中国企業	人材市場
E社	中国企業	学校，ネット
F社	中国企業	学校
G社	日系企業	学校，人材紹介会社，ネット
H社	日系企業	学校，人材市場
I社	日系企業	学校，人材市場
J社	欧米企業	大学

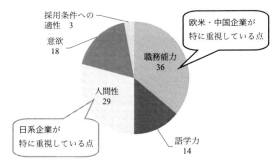

図2　採用時に重視する点（％）

※複数回答可
出所：2014年8月現地での聞き取り調査により作成。

ないと回答した。

　日系企業は全体的に，職務能力よりも先ずは人間性を重視する傾向にある。職務能力は仕事を通じて培っていく方針を取っていた。

　(2)　欧米企業，中国企業

　欧米企業，中国企業は全6社共通して，専門性，仕事経験といった職務能力を重視していた。そのため多くの企業が採用する際，特定の学部に限定する等していた。だが，6社中4社は職務能力だけを重視するのではなく，人間性も兼ね備えた人物を求めており，全体としては，1に職務能力，2に人間性を重視していた。

　全体を通して企業は新卒に対して，専門的知識を持ち，仕事に対して真面目で向上心があり企業に新しい考えを生み出す人材であることを求める傾向にあり，中途採用に対しては，求める人材の人間性は新卒と同じだが，経験を要するため企業の即戦力となることを期待しているのだという。

5　新卒と中途

　実際企業は新卒と中途どちらを多く求めているのか。企業全10社に対して行った聞き取り調査の結果，新卒を多く求めると答えた企業は3社，中途を多く求めると答えた企業は2社，残る5社は新卒と中途どちらとも求めると答えた。

　内訳を見ると，日系は新卒を多く求める回答と新卒・中途両方求めるという答えに分かれた。A社では，設立当初は自社の発展のため中途採用を多く行っていたが，現在は発展段階を終え安定期にあり，中途よりも新卒を多く採用しているという。

　中国企業では，新卒を求める企業が1社，新卒，中途共に求める企業が2社，中途を多く求める企業が1社の結果になった。

　欧米企業では新卒・中途両方求めると答えた企業は1社，中途をより多く求めると答えた企業は1社であった。

　日中欧米企業共通して見ると，新卒と中途を両方求める傾向が全体的に高い。だが，必ずしも熾烈化する中国の競争市場で優位に立つため，企業のほとんどが即戦力となる中途を求めているのではない。自社企業の現状，中国の経済状況から求める人材は変化することがわかった。

6　離職率と離職理由

　このように求める人材を採用するものの中国の現状では，採用しても多くの中国人は転職によってさらにキャリアアップをしたいと考える傾向が高く，離職率が高い現状にある。彼らの主な離職理由とは何か，まず調査企業の離職状況を見てみる。

　訪問企業への聞き取り調査の結果，共通してホワイトカラー全体で離職率は比較的安定しているといった現状にあった。そして過去3年間の離職率の平均では，回答を得ることができた6社中4社が離職率5％以下の結果になった。また他2社も10％以下という回答となり，これは中国国内平均離職率（図3）[3]よりかなり低い傾向にあ

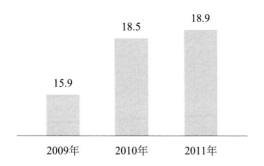

図3　2009〜2011年の中国国内平均離職率（％）
出所：NASDAQ「2012　離職与調薪調研報告」2011より作成。

ることがわかった。しかし調査を行った企業とは違う業界の日系企業では，離職率が30〜35％とかなり高い傾向にあった。

また新卒と中途の離職の現状では，ほとんどの企業が中途と答えていた。

全10社共通して新卒者の主な離職理由は，会社の雰囲気が合わない，現実と理想の相違という日本の新卒の辞める理由と同様の回答となった。そして中途採用者の主な離職理由は自分の能力のステップアップと言う回答が最も多いことがわかった。

内訳をみると，日系企業では4社中3社が地元に帰ると言う理由が最も多いと答えた。残りの1社では，設立当初は他の3社と同様に地元に帰る従業員が多く現れ，特に春節などの長期休み後に多くの従業員が離職するといったことが起きたため，現在では地元民のみの採用に限ることで離職率を下げることに成功した。だが，発展空間の場がない，自身のキャリアアップのためという理由により多くの人が辞めていく現状にある。

中国企業では回答が得られた全4社中3社共通して自身のキャリアアップと答えた。

3社の回答では，主に企業で3〜5年の一定経験を積んだ従業員が発展空間（キャリアアップ）を求めての離職が多いという。残りの1社は離職して自身で会社を立ち上げるといった理由が多いと答えた。

欧米企業は全体として，自身のキャリアアップ，現実と理想の相違という回答になった。また他にも賃金，待遇が良くないといった理由で辞める者やヘッドハンティングされて辞めるといった現状にあるという。

日系，中国，欧米企業の新卒，中途全体的に人材を流出する一番の原因は昇進制度にあるとこれらの内訳からわかる。

7　離職防止の手立て

上述したとおり，中国では自身のキャリアアップや賃金・待遇の面でさらに良い職場を求めて，多くの中国人が転職・離職といったことを頻繁に行っている現状にある。

また中国の現状として，2009年から2011年にかけて離職率は平均15％以上あるものの（図3），今回調査を行った企業はそれよりかなり低い離職率にあった。これらの企業はどのような対策を講じ優秀な人材の流失を防いでいるのだろうか。そこで聞き取り調査によって，人材を引き留めるため工夫していることは何かという質問を行った。

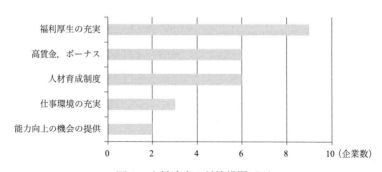

図4　人材流出の対策措置（社）

※複数回答可
出所：2014年8月現地での聞き取り調査により作成。

すると以下のような回答を得ることができた（図4）。

全体の回答を見ると，全10社すべての企業が人材流失問題に頭を抱えており，何かしら対策を講じているようであった。現状としては福利厚生の充実と高賃金，人材育成を行うことにより人材を確保し流失を防いでいる。その中でも特に福利厚生に力を入れていると答えた企業が全10社中9社という回答になった。

このことから福利厚生を充実させることがいかに大切かがわかる。

(1) 日系企業

日系企業では全社共通して，福利厚生の充実という回答が得られた。また他にも，社員たちに自分がここで仕事を行えば成長できると思わせる環境作り，総経理，幹部，従業員全員が一緒に働きやすい仕事環境作りなど，社内環境の構築を行う企業もあった。

(2) 中国企業

中国企業は全社共通して福利厚生の充実，人材の育成により自身の能力向上の機会を与えるという回答だった。D社では，40〜50代のベテラン社員が若い社員の面倒をみるだけでなく，若い社員の安全を考え社員寮に住まわせるなど，公私共によい環境作りを行っていた。

(3) 欧米企業

欧米系企業2社では，賃金，ボーナスに力を入れている企業と，育成，昇進制度，福利厚生と偏りなく力を入れている企業とに分かれた。ある企業では，モチベーションを上げるためのレクリエーションや発展機会の提供として育成制度を完備，明確な昇進制度の導入を行った結果，その会社の従業員満足度調査で満足度は80％に達し離職率低下にも大きな影響を与えているという。

どの企業も，離職原因となっている昇進制度を変えるのではなく，主に，福利厚生の充実，高賃金，人材育成を行い，その企業ならではの環境を作ることで人材の流失をくい止めている現状にあった。現在はこの状態で人々を引き付けているかもしれないが，長期的に見ると，似たような福利厚生を持つ企業が乱立する恐れがある。そのため企業は他企業との福利厚生，高賃金面での差別化を図ることや，それ以外の面も充実させるなど工夫を行い，他にはない自社特有の企業づくりを行うことが求められるだろう。

まとめ

今回の調査ではホワイトカラーの採用に視点を置き考察してきた。

結果，すべての企業が即戦力となる人材を求めているのではなく，会社の状況，市場経済の変化により企業の求める人材は絶えず変化していることがわかった。

また中国人は向上意欲が強いため，発展空間が見込めなければ辞めていく中途採用の離職傾向が高いという指摘を多く受けた。そのため昇進制度が重要になってくるが，そこに重点的に力を入れている企業はあまりみられなかった。しかし，それでも離職率が10％以上にならないのは，福利厚生制度の充実に力を入れ，魅力ある働きやすい企業作りを行うといったことで，人材の流失をくい止めているといった現状にあるからだった。

人材の流失を防ぐためには離職理由となっている昇進制度を見直し，モチベーションが上がるような制度改革を行うといったことが必要になるが，それだけでなく高賃金は勿論，福利厚生を充実させ，魅力ある企業というものを作ることが離職率の高い中国では必要であり，それによって優秀な人材が確保できることに繋がる。しかし，そのような企業作りを長期的に見てどう進めていくのかが今後の課題となるだろう。

注

1）湯進「中国に進出する日系企業の人材戦略──ローカル企業の人的資源管理を踏まえて」『専修大学社会科学研究所月報』515号，2006，p. 26 http://www.senshu-u.ac.jp/~off1009/PDF/smr515.pdf（最終アクセス日：2014.11.16）

2）片山ゆき「中国における日系企業の福利厚生・人的資源管理」ニッセイ基礎研究所，2013，p. 4 http://www.nli-research.co.jp/report/nlri_report/2012/report130329.pdf（最終アクセス日：2014.11.25）

3）NASDAQ「2012 離職与調薪調研報告」http://wenku.baidu.com/view/867d1126bcd126fff7050bf3.html（最終アクセス日2014.9.26）

Ⅲ 人材を確保するための給与体制と福利厚生について

神尾 龍

1 研究の目的

　経済のグローバル化により，日本企業の海外進出は盛んになり，中国ビジネスを展開する企業は少なくない。しかし，中国でビジネスを展開する日本企業には多くのリスクが存在するのが現状である。離職率が高い中国において，終身雇用が基本である日系企業は厳しい対応に迫られていると予想される。成果主義が当たり前である中国において，終身雇用，年功序列制，企業別組合を3本の柱としている日系企業がどのようにして中国市場に参入していくのか。本稿では蘇州市の日系企業に着目し，中国系（国営・民営），欧米系企業と比較しながら，日本式経営の特徴を明らかにしたい。

2 先行研究

　中国では離職率がとても高く，中国企業，欧米系企業と比較して日系企業の離職率が特に高いことがこれまで多くの研究で指摘されている。その原因の1つとして，中国現地における日系企業独特の「日本式経営」が挙げられる。日本式経営とは終身雇用，年功序列制，企業別組合の3つの柱のことを指す。実際に労働者の流動が激しい中国において，こういった日本式経営は現地のニーズに合っておらず，結果的に離職率の高さに繋がるのではないのかと考えていた。というのは，中国人労働者は常に個人の能力向上を求め，そのために企業を転々とし，能力に見合うだけの給与が得られる企業を好むのに対し，日系企業は終身雇用制が特徴的であり，離職・転職が比較的少ない。また，社内における人材育成が盛んで長期的な雇用体制がしっかりしている。こういった長期的な雇用が一般的である日系企業は，短期間での雇用を求め，能力に対する見返りをすぐに求める中国人に合っているとはいえ，給与に関しても年齢とともに賃金や役職が上昇していくのが日系企業の特徴であり，成果主義の中国人には不向きである。

　日系企業の離職率が高いのは日本式経営自体に問題があり，離職率を下げ雇用を維持するには，中国人労働者の企業に対するモチベーションの維持が最も大切なのではないか。ここでいう「モチベーション」とは，給与体系に加え福利厚生とキャリアアップ機会の充実を指す。日系企業が中国市場において成功するためには，中国人労働者の仕事や会社に対する意欲や，忠誠心などについて，一般的な日本人労働者との相違点を認識しなければならない。また，現在と過去における中国社会の労働環境の変化に伴う中国人労働者のモチベーションの変化についても理解しなければならない。

　中国には今では2万社以上の日系企業が進出し，今後日系企業が中国市場においてより優位に展開していくためには何が必要なのか述べてみたい。

3 調査方法と調査結果

　今回調査した蘇州市において訪問した企業は12社である。特に日系3社に注目したい。筆者は企業の福利厚生と給与体系から調査対象企業の魅力を見つけ，それに対する結果である離職率を調査した。各企業に対する質問項目は大きく2つあり，「福利厚生の面で努力していることは何か」と「どのような給与体系をとっているのか」である。

　現地研究調査を進めるにあたりわかったことは，先行研究と現状とは異なる点が多くあることだ。中国の離職率は高いのは事実だが，今回訪問した企業のすべてが離職率を低く下げるために何らかの努力をしており，大半の企業から労働者の企業に対するモチベーションを維持するために「福利厚生の充実は労働者にとって特に大切なこと」という回答が得られた。福利厚生を充実させ，他の企業とは違う特別な福利厚生を構築することは，離職率を低く維持するために重要なことであり，加えて中国人労働者のニーズに合った給与体系を構築することが大切だ。まとめると，離職率が低い企業の共通点として「充実した福利厚生」

と,「安定した給与」がある。安定した福利厚生と給与体系を労働者が得るために重要な組織として労働組合という組織がある。労働組合の目的とは，組合員の雇用を維持し改善することである。労働組合の役割は，職場のさまざまな問題を会社側と対等な立場で交渉する権利が保障されることで健全な労使関係を築き，組合の要求を1つひとつ実現させ，より良い職場環境を作り企業や団体の健全な発展に努めることだ。福利厚生や給与体系がしっかりしている企業にはこの労働組合があり，しっかりと従業員に対して機能を発揮していた。

(1) 福利厚生

今回訪問した企業の福利厚生には類似点が数多くある。具体的に社員食堂，社員寮，加えて労働外の時間を充実させるための娯楽施設（バスケットボール，卓球，図書室），住宅手当，13の法定祝日に対する休暇など，訪問企業の12社すべてにあった。訪問した企業の12社すべてに労働組合があり，給与に関してもだが，特に福利厚生の面ではこの労働組合の影響力が大きく，労働環境の向上などの共通目標達成を目的とし機能していた。福利厚生の具体例として日系企業C社を挙げる。C社では，他の企業と比較して1つひとつの福利厚生の質がとても高いのが特徴であり，また日々変わりつつある中国の情勢，中国人のニーズに応えられるように常に新しい福利厚生を提供している。C社の離職率は低く，少ない離職率の内訳のほとんどがブルーカラーであり，原因の1つとして出稼ぎの労働者が地元へ帰るなどの理由が挙げられる。そういった出稼ぎ労働者は会社の寮に住んでいることがほとんどで，週末や労働時間外は1人になることが多い。そういった場面で，運動会やカラオケ大会などを行い孤立しがちな労働者のためにコミュニケーションの場を企業側が提供することはとても大切なことである。具体的な活動として，2014年1月には餃子パーティー（参加者は約700人），4月には第2回綱引き大会などが行われた。2013年8月には総合社員棟が建設され，労働組合が資金を負担してカラオケ室，紳士クラブ，撮影スタジオ，化粧室，保健室などの福利厚生施設を増設した。もちろん社員食堂など生活面での補助もしっかりしており，朝は0.5元，夜は1.5元，昼と週末は無料で食事が提供される。

また，離職率が2～3％と低い日系企業のF社は特に福利厚生に力を入れており，社員に対して法定外福利である医療保険に加入することを義務づけている。会社は保険料に対して1人あたり500元を支給する。そのほかには怪我をした際には保険会社が全額負担するという24時間体制の傷害保険，子供が病気になった場合に医療費の25％を自己負担，75％を会社が負担するという子供のための保険がある。この企業の従業員は平均年齢が35歳と若く，この有料保険に加入することはとても重要なことだとF社は考えている。F社は「家族意識」を企業の理念とし，結果こういった考え方の経営は大きく離職率に影響している。従業員に対して安定した生活を送らせるためには充実した福利厚生が重要であり，それが離職

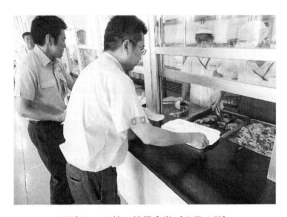

写真1　C社の社員食堂（8月4日）

写真2　L社の娯楽施設カラオケルーム（8月5日）

率の低下につながっている。

　中国で調査を行っているうちに，現地では「家族的経営」をしている企業が多いことに気付いた。中国私企業経営の最も基本的な特徴の1つが「血縁・地縁などの伝統的社会的結合の原理」であり，そういった家族的経営方法は福利厚生の面でも多く見られた。

　(2)　給与体系

　福利厚生に次いで重要なのは給与体系である。仮説の段階で日系企業の離職率はとても高く日本式の給与体系（年功序列）が原因だと考えていたが，実際に現地で調査を進めるにあたり現状は異なっていた。離職率の原因は日本式給与体系の他にあり，中国では能力や成果に見合うだけの賃金体制（能力給）があればよいということだ。日本式給与体系をとっている日系企業も従来の給与体系に加えて能力給をとっている企業がすべてであった。日系企業のC社は，日本の良い所と中国の良い所の両方をとった給与体系をとることが大切であると考えている。C社では給与に関して役割給（例えば部長は部長の給与）を採用しており，役割や個々の能力に応じた給与体系を取っている。日本式である年功序列制とは異なるものであり，日本の良い所と中国の良い所の両方を取った日系企業独特の給与体系を確立することによって，日本式給与体系（年功序列制）の利点を生かしつつ，中国人労働者の能力や成果に対して見合うだけの賃金体制（能力給）があれば良いという中国人労働者の成果主義的考え方に合わせることが可能である。

　では，他の企業ではどういった給与体系をとっているのか。今回訪問した企業のほとんどが蘇州の平均給与よりも高く，重要なのは給与金額ではなく給与体系だ。日系企業は日本式給与体系（年功序列制）を取っているところが多く，中国企業は給与に関して細かい級に分かれており，能力に応じて給与が変動する能力給制度をとっている企業が大半だ。中国企業K社では給与に関してコンサルティング（別の会社）に委託しており，給与体系の内訳は，各労働者の持ち場によって位を40～65級まで細かく設定しており（ポスト性，役割給），級の中でも細分化されていて，その評価の基準は会社に勤めている勤続年数（年功序列制）と，総合的な能力によって評価される（能力給）。日本式給与体系は日系企業だけではなく，外資系企業にも取り入れられており，先行研究と真逆の結果である。なぜこういった現状があるのか，その答えは中国企業のL社を対象に研究することでわかる。L社では各人の能力や結果に応じ昇給するだけでなく，降給制度というのもあり，場合によっては切り捨て（クビ）にされてしまうという完全なる成果主義であった。こういった成果主義的経営の企業は，能力に応じて短期間で高賃金を手にでき，激しい競争社会で個人のキャリアアップができることから若い20代から30代の労働者に人気だが，それに対し高齢期になるにつれて家庭を持ち，安定志向になりつつある労働者には長期雇用を前提に賃金は低く抑えつつあるものの，年齢と共に確実に賃金が増え安定した収入を得ることができる日本式給与体系を好むようになる。つまり，歳を重ねるにつれて成果主義である中国企業から日系企業のほうが良いといった考え方に変わりつつあるのが今の中国の現状だ。

　日系企業が安定した給与体系を今後も維持することは大切なことだが，さらに大切なのは中国人のニーズにあった透明性のある能力給体制を確立し，キャリアパスを明確にすることである。

まとめ

　今回現地調査を行うなかで，日系企業，中国企業，欧米系企業ともに，日々工夫と改善を重ねており，絶え間ない努力が垣間見られた。そこでわかったのは，日本式経営は改善する点は数多く存在するものの，見直される点も同じく存在することだ。経済がグローバル化することで，市場経済の激化が進み，競争が激しくなりつつある中国市場が「成果主義」であることは事実であり，日本式経営とは正反対である。だが，中国人労働者も高齢になるにつれて安定志向になり，成果主義中心の中・欧企業よりも終身雇用・年功序列制が中心である日系企業を重視するようになる。そこで日系企業は中国人労働者と日本人労働者との相違点をしっかりと認識し，現在と過去における中国社会の労働環境の変化に伴う中国人労働者のモチ

ベーションの変化についても理解することで，日系企業は変化するべきなのか，それともこのままのやり方を続けるのか臨機に対応することで今後の結果は大きく変化するに違いない。

参考文献

ジェトロ編『中国進出企業の人材活用と人事戦略』2005
路之遥 HP　http://www.lzy.cn/showdetail.aspx?one=6&id=16
「中国における日系企業の人材確保に関する調査」　http://www.smrj.go.jp/keiei/dbps_date/_/material_/common/chushou/b_keiei/keieikokusai/pdf/chugokujinzaikakuho.pdf
ジェトロ『米国企業の対中国経営戦略──日系企業の飛躍に向けて』2006

Ⅳ　人材確保のための昇進

伊藤　栞

1　研究の目的

　中国では転職を通して自身の能力向上を図るのが当然であり，社員がすぐに転職してしまうため，それに対して企業が昇進に関してどのような対策をとっているのか。中国の雇用形態，特に昇進制度は日本とどう異なるのかなどについて，中国における中国企業や外資系企業に対する調査を通して明らかにしたい。

　日本においてはホワイトカラーとブルーカラーの昇進の差はさほどないが，中国においては差が激しく，ブルーカラーとホワイトカラーの間に壁があり，雇用形態がはっきりと分かれている。今回，ホワイトカラーの昇進形態に焦点を置き，中国蘇州市で調査を実施した。

2　先行研究

　宋シンの「中国企業における管理職の労働意識に関する研究」では，日系企業は年功序列を採用していると述べられている。「調査により，成果主義人事制度の運用されているA社の管理職は，給料の満足度と会社の人事制度の満足度において，成果主義を導入していないB社の管理職よりも明らかに高かった。それに，成果主義を導入しているA社の管理職であれ，成果主義を導入していないB社の管理職であれ，成果主義人事制度に賛成する姿勢が強く表明されるようである」[1]。このことから，中国における日系企業では，年功序列であると言える。また，金明花（2010）では，調査を行った広東省にあるB社は年功序列制であり，社員の昇進は内部昇進で，内部昇進は年功序列を意味していると述べられている[2]。

　しかし，最近は成果主義を導入する会社が多くなっている。

　一方，中国企業や欧米系企業の昇進はどうなのか。日経BPネット（2008）の「若手が昇格しやすい中国企業」において，中国企業のハイアールの例を見ることができる。「ハイアールでは，社員のモチベーションを上げるために『三工制度』を用いている。社員を能力や成果によって『優秀』『合格』『試用』社員に分けるものである。一度『優秀』社員になっても，成績が悪くなると『合格』に落とされることもある。成果主義を積極的に活用しているハイアールは，上層部の年齢が非常に若いのが特徴的である。中国企業ではこのようにホワイトカラーの管理職は，公正で公平であることに重きを置いている。加えて，モチベーションが上がるように，実績に基づく処遇をつける賃金形態が多く採用している」[3]。このことから，中国企業では，成果主義が主であるということがうかがえる。

　また，欧米系企業は多くの日本企業と違い，アメリカでは報酬の大半は職責（ポスト）で決まる。たとえ人事評価が悪くても職責によって定まる基本給（base pay）が下がることは稀だ。この基本給に企業年金や健康保険（アメリカには国民皆保険制度が存在しない）等の付加給付（benefit）を加えると（職種や職位にもよるが），全報酬の8〜9割以上が決まってしまう。上級管理職クラスなど一部の社員を除き，会社や部門の業績に応じた変動ボーナスの割合はわずかである[4]。

　日本貿易振興機構（JETRO）（2006）によると，「米国企業の昇進制度に対する考え方は，企業の規模にもよるが，レガシー製造企業の場合，3年を1つの目安としてポジション毎の職務資格（Job Requirement）を明確にして，昇進させるケースが一般的である。しかしながら，企業や部署によ

っては，上のポストがつかえている場合，その下のマネージャーは昇進できず，ステップアップを目指すためには自ずと転職せざるを得ない状況になることも多々ある。米国企業の中国における昇進制度も基本的には米国式の昇進制度を導入しているところが多い。米国企業の職務資格については，ポジション毎に，a）ポジションの目的，b）主な責任，c）業績評価のやり方などを木目細かく決めているのが通常である」[5]とあるように，目標を定めて昇進させるようである。

つまり，日系企業においては年功序列であり，昇進のスピードが遅い。中国企業や欧米系企業においては成果主義，ポスト制で昇進が決まる。日系企業に比べて昇進のスピードが速いことがわかった。

以上のようなことにより，地方によっても異なるが，中国における日系企業，中国企業，欧米系企業の昇進形態はそれぞれ「年功序列的」，「成果主義」，「職責制（ポスト制）」であるという仮説を立て，現地において調査を行った。

3 調査の概要

本研究の目的は，中国における日系企業，中国企業，欧米系企業の雇用形態を探ることにある。特に，昇進の形態について調査を行った。今回の調査では，10社に協力していただき，調査を進めた。調査方法は，それぞれの企業に聞き取り調査を行った。聞き取り項目は，以下の4つである。まず，人材を確保する方法として，内部昇進が主なのか，中途採用が主であるのか。次に，昇進のシステムは日系企業，中国企業，欧米系企業でどのように異なるのか。そして，昇進の速度はどのくらい異なるのか。社員は仕事に対するモチベーションをどのように維持し，高めているのか。

人材確保には，どのくらいの期間で昇進するのかということと，仕事に対するモチベーションが大事だと考える。企業ごとの昇進システムとそのスピード，また，どのように企業が社員のモチベーションを高めているのかを調査した。どのくらいの期間で昇進できるか，どのように自身の評価がなされるか，ということも社員のモチベーションを上げるための1つの方法である。

(1) 人材を確保する方法

人材を確保する方法としては，昇進と中途採用の両方がある。必要があれば中途採用者も確保するが，基本的には内部昇進を重視する企業が多かった。

(2) 昇進システム

待遇（給料）と密接に関係しているシステムが昇進システムである。各企業において，どのような昇進システムが行われているのかを調査した。以下が調査を行った企業である。

表1　調査対象企業

A社	日系企業
B社	欧米系企業
C社	中国民間企業
D社	中国民間企業
E社	中国国有企業
F社	欧米系企業
G社	日系企業
H社	日系企業
I社	日系企業
J社	中国民間企業

日系企業の昇進システムは，勤務態度はもちろんであるが，周りへの配慮や勤務以外での社員の態度，つまり，日本的な能力主義と，成果主義を重視するという2つのシステムに分けられる傾向にあるということがわかった。日系企業は基本的に日本的な能力主義を実施している。H社は，まじめにしっかり仕事をこなしていれば昇進可能である。例えば，班長であれば24時間勤務であるので，周囲の人々への配慮や広い視野を持つことが条件となる。昇格するには，上司からの推薦を必要とする推薦制をとっている。また，G社では目標管理システムを採用しており，年に2回評価をし，ポイント制で，10点たまれば昇進可能である。人事が各部門の状況を見て，翌年度の4月から昇進する。

中国企業，欧米系企業においては，成果主義を実施しており，社員の評価を目に見える「社内公募制」という形での評価を行い，社員自ら応募できる平等的な競争メカニズムを導入している。

E社では，人材育成を行う中で，技能系，管理系，技術系と3つに分け，目標設定をし，試験を実施している。特に，管理職に関しては，10の等級に分け，厳しく評価をしている。また，C社では毎年，業績の良くない下位5％が淘汰されていく（末位淘汰制）。F社は，管理部門と技術部門で昇進形態が異なる。技術部門は職位格，働いている勤続年数及び貢献，管理部門は職務知識，総合能力の状況，管理の特質などが重要視される。このように，中国企業は部門別，等級別に分け，試験を実施したり，能力を図ったりする。降格人事を行っていることも中国企業の特徴である。

以上より，全企業に共通することは，昇進する上で「評価制度」を重視しているということである。学習能力を重視したり，筆記や面接の試験を行ったりするなどして評価するところが多い。特に，中国企業と欧米系企業における試験では，人事が管理職に対して厳しく評価をする。人事評価が一定の基準を満たし，合格することができれば昇給するし，反対に一定の基準を満たしていないと不合格になり，降格もする。業績がよくないものは淘汰されるという現実もある。やはり，社員の能力に対して明確な評価制度を実施することは中国で企業を運営していくうえで適しているのであろう。

(3) 昇進のスピード

昇進のスピードも社員のモチベーションを上げるための重要な鍵となる。おおよそどのくらいで昇進できるのかを調査した。

昇進のスピードを図にすると，以下のようになった。

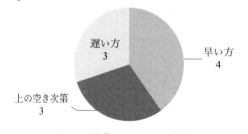

図1　昇進のスピード（社）

日系企業の昇進スピードは，中国企業や欧米系企業と比較して，遅い方である。I社は一番遅くて，課長から部長になるまでに10年かかる場合もある。H社の管理職は，大体6～7年ほどで昇進する。

これに対し，中国企業は日系企業よりも昇進スピードが比較的早い。これは，個人の能力によるところが大きく，各社員の能力を重視していることがわかる。C社は，普通の社員は3年で昇進する。とびぬけたところでは1年半である。D社は，職位が異なれば昇進スピードも違うが，おおよそ，3～5年で製品総監になることができる。研究開発部門や管理職，顧客サービス・マーケティング部門の3つの特殊部門は昇進が比較的早い。顧客サービス・マーケティング部門は，早ければ2年でトップマネージャーになることができる。

(4) 仕事に対するモチベーション

仕事へのモチベーションを高めるために，昇進システムや昇進スピードのほかに，企業が行っていることは何かを調査した。

日系企業であるA社は，モチベーションは個人ではなく会社の組織でのモチベーションを高めることを重視している。社員のモチベーションとしては，例えば，技術系の人には新しい技術を導入したり，技術革新したりするなどの新しい仕事を与えるなどする。また，I社では，作業者は毎月作業ミスなどの統計を取り，その結果により毎月1回評価するシステムがある。作業者が品質賞をもらえば，企業は作業者に報奨金を与える。そのほかにも，優秀な社員は日本に行き，発表するQCサークル活動もある。

中国企業であるD社では，昇進システムである「職位評価制度」がモチベーションを上げる方法として使用されている。

欧米系企業のB社では，提案制を取り入れ，本社との連動をはかっている。提案が採用された際には，報奨金を社員が受け取る。また，毎年10人の優秀社員を発表し，評価している。また，J社では，半年ごとの試験（合格すれば昇格，不合格であれば降格）がモチベーションを高めるきっかけとなっている。

まとめ

調査を行った結果，以下のようなことが明らかとなった。日系企業において，勤務態度はもちろ

んであるが，周りへの配慮や勤務以外での社員の態度などのようなこと，つまり，日本的な能力主義も昇進に関係している。しかし，中国企業や欧米企業においてはそうではなく，仕事における社員自身の能力が昇進に直接影響するというようなことが明らかとなった。日系企業，中国企業，欧米系企業のそれぞれの昇進の特徴はあるが，現地の実情に合わせて昇進を行っていることがこの調査を通してわかった。どの企業も必ず取り入れているのが「成果主義」である。特に，中国企業においては，降格人事を行うという厳しい現実がある。

調査を終え，これらのほかにも，社風にもそれぞれに特徴があると感じた。日系企業は家族のように社員を大切にしており，中国企業では，個人の能力を重視し，若手の優秀社員にとってはとても良い環境となっている。欧米系企業では，提案をしたら報奨金を出すなどし，会社への帰属意識を高めているように感じた。また，若い人には能力主義的考え方が強い人が多いので，自身の能力が反映されやすい中国企業や欧米系企業が好まれるが，歳を重ねると，安定志向になり，降格しにくい日系企業が好まれる傾向があるように感じた。

今後は，ホワイトカラーの昇進形態のみではなく，ブルーカラーの昇進形態にも目を向けていきたい。

注

1）宋シン「中国企業における管理職の労働意識に関する研究」九州大学大学院人間環境学府行動システム専攻修士論文，2003, p. 5　http://www.hues.kyushu-u.ac.jp/education/student/pdf/2003/2HE02053T.pdf
2）金明花「中国における日系企業の昇進システムの研究――ホワイトカラー労働者を対象にした事例調査」『横浜国際社会科学研究』第15巻第4号，2010，p. 44
3）日経BPネットが昇格しやすい中国企業」2008　http://www.nikkeibp.co.jp/article/nba/20081001/172277/?rt=nocnt
4）林浩二「アメリカの人事制度から何を学ぶか」日本総研ホームページ　http://www.jri.co.jp/page.jsp?id=13467
5）日本貿易振興機構（JETRO）「米国企業の対中国経営戦略――日系企業の飛躍に向けて」2006, pp. 40-41　https://www.jetro.go.jp/jfile/report/05001226/05001226_002_BUP_0.pdf

参考文献

日経BPネット「若手が昇格しやすい中国企業」2008　http://www.nikkeibp.co.jp/article/nba/20081001/172277/?rt=nocnt

金明花『中国における日系企業の技能形成と昇進の研究――大連市と東莞市の事例分析』『横浜国際社会科学研究』第17巻第6号，2013

日本貿易振興機構（JETRO）「米国企業の対中国経営戦略――日系企業の飛躍に向けて」2006　https://www.jetro.go.jp/jfile/report/05001226/05001226_002_BUP_0.pdf

蘇州福田金属有限公司（8月8日）

行動日誌

8月3日(日)
現地研究調査1日目！ 台風の影響もあって心配だったけど無事上海に到着！ そこからバスで3時間かけて蘇州に移動。ホテルが想像以上にきれいでびっくりした！ 企業班の中国人の学生たちと顔合わせして，夜は一緒にホテルの近くのお店で麺を食べた！ おすすめの小エビの麺が美味しかった♪ 企業への質問も見てもらって，発音の練習もしたし明日緊張するけど上手くいくといいな〜企業班のみんなこれから2週間頑張ろう☆（柴田）

8月4日(月)
今日は午前に佳能有限公司と午後に西門子電器有限公司を訪問！ 佳能は福利厚生がすごく整っていて感動！ たくさんお話を聞かせてもらって，お昼御飯もごちそうになった！ 佳能が日本語での説明だったから，西門子は中国語が速かった!! もっと聞き取れるようになりたいな〜（森）

8月5日(火)
路之遥と科達科技を訪問。路之遥はビリヤードにカラオケルーム，3D映画館など娯楽施設がたくさんあった！ 私たちへの待遇がすごくVIPだった。その後ご飯♪ 蘇州の郷土料理？の魚を食べたけれど真っ赤な見た目にもかかわらず，全然辛くなくてめちゃおいしかった！ その後は路之遥でなんと3D映画鑑賞！ 科達科技は本当にハイテク!! 最先端の映像機器？ スクリーンに表示され，離れた距離の人と会議ができることには感動した！ 本当に目の前にいるようだった！ 他にも映画の世界の様なスパイみたいな監視システム。すごかった！（白木）

8月6日(水)
蘇州熱電有限責任公司は，今回訪問する中で唯一の国営企業。最初に工場見学をした。とても広い敷地なのでバスで移動！ 熱を発電しているところを近くで見ることができ良い経験ができたと思う。また質問にも丁寧に答えていただき，人材育成のことはもちろん安全に対して気遣っているのかも分かった。午後は初めての休み！ 七里山塘に行った！ とっても楽しくて蘇州の雰囲気が出ていた！ 晩ごはんは海底撈でちょっと贅沢に…夜は質問考え直してまとめてパックしてゆっくり休みたい☆（ノベラ）

8月7日(木)
今日の最初の訪問企業は紐威！ 新入社員がいっぱいお出迎えしてくれた！ 日本語を独学で学んでいる人もいて，少しだけど交流もできて大満足☆ 工場内は写真は撮れなかったけれど，いろいろな大きい機械がたくさんあって，貴重な体験になった♪ いつもとは少し違った会議室で討論会をしたけどクーラーがなくて暑かった！ 2社目は日系企業の住友に行ってきた！ 日本語を喋れる中国人社員がたくさんいた！ 食堂に床暖房も付いてるし，トイレは今まで行った企業のなかで一番きれい！ ウォシュレット付きで感動だった☆ 夜は中国人学生たちと一緒に水餃子を食べに行った！（柴田）

8月8日(金)
福田とNGKを訪問！ 2社とも日系だったから，中国人社員の方の日本語がすごく上手だった！ 私も発音上手になりたいな〜2社とも社員を大事にしていて研修内容に工夫があった！ 会社の話を直接聞いたり，作業現場を直接見たり，すごく貴重な体験をさせてもらっていると改めて実感。（森）

8月9日(土)
イオンモール訪問！ 経営理念，なぜ蘇州を選んだかなどを聞いてすごく勉強になった〜中国でもお辞儀の角度や挨拶を大事にしていてびっくり！ 説明の後はイオンで買い物♪ ホテルの近くにスーパーがなかったからイオンでお土産のお菓子を買えた！ 店内はすごくきれい！ 夕方は寒山寺に行った★ 観光名所で中国らしさが満載の素敵な場所だった〜写真もたくさん撮って満喫！ 蘇州は場所も人もいいと再確認！（白木）

8月10日(日)
今日は蘇州の有名な遊園地に行ってきた☆ 蘇州の地下鉄は去年天津で乗った時よりも進化していて驚いた〜。遊園地のチケット売り場で愛大の学生証を見せたら学割が効いて感動！ めちゃ広いし乗り物はド迫力すぎて笑えた！ ヘトヘトになったけど最高に楽しかったな〜。大餅に似た食べ物にも巡り合えて幸せ♪ 上海留学中のまささんが蘇州に遊びに来てて久しぶりだった！ これから報告会に向けての原稿を作り始めなきゃ〜（柴田）

8月11日(月)
今日は最後の企業訪問！ この一週間企業訪問大変だったけど得るものが多くて日本で考えていたことと異なるものが多かったし，まだ早いけど企業班でよかったと思う！ そして企業訪問の後は，大きな湖が見えるところに行ったり美術館に行ったりパンダにあったり，最後にはとってもとっても豪華な食事をしたりと本当に深い1日だった。帰りのバスではみんなで中国の歌を歌ったり，

日本の歌を歌ったり，ゲームをしたりで本当に楽しかった。もうこうしてみんなと企業訪問にいけないのがさみしい（泣）。明日からは準備期間に入る。先生にも同じ班の子にも迷惑かからないようにしたい！（ノベラ）

8月12日(火)
今日から最終報告会の準備開始！　朝9時からずっと部屋に1日中缶詰状態。　途中2時間の午睡とスープで復活したけどヘトヘト〜夜は包子を買いに走りました！店員のお兄さんやコンビニの店員のお姉さんに自分たちの中国語を褒めてもらえて嬉しかったな〜残りの時間もできる限り中国語に触れて力をつけていきたい！　やることいっぱいでパンクしそうだけど大変になればなるほど現地研究調査が充実していると実感！（柴田）

8月13日(水)
月曜の夜から始めて今日も部屋に缶詰状態。昨日，日本語完成したからずっと翻訳をしてPPT作成をしていた。この作業も最後か…人材育成班の分はなんとかみんなで協力して終わったから，ここから班長としての原稿と団長としての原稿の翻訳にかかった！　休憩時間にやらないと，みんなと作業するときに手伝えないと思って必死にやっていたけど，量が多すぎで思うように進まなかった。やっと班長の分の企業班あいさつと訪問企業概要終わったから印刷しようとしたら，まさかのファイル破損。業界専門用語ばかりで本当に難しい翻訳だったのに…1,000字以上の中国語原稿が400字に減っていた…絶望。号泣。ノベラが静かにティッシュをくれて黙って手伝ってくれた。本当に素敵な仲間に支えられています。部屋にこもって作業していたら満面の笑顔の唐先生が「進捗具合はどうですか？　差し入れです♪」とケーキを買ってきてくれました。4人とも号泣！　本当に私たちは唐先生が大好きです！　この先生のもとにこのメンバーで集まれたことが幸せです！（白木）

8月14日(木)
結局夜中までPPTの作成で寝ることができたのは4時。朝から夜までPPTと原稿の作成＋編集係の仕事で追い詰められてまともなご飯は食べられなかったけど，途中またまた唐先生が差し入れを持ってきてくれたり，キャミオ君がお菓子くれたりでみんなの優しさに感動した！予定時刻には大幅に遅れてしまったけどなんとか原稿とPPTの提出も完了して少し安心できた！　これからはひたすら発音とスライドの練習だ〜忙しくて疲れているのに夜遅くまで付き合ってくれた唐先生や舟ちゃんには本当に感謝してもしきれない！　そして一つの山場を乗り越えた人材育成班のみんなお疲れ様！（柴田）

8月15日(金)
いよいよ明日が報告会！　PPTやワードの最終確認，発音練習をした！　発音練習してる時に班のメンバーに「中国に来る前より良くなったね」って言ってもらえて嬉しかった！　発音は1年生の時から苦手で今でも上手くできないけど，中国に来て少しでも上達したなら参加してよかったと思える！　明日は笑顔でリラックスして読む！（森）

8月16日(土)
報告会当日！　朝から緊張〜。愛大の一期生や学部長など人がたくさん来ていて報告会の重圧を実感した。最初の団長のあいさつで英香が泣いてもらい泣きしそうだった…中国人の学生たちも泣いてたみたい。出番は午後からだったからお昼食べて急いで練習！　本番はいざ始まってみるとあっという間で，緊張も物凄かったけど最後になるにつれて楽しくなってきて自然と笑顔になれた！　終わった後は自分たちがやり遂げれた感動と安心と，最後の報告会が終わってしまった寂しさで何とも言えない気持ちになった。最後のレセプションではいろんな方に褒めていただいて本当に本当に嬉しかった！　明日は念願の上海へ行ってきます☆（柴田）

8月17日(日)
1日自由活動！　上海に行った！　まず豫園に行って散策♪　予想以上に広くて，休日のせいか人もたくさんだった！　パンダのストラップは値切って1つ5元で買った！　昼食は豫園の小籠包！　ストローで飲む小籠包で，肉汁がすごくおいしかった！　その後，スタバを飲みながら外灘周辺を走るバスに乗った☆　天井がない2階のあるバスで風が気持ちよかった！　近くに座った中国人の方ともおしゃべりできて楽しかった〜夜は東方明珠塔の夜景を見てきた！　すごくきれいで感動♪　写真をたくさん撮って満足！　蘇州もいい所だけど，上海も違うよさがあって更に好きになった！（森）

8月18日(月)
現地研究調査最終日！　朝パックして遊んでたら時間なくなってバタバタ〜でも最高に笑って満足！　私たちがバスに乗ったときに，任特と趙晴がいきなり現れてびっくりした！　もう会えないと思ってたからすごく嬉しかった。舟ちゃんも中国人学生たちもいつも私たちをそばでサポートしてくれて，本当に本当に彼らには感謝しかない!!　お別れが寂しくてみんな泣いてた。絶対また会おう!!　過酷で辛い時もあったけど，現地研究調査は自分をすごく成長させてくれた。現地研究調査に参加できて本当に良かった!!　みんなありがとう！（柴田）

第2章

蘇州農村部ですすむ高齢化と就業構造の変化

【農村班】

調査概要

橋本 華

1 調査の目的と方法

近年日本の農村では少子高齢化が深刻な問題となっているが，それは中国でも同様である。とりわけ中国では一人っ子政策や若者の高学歴化により，農業従事者の高齢化，若者の農業離れの進行スピードは速い。今回農村班は呉江区の太湖に隣接する東山鎮，西山鎮の2カ所の地域で聞き取り調査を行い，GDP国内2位という豊かな蘇州市において，農業，農村，農民はどのように変化しているのか，その現状と直面する問題について比較，分析した。

8月3日から7日までの5日間は東山鎮，8日から10日は西山鎮で調査を行った。東山鎮と西山鎮は元来,洞庭鎮という1つの鎮に属しており，太湖の美しい風景によって国家重点風景名勝区にも指定されている。また，洞庭碧螺春茶の生産地としても知られる。調査方法は現地の施設訪問と個別訪問による農民への聞き取り調査及び農家楽における生活体験である。東山鎮では村民委員会及び農家3戸と漁家4戸で業務内容や生活環境について聞き取り調査した（農J5。以下，後掲のシンポジウム配布資料の番号を示す）。集貿市場では店舗4戸にインタビューした。西山鎮では農家6戸と漁家2戸を調査し，集貿市場では11戸の店舗にインタビューした（農J6）。両鎮では現地の農家楽に宿泊し，家庭料理をいただくなどの生活体験を行い，経営者へのインタビューも行った。なお今回使用した写真の大部分は調査中に班員自らが撮影したものである。

2 調査対象村の概況

(1) 東山鎮の碧螺村，陸巷村，太湖村

東山鎮は太湖東部に位置する半島であり，高級茶碧螺春と太湖における太湖三白と水産養殖が有名である。魚米の郷としても知られるほか，高温多湿な自然環境からビワ，ウメ，ナツメなど花果の郷としても知られる。近年はこれらの特産に加え，歴史的文化遺産を利用した観光開発も盛んである。

碧螺村は東山鎮の東部に位置し，総戸数50戸，住宅地は家々が密集しており，伝統的な内庭型の2階建て建築であるが，西洋風のデザインのものが多い。農民は住居の裏や少し離れた山間部に茶・果物畑を所有している。茶葉は果樹とともに栽培され，果物の香りが茶葉に移り，風味や味わいが増すとされている。果樹は切られることなく栽培されるため，樹齢100年余りのものもある。農業に従事するのは50代以上の中高年で，若者は都市部で働き，週末には親元に戻ってきて一緒に過ごす。

陸巷村は太湖を望む西の沿岸部に位置し，総戸数は1,510戸，複数の自然村からなる。付近に古村や庭園などの文化遺産があることから多くの農家楽があり，観光化が進んでいる。東山鎮の農家楽経営には景観を保護するための厳しい規制が敷かれており，経営者はそれを遵守している。例えば建築様式はすべて伝統的な黒い瓦屋根と白壁に統一されており，前方に太湖，後方に山林を望む街並みはエーゲ海の島々を彷彿とさせる。また，陸巷古村は農家楽の密集する場所から車で5分ほどに位置し，明清時代の古い住居に現在も住民が暮らす。かつて碧螺春田谷の商いで財を成し，科挙合格者を輩出した名家の旧居が石畳に沿って並ぶ。水郷地帯のこの村では，水路の水が生活に使われている。村そのものが保護区になって観光古村として公開されているが，老朽化が進み破損が見られる住居もあった。また住民のほとんどは高齢者であり，交通や生活の不便な古村に若者が帰ってくるとも考えにくい。今後古村の保護と修復，住民の高齢化は大きな問題となるであろう。

太湖村は南部の太湖沿岸に位置する漁村で，光明村，湖新村，光栄村の3つの自然村からなる。漁業は太湖での伝統漁法と養殖による。養殖は陸地の水田でも行われている。東山鎮の第一次産業における特徴の1つは水産養殖であり，銀魚・白魚・白蝦は「太湖三白」と呼ばれ，特産品として有名である。また，2008年から政府によって蟹養殖が奨励された。これらの特産品は第一次産業として重要な生産値を占めるものの，太湖の生態

環境を保護するために，2008年より太湖での養殖には厳しい面積制限がかけられている。これにより漁民の収入は二極化し，他村に養殖池を借りて大規模化し巨利を得る者もいる。太湖をめぐる環境保護と水産養殖業の維持，漁民の生活安定の3つのバランスを考えていくことが今後の課題であろう。

　(2)　西山鎮の石公村黄家塢，震栄村

　西山鎮は太湖に浮かぶ小島で，1994年に太湖大橋によって大陸と結ばれた。蘇州市のほとんどの農村が工業化され，農業人口が減少するなか，西山鎮は伝統的な農村が残された土地とされているが，近年の変化は大きい。同じく太湖三白，碧螺春が有名である。また近年は太湖及び自然景観を生かした生態観光（エコツーリズム）が盛んであり，リゾート地や農村観光地として別荘や農家楽が多く建てられている。

　黄家塢は最南部に位置する50戸ほどの自然村である。観光開発の進んだ西部（太湖大橋付近，沿岸部）とは異なり，山なりに住居が密集している。一方で一部の農民は農家楽を経営している。東山鎮の農家楽とは異なり，現代的な西洋風の建築様式が目立ち，統一感はあまりない。村内を散策すると，付近に湖の水が流入する場所がある。村民はそこで洗濯や田螺を取って洗うなど，生活水として使用している。村に住む住民は多くが50代以上の中高年である。若者は都市部で働き，週末に帰省する。また，幼少期に農業を手伝った経験があるため，現在も親の手伝いができるが，帰農する意思はない。

　震栄村は太湖大橋付近の沿岸部に位置する100戸余りの漁村である。元来漁民は農地を一切持たず，収入の不安定な漁業によるのみで，屋形船のような船上の住居で暮らし，生活は貧しかった。1994年に，政府は漁民に土地を与え，彼らは陸上に初めて家をもつようになった。ただし高齢者の一部は現在もこのような水上住居を好むという。西山の漁民も養殖の制限を受けているが，養殖池を政府の指導を受けて東山の養殖者に貸し出す者が多い。

3　成果

　東山鎮と西山鎮は元来1つの鎮，洞庭鎮に属しており，国家重点風景名勝区に指定されている。また，その太湖の美しい風景及び洞庭碧螺春茶の生産地として知られる。しかし，近年両鎮の経済発展の方向性は大きく異なる（農J4）。まず，生産規模の面から見てみると，東山鎮の産業の総生産値は西山鎮の約2倍であり，住民の平均収入にも差が見られる。また，産業構造も東山鎮が工業化されているのに対し，西山鎮では産業収入の7割が第三次産業によるものである。そして最も大きな違いは観光資源にある。東山鎮は国家5A級景区，中国歴史文化名鎮，全国環境優美鎮に指定されており，特に明清代の古建築を生かした観光化が進められている。一方西山鎮は国家級現代農業示範園に指定されており，豊かな自然や農業体験を生かした生態観光が観光開発の主流となっている。

I 茶農家の将来

田中 緑

近年，中国の農村では，都市化や工業化の進展とともに多くの働き盛りの農業人口が仕事を求めて都市へ向かったために，農業従事者の高齢化が顕著である。本稿では，蘇州市東山鎮の碧螺春茶を栽培する農家の事例から茶農家の将来について考察する。

1 東山鎮の概要

今回調査に訪れた東山鎮は，太湖東南部に位置する半島で，蘇州市中心部から約37kmの距離にある。2005年の常住人口は51,772人で，うち外来人口は3,084人である。総面積は96.6km²で洞庭東山・平原・濱がある高温多湿の自然豊かな土地である。太湖を望む美しい景観から，太湖国家重点風景区の1つであり，中国歴史文化名鎮，国家5A級風景区，全国環境優美名鎮に指定されている。東山鎮の最も大きな特色は太湖に面した風光明媚な自然環境にある。山区では四季を通して果物が穫れ，平原では高級茶として名高い「洞庭碧螺春」が栽培されている。碧螺春は，中国十大銘茶の1つで，1,000年以上もの歴史をもつ。唐朝時代から蘇州の洞庭山で生産が始まった。清代に康熙帝が南巡し賞味した折には，その味と香りに吃驚し，宮廷の貢物とされた。その独特な甘い芳香は，果樹の下で栽培されていることから生まれており，大きな特徴である。太湖を水源とする麓では，水産養殖業が盛んであり，蟹のほか，白魚・銀魚・白蝦の「太湖三白」は特産品として有名である。1990年代までは交通が不便で，反閉鎖的な地域であったが，2008年，蘇州市中心部と主要な観光地を結ぶ環太湖大道路が開通した。また，2010年に歴史文化名鎮に指定されたことにより，これらを生かした観光開発が進められている。例えば，鎮政府の指導により，白塗りの壁に黒い屋根をもつ伝統的な風格や農家楽では厨房と洗い場を分けるなどの規制がなされ，街並みの整備が行われている。

2011年の産業の総生産値は38.5億元である（図1）。産業別の割合を見てみると，第二次産業が約半数を占め，第三次産業が3割，第一次産業がわずか1割と続く。2002年に鎮の東北部に工業園区が設立されて以降，それまで各地に散在していた工場はここへ集中した。これは，環境汚染・太湖の水質汚染を防ぐためである。

調査前，私たちは，東山鎮は工業化や観光化が進み，農林水産業は衰退しているという仮説をたてたが，現状は大きく異なっていた。例えば，楊湾村における聞き取り調査では，人口の8割が農業または漁業に従事しており，年齢層は主に40代以上の中高年であった。それ以外の2割は20代から30代の若者で，蘇州市，または鎮中心部の工場や企業で働く第二次産業従事者であった。

2 東山鎮の茶農家の現状と課題

今回聞き取り調査を実施した農家は3戸である（表1）。現在，農業に従事しているのは40代以上が多い。特に1960年代生まれの農業従事者は，若い頃には工場に勤め，親が歳をとって農業ができなくなると後を継いでいる。東山鎮では，合作型の大規模農業ではなく，戸別の土地集約型小規模農業が一般的である。また，茶葉の生産と加工，販売を組み合わせた六次産業型の個人経営農家も，近年，現れている。

(1) 茶・果実農家のZX
① 農業活動

ZX家では碧螺春茶とビワ，ヤマモモ，ギンナン，クリ，ミカンを栽培している。主な収入源は碧螺春茶の栽培と販売である。2013年の総生産量は約150斤。茶は摘み採り時期によって等級が分けられ，1級の"明前茶"と2級の"草青"がある。

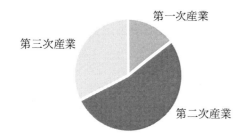

図1 2011年東山鎮の産業別総生産値
出所：2014年8月現地での聞き取りにより作成。

表1　調査対象者一覧

名前(年齢)	家族(人)	家族構成	最終学歴	職業	純収入(万元)
① ZX (49)	4	妻, 息子, 義父	高校	茶果の栽培	10
② GX (53)	4		小学校	茶果の栽培	3～3.5
③ XY (40)	5	妻, 娘, 両親	高校	茶果の栽培加工, 販売（東山永財農副産品経営部）	数十万（?）

出所：2014年8月現地での聞き取りにより作成。

前者は清明節前に摘み採られるためこの名前がつく。山の中腹から上部の棚田で果樹とともに大規模に育てられている。山の上部は空気の流れが速く霜が降りにくいからである。3月の中旬から清明節前までのごく短い期間でしか採れないために産量は少なく、高価格で取引され1斤約1,200元である。一方後者は、山の麓で果樹と一緒に育てる。果樹の下で育てられた茶は、霜が降りて果物の花の香りがつくため、おいしい茶が産出され、地元の人は麓産の香りの強いお茶を好んで飲む。こちらは1斤約200元で販売される。

ビワは約100株、ヤマモモは50株、その他ギンナン、クリ、ミカンをまとめて約100株栽培している。ビワとヤマモモの2014年の生産量はどちらも約3,000斤であった。2014年は収穫量が前年よりも多かったために販売価格が低くなり、3分の2ほどの収入であった。大部分の茶や果物は市場に売るが、一部は自家用や友人への贈答用とする。前年の総収入は10数万元で、農業の生産コストや息子の教育費、交際費、食費などを引くと純収入は5万元である。2014年秋に息子が大学を卒業して就職したので、今後は教育費の負担が軽くなる予定である。

農家の1年の農業スケジュールは多忙である（表2）。上半期には茶栽培、下半期には果物栽培が主である。3月から5月は茶の季節である。茶は一般に移植してから3年経つと茶葉の摘み採りが可能になる。1年目の9月に品質の良い茶の枝を切り、管理し、それを次の春に山頂に植え替える。茶葉の摘み採りは3月の中旬から5月1日まで行う。茶の時期が1年で一番忙しく、茶摘みに続いて選茶、製茶を行う。碧螺春は高度な製茶技術が必要で、良い若葉を選出したら、その日のうちに製茶を終えなければならない。

写真1　果物の樹の下で育てられている碧螺春茶
（8月5日碧螺村ZX宅）

農繁期の1日のスケジュールは次のようである。5時頃に起床し、朝6時から9時頃の気温が高くなる前まで茶摘みを行う。正午から深夜11時頃までは製茶を行う。労働時間が長い上に、毎日続くため、非常に辛い仕事である。そのため、ZX家では毎年3月18日から5月1日の期間に外地の女性を5人雇う。彼女たちにはZX家に住んでもらい、食と住を提供する。彼女たちの労働時間は朝6時から14時までで、午前中の涼しい時間に茶摘みを行い、昼には選茶をする。1日1人120元の賃金を払う。茶の生産で一番重要な過程である製茶は彼が1人で行っており、午前に茶摘み・選茶を行った後、正午12時から夜の11時まで休みなく"炒茶"（製茶）を行う。製成された茶は、友人に依頼して販売する。

5月初めに茶の摘み採りを終えた後は、次のビワの時期までに枝の剪定を行う。茶の時期が終わり、6月になるとビワの収穫が始まる。6月15

表2 農家の年間スケジュール

月	1	2	3	4	5	6	7	8	9	10	11	12
茶：碧螺春			植え替え→					剪定，接ぎ木→				
				茶摘み，選茶，製茶→								
					剪定→							
果物						ビワ→ ヤマモモ		ナツメ→	クリ，ギンナン→	ミカン→		
		施肥，剪定										

出所：2014年8月現地での聞き取りにより作成。

日から7月初旬にかけてヤマモモ，中秋節の頃にはクリやギンナンを収穫し，11月からはミカンを収穫する。12月から2月頃の冬の時期には，果樹に肥料を施し，枝の剪定をする。このように農業には休みがなく，苦労が多い。

② ZXの経歴

ZXは1965年生まれの49歳男性で，妻，息子，妻の父親の4人家族である。妻は49歳，息子は24歳で今年の夏に大学を卒業し，鎮の工業園区内で働き始めたばかりで，現在は試用期間中である。義父は現在84歳で，65歳から農業をやらなくなりZXに土地を譲った。ZX家は代々続く典型的な専業農家である。

1960年代に生まれたZXは，若い頃には工場で働き，40歳で帰農している。彼の学歴は東山中学（高校）卒業で，卒業後すぐに鎮内にある玩具工場で8年間働き，月に100〜200元の給料をもらった。その後，刺繡工場で8年間働き，月収は700〜800元だった。ZXが玩具工場で働き始めた1980年代は，1978年の改革開放によって市場経済が発展し，郷鎮企業が飛躍的に発展した時期である。東山鎮では，化学製品・車の部品・玩具などの工場が相次いで設立された。1990年代前半には規模生産が行われ始め，資本金が億元を超えるほどの工場や大グループも出現するようになった。しかし，1990年代後半になると改革開放による市場経済の進展と外資企業の参入によって，郷鎮企業は倒産や改革せざるをえなくなった。また，1997年から1999年には郷鎮企業の産権制度改革が実施され，ほとんどの郷鎮企業は私営企業へ転換した。ZXが転職をしたのはこの時期である。そのため，転職の要因は玩具工場が競争に敗れ倒産したのではないかと考えられる。

40歳になると義父が歳をとって農業をやらなくなったこともあり，農業を継いだ。当時親の世代は子どもが農業を継ぐことを当然としており，ZX自身もその意識をもっていた。しかし，ZX自身は子どもに将来農業を継がせることを望んでいない。それは農業には休みがなく大変な仕事だからである。高い教育費を払うために友人から借金してまで子どもを大学に行かせたのは，高い学歴をつけて良い仕事に就くことを望んだからである。

(2) 「東山永財農副産品経営部」を経営するXY

XY（40歳男性）は，学歴は高校卒業である。妻（38歳）と娘（15歳），両親の5人家族である。娘は高校1年生である。妻は，茶・ビワ・ヤマモモなどの栽培の管理と販売経営を一緒に行う。両親は父親が66歳，母親が62歳で，父は軍人で，母はずっと農業をしていたが，今は歳をとったので農業をしていない。XY自身は高校を卒業してすぐ農業を始めた。碧螺春茶，ビワ，ヤマモモ，クリなどを10畝の土地で育て，太湖で蟹の養殖も行っている。経営部は2008年により利益を得るために始め，これによって生産，加工，販売の流れが完備した。父母の世代の生産と加工という第一，二次産業型から，販売という第三次産業まで範囲を広げ，経営規模を拡大した。茶と果物の生産や製茶の過程では40人もの労働者を雇っており，彼自身は監督者として生産加工の工程を管

写真2　XYが経営する東山永財農副産品経営部に並ぶ商品（8月7日呉巷村）

理している。製茶も安徽省などの茶で有名な産地から職人を雇って行う。販売面では，自家の茶葉と提携した2〜3の茶農家の茶葉を扱う。販売する茶はすべて碧螺春で，草青は1斤250元から300元の価格で販売している。碧螺春茶の等級は特級から5級まであり，価格は葉の重さ・質で決める。XYの話では葉は小さければ小さいほど良いそうだ。また，どのように他の店や商品と区別化を図っているか尋ねたところ，3年ほど前から碧螺春の紅茶を作り始め，包装を独特にするなどの工夫をしているという。

経営部をもって茶葉の販売も行う農家は，新しいタイプの農家であり，発展モデルともいえる。換言すれば，茶・果物の栽培という第一次型に茶葉の加工（製茶）という第二次型をあわせた従来の茶農家に，さらに販売という第三次型を加えて，販売経営部門を主とする第六次型に発展させた農家である。

まとめ

中国社会の変化に伴い，人々の意識や農業をとりまく就業構造も大きく変化している。1960年代生まれのXYは，親の後を継ぐという伝統的な観念をもって農業を継承した。しかし，子どもには農業を継ぐことを望んでおらず，高学歴を獲得して都市での高収入の職業に就くことを望んでいる。これは，XYと同年代のほとんどに共通する考え方である。一方，子ども世代も親の手伝いで農業をすることはあっても，将来農業専業者になろうとは思っていない。

XYの例は，伝統的な農業形態から新型の農業形態へと変化していることがわかる。中国の農業政策は六次産業化・規模化・合作化をめざしている。土地の集約化と規模化による大規模生産・効率化が図られており，土地流転[1]による大規模な農業園や家庭農場が出現している。しかし，東山鎮はZX家のように，まだ個別の小規模経営農家が多い。だが若者が農業継承を望まない今，10年後歳をとって農業ができなくなった時，どうなるだろうか。私は土地流転による大規模農園の設立など現代農業化が進み，そのため，XYのような経営農家はより一層発展するだろうと考える。

注
1）土地流転とは，農民が持つ土地使用権を，土地請負経営権を持つ農家や経済組織に貸し出すこと。農民は，貸出料をある一定の期間で受け取ることができる。

参考文献
陳其弟『蘇州地方志総録』広陵書社，2006
人民中国編集委員会　陳文戈『人民中国』人民中国雑誌社　2013年10月版
百度「土地流転」　http://baike.baidu.com/view/1258810.htm
（最終アクセス日：2013.12.11）

II 東山鎮における観光開発と農家楽の発展

石田彩花

東山鎮は太湖の沿岸に位置し，水資源と温暖な気候に恵まれていることから"魚米之郷""花果之郷"と呼ばれてきた土地である。現在では環境整備に力を入れたことにより中国歴史文化名鎮，国家5A級景区，全国環境優美鎮に指定されている。小稿では，碧螺村の村民委員会と陸巷村で農家楽を経営するKX家で行った聞き取り調査，および先行文献を基に，観光開発における東山鎮の現状と課題について分析し，今後の観光開発の展望を考察する。

1　東山鎮の観光開発のプロセス

東山鎮の観光開発には3つの特徴がある。1つ目は太湖に面した立地を生かした太湖観光である。鎮政府は太湖の環境保護にも力を注いでおり，

2002年に太湖を汚染する恐れがあるとされた民間企業を経済区に移動させた。1996年以来収入の増加と太湖の環境保護のために養殖を奨励してきたが，養殖による太湖の汚染が起きたために方針を一転し，2008年には太湖での養殖に規制をかけ，1戸あたり養殖池を15畝までに制限した。その結果，汚染は改善され，現在では「国家5A級景区」「全国環境優美鎮」となっている。

2つ目は歴史観光である。東山鎮は非常に長い歴史をもつ地であり，古くから貴族の別荘地として利用されてきた。宋・元時代には戦乱から逃れて中原地域から高官や貴族が移住し，明・清時代には多くの楼閣や庭園が造られ，今なお貴重な明清古建築が残っていることから「国家級中国歴史文化名鎮」に認定されている。碧螺春茶の大商人の邸宅である彫花楼や啓園，南宋時代の塑像が残り，2006年に全国重点文物保護単位に認定された紫金庵などがあるが，村全体が歴史文化村とされた陸巷古村も有名である。陸巷古村は南宋時代に形成された村で，保存状態の良い明清古建築を残していることから「太湖第一古村」と呼ばれている。陸巷古村の入り口付近には船着き場があり，かつてはここから碧螺春茶を出荷していた。それぞれの通りに特定の一族が集住し，通りの入り口には一族から輩出した科挙の合格者が刻まれた牌子が掲げられている。

また恵和堂や彫花楼では，当時のままの家屋内部が展示されている。恵和堂は富裕な商人が建てた邸宅で，明清期の家具がそのまま残されているほか，当時の食事のレプリカも展示されている。私たちが農家楽に宿泊した際に提供された食事もほぼこのレプリカと同じメニューであり，現在でも明清期と同じ食生活を送っていることがわかった。彫花楼も同じく富裕な商人の邸宅であり，家具の他に調理場や調理道具が当時のまま再現されている。また狭くて急な階段の先に屋根裏部屋があり，楼井や「福」「禧」などと彫られた扉の向こうには隠し通路があり，盗賊から財宝を守るための宝物庫があった。

3つ目は農家楽観光である。農家楽とは農業と観光業（宿泊施設）を合体させたもので，東山鎮では近年増加している。その理由としては2つ挙げられる。1つ目は道路の整備が進められたことである。民国期以前は船での往来が交通の中心であった東山鎮に，1998年に鎮全体を一周する「東山環山公路」が開通し，2008年には太湖沿岸を一周する「環太湖大道」が開通した。車での往来が大変便利になったことで，上海や蘇州など周辺の都市部から車で週末観光に来る観光客が増加した。これにより東山鎮には観光開発ブームが到来し，農家楽が飛躍的に発展をとげることとなった。

2つ目は，東山鎮が太湖の美しい風景と"魚米之郷""花果之郷"として有名な地であったことである。東山鎮には特産品として太湖でとれる"太湖三白"（銀魚・白魚・白蝦）のほか，高級茶である碧螺春茶があり，1年を通してビワやヤマモモ，ナツメ，ギンナン，クリ，ザクロなどさまざまな種類の果物を収穫できる。碧螺春茶や旬ごとに違う種類の果物の収穫体験をすることができ，それを食べ，持ち帰ることもできるということが東山鎮の農家楽の最大の魅力である。シーズンごとのリピーターも生みやすい。また東山鎮では昔ながらの家屋が果樹や茶樹に抱かれた風景をそこかしこで目にすることができる。太湖沿いに黒屋根・白壁の家屋が連なる様はさながらギリシャのミコノス島のようで美しい（写真1）。都会での生活に疲れ，リラックスすることを求めている人々にとって，近場でのんびりとした雰囲気と美しい景観，美味しい食べ物を提供してくれる東山鎮はうってつけの休閑地である。

写真1　黒屋根・白壁の農家楽が立ち並んでいる
（8月4日東山鎮）

2　観光開発と特産品

東山鎮では高級茶である碧螺春茶の生産や販売が有名である。東山鎮産の碧螺春茶には3種類あり，明前茶と碧螺緑茶，碧螺紅茶に分けられる。最もポピュラーなものは碧螺緑茶で，山の麓でビワやヤマモモ，ミカン，クリなどの果樹の下に碧螺春の茶樹が栽培されている。果樹の下に茶樹を植えることで長い年月を経て大地にしみ込んだ果実の匂いを茶樹が吸い上げ，その茶葉にも果物の香りがつく。碧螺紅茶は近年開発された新種で，東山鎮でも栽培農家はまだ多くない。碧螺春茶葉を完全発酵させて作ったものである。まだまだ知名度も低く，生産量も多くないが，今後碧螺緑茶と並んで人気が出ることが期待されている。この他にも東山鎮では1年を通して数多くの果物が収穫でき，白酒にそれらを漬け込んだ果実酒があちこちで販売されていた。また，近年鎮政府による文化旅遊節が開催されるようになったが，これは民間の企業や茶葉加工場などが参加するもので，一般の茶農家や販売店は対象とされておらず，住民や一般客の関心は薄い。

3　外婆橋農家楽を経営するKY家

(1)　KY家の家族構成

新たな観光資源となっている農家楽の現状や問題点を知るために，私たちが宿泊した陸巷村の外婆橋農家楽を経営するKX一家に聞き取り調査を行った。一家は，経営責任者のKX（36歳女性）と夫，その両親，娘の5人家族である。KXは茉莉村出身，服飾関係の中等専門学校で学び，卒業後は電子工場で2年勤め，さらに印刷工場で1年余り働いて22歳で結婚，当時軍人であった夫とともに北京で数年過ごした。夫は2009年まで軍に所属し，退役後，鎮の役所で働いている。KXは2003年に娘を出産し，陸巷村に戻って四輪車で野菜や果物の販売を始め，月に3,000元ほど稼いでいたが，2011年からスーパーでレジをして1,500元の月収を得た。2013年に白沙村で農家楽を運営している友人の助言を受けて農家楽を開く決意をし，2014年に農家楽の運営を始めた。農家楽の将来については娘の意思に任せ，必ず継いでほしいとは思っていない。

KXは夫が鎮の行政機関に勤めているため集鎮内に住まいがあり，夫（37歳），KX，娘（11歳小学生）の3人とも都市戸籍であったが，農家楽を始めるために娘とともに戸籍を陸巷村の農村戸籍に移した。ただし娘はツテを頼って，農村戸籍のまま集鎮内の小学校に通わせている。農村より都市の学校の方が教育水準が高いからである。なお蘇州市では2014年から農村戸籍と都市戸籍の統一化のために全市民を居民戸籍とする政策が発布されたが，調査時にはまだ陸巷村には普及しておらず，KX家は，夫以外の全員が農村戸籍であった。舅は66歳で退役軍人，姑は62歳。舅は小学校卒業であり，軍人であった6年間以外は農業に従事していた。姑は学校に通った経験はない。

(2)　農家楽の経営

東山鎮で農家楽を経営する場合，鎮の条例を厳密に守らなければならない。建物については黒い瓦屋根と白い壁で，3階建て以下，かつ135m^{2}以下でなければならず，各階に消火器を2つ設置し，衛生面では衛生管理局の指導のもと食材を洗う流しと食器を洗う流しを分け，流しには錆が発生しない素材を使用しなければならない（写真2）。そして開業前には政府が行うセミナーに参加しなければならない。これらは乱開発を防止するための規制であり，強制力がある。東山鎮政府が厳しい管理のもとで慎重に観光開発を進めていこうとしているのがうかがわれる。

外婆橋農家楽では，運営や管理を嫁であるKXが担当し，茶や果物を生産していた舅夫婦が食材の栽培と土地，家屋を提供している。調理や掃除などは家族全員で分担する。宿泊施設はもともと舅夫婦が1980年代に山頂の家から麓に移ってくるために新築した2階建て住居を2004年に3階建てに改築したものである。農家楽の面積を135m^{2}以下にするという条例は2013年に公布されたが，外婆橋農家楽はそれ以前に改築したため最近の農家楽より広々としている。起業にあたり約50万元を投資したが，数十万元を親戚友人から借りた。

外婆橋農家楽の設備は，経営者のKXが都市部で生活した経験があるためか，都市生活の水準並

写真2　外婆橋農家楽の調理場。洗い場が分けられている。
（8月7日）

みで，清潔感がある。インテリアは木目調の落ち着いた色合いのものでまとめられ，室内の白で統一された壁紙と合わさって部屋の中が明るくおしゃれだ。各部屋にエアコンも備え付けられている。洗面所や風呂場には清潔で真っ白なタオルやおしゃれな小物が用意されており，寝室もきれいに掃除されている。碧螺春茶を提供してくれた際に差し出されたグラスもセンスを感じるもので，細かな所にもこだわりを感じる。

　また食事についても，いつも新鮮な食材を提供しているほか，顧客が好みだといった料理は何度も登場し，顧客の要望に少しでも応えようとする姿勢が感じられる。顧客目線での接客をしようとする意思を感じることができた。

　客数は閑期（7〜9月）で月100人ほど，盛期（3〜6月）で月3,000人ほどである（食事だけの利用客も含む）。開業して数年にすぎないが，リピーターが多いという。盛期には近隣に住民を150元／日で雇うこともある。ゴールデンウィークや国慶節などの大型連休がある盛期には月1万元余りの売上がある。旅行合作社には所属していないが，利用者からの紹介が多く，ネットワーク会社と提携してインターネットでの宣伝も行っている。

　(3)　外婆橋農家楽の特徴

　この農家楽の特徴は3つある。1つ目は宿泊客が季節の果物を収穫し，それらを食べられることである。自家栽培した旬の果物を宿泊客に提供し，収穫分だけ料金を貰う。3〜6月には碧螺春，ビ

ワ，ヤマモモが，9〜12月にはギンナン，クリ，ミカンの収穫が可能で，これらの期間は客数が多く，大変忙しいという。

　2つ目は地産地消を行っていることである。原則として自分たちで栽培したパクチー，ニラ，エダマメ，ナス，トウガン，チンゲンサイ，トマトなどの野菜や果物，鶏を顧客に提供する。また，自家栽培の果物で果実酒を作って販売することもあり，魚は地元の漁師から買い付ける。1985年までは果樹のほかに2羽の鶏や羊，豚を飼育していたが，人手が足りなくなって羊と豚は売り払い，現在は鶏のみ飼育する。碧螺春茶も栽培しており，地元の工場に出荷するほか，農家楽の顧客による茶摘み体験に使ったり，自家用にしたりする。

　3つ目は陸巷村の伝統的な民俗文化に直に触れられることである。陸巷村には老人が多く，トイレとして馬桶を使ったり，自分の葬儀用に紙銭や元宝を作ったりする老人が少なくない。彼らは現在でも漢族の伝統的な生活を続けている。外婆橋農家楽も，1階の家族が生活する空間には1970年代に姑が嫁いだ際の嫁入り道具である，花が彫られた古式のベッドや化粧台，ミシンがあり，現在でも使われている。1970年代，文化大革命期に彼女が伝統的な嫁入り道具を持って嫁ぐことができたのには理由がある。東山鎮は大陸と陸続きではあるが，「東山環山公路」と「環太湖大道」が開通する以前は船での往来が基本であった。そのため必然的に外部との接触が少なく，紅衛兵による破壊活動の手から逃れることができたという。結果として東山鎮には漢族，特に中原地域の伝統的な民俗習慣や歴史ある建造物が今でも数多く残されている。

4　観光開発における課題

　観光客の呼び込みや収益を上げるための課題として，特産品や観光客向けのイベントをどのように外部に向かって宣伝していくかが鍵となる。鎮では農産物に関する文化旅遊節が多く開催されているが，企業や大きい合作社を対象としたもので，個人や旅行客向けのイベントはほぼ行われていない。季節の果物や太湖三白，レジャーなど一般の観光客が楽しめるイベントを開催し，どれだけ定

期的に観光客を呼び込めるか，そして農家楽を使用してもらえるかどうかが重要である。また2011年頃に特産品である碧螺春の紅茶が開発されたが，茶農家でもその存在を知らない者が少なくない。土産物として茶葉を買っていく顧客が多いこともあり，碧螺紅茶の知名度が上がればひとつの商業チャンスとなるかもしれない。

参考文献

東山概況　http://www.dszrmzf.gov.cn/profile.php?columnid=1
顧金峰，陸建洪「完善郷鎮生態補償体系的対策研究——以蘇州市東山鎮為例」『社科論壇』2014

III 蘇州市農村部における高齢化と農村社会保険

吉田美波

中国では，65歳以上の人口が約1億3,000万人に達し，さらに30年におよぶ一人っ子政策も加わって少子高齢化が急速に進んでいる[1]。特に農村部においては，中国経済の著しい成長に伴って若者が農村から都市へ流出し，高齢化は一層深刻である。しかし農村では都市に比べて医療保険や養老保険などの整備が遅れており，高齢者の社会保障や介護は大きな問題となっている。本稿では，農村における高齢化の現状とその背景，医療や養老の問題について，蘇州市呉中区東山鎮を事例として考察する。

1　東山鎮における高齢化の現状

東山鎮では，茶栽培農家2戸と農家楽1戸，茶の栽培と販売を行う農家1戸，東山鎮の集貿市場で野菜を売る農家5戸，漁家3戸に聞き取り調査を行った（表1）。

茶と果樹を栽培しているZX（49）は，専業農家であった義父が病気に倒れ，彼に農業を継いでほしいと言ったため，勤めていた工場を辞めて農業を継いだ。義父から受け継いだ畑と自分で開墾した土地を合わせて15畝の畑があり，主にお茶やビワ，ウメを生産して10万元以上の年収があるが，息子の教育費を引くと純収入は約5万元である。専業農家として1年中農作業に追われてい

表1　東山鎮での聞き取り調査の対象者

名前	性別（年齢）	学歴	家族構成	仕事	収入（万/月）	耕地（畝）	備考
①YF	女（58）	×	夫，息子，嫁，孫（男）	野菜売り・農業	?	4～5	
②CF	女（58）	×	夫，息子，嫁，孫（女）	野菜売り	0.3～0.4	×	
③XX	女（50）	×	息子，嫁，孫（女）	野菜売り・農業	0.2～0.3	○	
④XX	女（?）	×	息子2人，娘，孫2人	野菜売り・農業	?	○	
⑤XH	女（48）	×	?	野菜売り・農業	0.1～0.2	○	
⑥ZX	男（49）	高中	妻，息子	茶・果物栽培	10	150以上	
⑦GX	女（53）	小学	娘，婿，孫（女）	茶・果物栽培	3～4	?	
⑧XY	男（40）	高中	父，母，妻，娘	東山永財農副品経営部	50以上		
⑨SX	女（38）	初中	舅，姑，夫，娘	東山永財農副品経営部	50以上		
⑩KX	女（33）	中専	夫，舅，姑，娘	農家楽			夫と娘と町で暮らす
⑪SM	女（62）	×	夫，息子，娘，嫁，孫2人	農業・農家楽			夫と農村で暮らす
⑫ZL	男（36）	大専		漁獲・養殖		×	
⑬ZT	男（26）	大専	息子，妻，父，母	漁獲・養殖・村民委員会	35	×	
⑭LX	男（27）	大専		漁獲・養殖		×	
⑮YD	男（58）	小学	妻，息子，嫁，孫	漁獲（茶・果物栽培）	?	?	

出所：2014年8月，現地での聞き取りにより作成。

写真1　東山集貿市場での聞き取り調査の様子
（8月4日東山鎮）

写真2　休みを利用し遊びに来た孫と遊ぶ老人
（8月4日陸巷村）

るが，彼自身は今の生活に満足しているという。しかし，息子には農業を継いでほしいとは思っておらず，友達や親せきなどにお金を借りて息子を大学に進学させた。息子は今年卒業して蘇州市の電子系企業に勤め始めた。

農家楽を経営している KX（33）は，専業農業の義父の家を農家楽に改築し，2012年から農家楽を始めた。農家楽をするために戸籍も都市戸籍から農村戸籍に変えた。夫が集鎮の政府機関で働いているため，住居は集鎮にある。娘も農村戸籍に変わったが，教育環境のよい鎮の小学校に入学させるため入学時に1万元支払った。農村戸籍の生徒が都市の学校へ入学するための必要経費である。KXは娘の将来について後を継いでほしいとは思っていない，なりたいものになってほしいと話す。

東山鎮の集貿市場で働く人たちは，いずれも1950～1960年生まれで現在48歳から58歳である。彼らはもともと農家であるが，耕地面積が少なく，農業だけでは生計が立てられない。そのため，自分で作った農作物や安く仕入れた野菜などをここで売る。彼女たちの1日のスケジュールは午前1時から2時に起床し，市場が開かれる7時までにすべての準備を整える。そして市場が閉まる夜6時まで働く。市場の使用料として年間6,500元を払う。年収は2～3万元で，決して多くはないが，工場で働く場合とあまり変わらない。彼女たちは工場で働くこともできるが，工場よりもここの労働環境の方が自由なので，ここが好きだという。

以上の調査結果によれば，東山鎮の就業構造には，年代別によってはっきりとした傾向があることがわかる。40歳代以上の者は，主に農業に従事している。彼らの多くは改革開放後，工場で働いた経験をもっている。現在でも，農閑期や手の空いている時期に短期のアルバイトや規模の小さな商売を行う者もいる。一方，20～30歳代の多くは高卒以上の学歴をもち，中には大学に進学する者もおり，その職業は，鎮や蘇州での第二，三次産業や，農家楽や茶葉販売などである。若者は就学のために都市へ行き，そのまま都市で仕事を見つけ，そこで家を買う者も少なくない。農村における高齢化の背景には，このような若者の都会への流失や，農民の非農業部門への就業がある。また農業の継承については，若い世代は農業をしたくないといい，親も手間のかかる作業の多い農業を子どもに継いでほしいとは思っていない。しかし老人たちは将来を悲観してはいない。少なくとも村を出る子どもたちは，週末には親元に戻ってくるからである。また将来，農業ができなくなったら農地を貸出し，賃貸料を得て暮らそうと思っている。政府が農業の大規模化のために農地の「土地流転」を奨励しているからである。

2　東山鎮における農村社会保険の現状と課題

(1)　中国の社会保険の歴史と特徴

中国ではかつて都市と農村では社会保険に大き

な差があった。都市戸籍，農村戸籍という二重構造の戸籍制度があるためである。この制度の本来の目的は人口移動を制限するものであったが[2]，結果的にさまざまな格差をつくりだす原因の1つとなり，その格差は今も続いている。社会保険制度も例外ではなく，都市民には改革開放後，企業職員基本養老保険や都市住民基本医療保険などの制度があり，医療費の負担や退職後の養老金や医療費が保障されていた。

一方農村では人民公社によって保障されていた医療保険や養老保険が人民公社解体後はほとんどなくなった。そのため農民にとって医療費は大きな負担であった。農民に保険制度がなかった時代，彼らは健康上で何か問題が起こった場合，医療費を全額自己負担しなくてはならず，そのために貧困状態に陥る人や，貧困に逆戻りする人が少なくなかった。そこで政府は，1990年代に農村医療制度，2003年に新型農村合作医療制度を設けた。この制度には新生児から高齢者まで加入可能である。さらに2009年と2011年には内容が更新された。新型農村合作医療制度への加入率は，2004年に10.6％であったのが，2010年には96.3％に達し[3]，6年間でほぼすべての農民がこの制度に加入したことになる。

新型農村合作医療制度の財源は，農民の納付保険料，地域農村の集団支援金，中央・地方政府の補助金からなる。中国衛生部が管理しており，県（日本では市にあたる）が管轄する。2010年は全国平均で農民が負担する保険料は30元，中央財政60元，地方財政60元の合計150元[4]である。ただし地域によって差があり，地域の経済水準が大きく関係する。2011年に各級財政が加入者に対して行う補助は年間120元から200元に引き上げられ，加入者の納付する保険料も原則50元に引き上げられた。これによって新型農村合作医療の1人あたりの財源は年間250元に増えた。内訳をみると，約80％が国や地方政府からの支援金や補助金で，農民が負担する保険料は約20％である。

しかし，実際に病院にかかった時に保障が適応されるのは，大病を患った時に限られ，医療費給付のスタートラインも地域によって大きく異なる。王（2012）によれば，江西省での新型農村合作医療の給付基準は医療機関のレベル別で給付スタートラインが異なり，医療機関のレベル別で給付割合も異なる。しかし，医療費の給付には給付限度額が存在し，医療機関のレベルに関係なく年間5万元である。また，新型農村合作医療の問題点として，給付限度額まで給付を受けられる患者は極めて少ないこと，治療は労働力の有無に左右されることなどを挙げている。

また養老保険については[5]，1992年から農村社会養老保険制度によって開始されたが，現実に合わない計画であったため停滞した。2003年以降は，一部地域で農村社会保険に新しい試みが始まり，2006年には新型農村社会養老保険が一部地域で導入された。この制度は初めは中央政府の関与があまりなく，運営は各地域によった。しかしそれが中央政府を動かし，2009年には全国の一部で新型農村社会養老保険の施行が始まった。財源は，医療保険同様個人納付の保険料，集団の補助，政府の拠出など3つからなる。また，個人の保険料納付基準は年間100〜500元までの5つのランクを設けているが，地方政府は状況に応じてランクをさらに設けてもよいことになっている。加入者は自分で保険料のランクを選ぶことができ，保険料が多いほど将来受給できる金額が増える。国が定めた最低金額の年金は月に55元の給付である。しかし，今年8月に政府は2020年までに都市戸籍と農村戸籍を統一し，居民戸籍にする方針を決めた。これにより，社会保険制度も都市住民になることが期待される。

（2）東山鎮における新農保の現状と問題

東山鎮での新農保の実施状況は以下のようである（農J36）。蘇州市はGDPが全国2位で，東山鎮1の人あたりの年間純収入も全国平均の2倍以上である。

新農保では，医療保険（新型農村合作医療保険）と養老保険（新型農村社会養老保険）を合わせて，月額600元以上（年間7,200元以上）を支払う。東山鎮では新型農村社会養老保険で養老金の保険料を4つのタイプに分けている。ただし現在は保険制度の過渡期であるため，医療・養老保険の状況についてはさまざまなケースが見られる。

東山鎮の新農保では，医療保険の場合，小さな

病気は自己負担であるが，風邪などの症状の場合は病院にはいかない，また病気にかからないように気をつけているという。なお大病の時は自己負担が最大30％まで軽減される。ZX（49）は5年前に母親を癌で亡くした。母親は当時保険料として月150元，年間1,800元を支払っていたため，医療費は国が50％を負担し，自己負担分は7～8万元であった。もし保険料を支払っていなかったら自己負担分は14～16万元となり，彼の年間純収入の約3倍にもなっていた。

また，東山鎮では，男性は60歳，女性は55歳から養老金を毎月最低でも340元受け取ることができる。ただし，そのために毎年一定金額を15年以上納めなければならない。東山鎮の事例によると，養老金の受給対象者の①～④では，最低毎月340元の養老金を受け取っている。①と②の男性2人は退役軍人のため，政府からの補助金も加わって，月1,000元を受け取る。⑤の女性は養老金の受給対象年齢だが，納付年数が15年に満たないため，まだ養老金をもらっていない。そこで昨年2万元を一括で納付した。50代以下の者は，現在保険料を納めている人たちである。保険料は年間7,200元と12,000元の2つのタイプがある。これによって大病の時は自己負担分の医療費が最大で30％となり，男性60歳，女性55歳以上になると，年間最低でも4,080元（月340元）の養老金が保障される。

しかし今回聞き取り調査をしてみて，農民は国が実施している医療・養老保険以外には保険に入っていなかった。また農民自身は自分の加入している保険の内容を明確に把握していないようで，養老金の保険料を支払っている全員が将来の支給額を知らないと回答し，心配そうであった。しかし今年，2020年までに居民戸籍に統一する方針が決まったことによって少なくとも農民の養老金は都市民並みに引き上げられると推測される。ただしこれもいくらになるかはわからず，東山鎮ではまだ居民戸籍のことも知られていなかった。

介護に関しては，未だ伝統的な家族で介護をする文化が根強く残っているようだった。また週末には多くの子どもが親の元へ戻って親の世話をするという伝統も根強い。東山鎮も決して例外でなく，聞き取り対象者の家は皆週末に町から子どもが孫を連れて戻ってきていた。しかし，中国は一人っ子政策を1979年から約30年もの間実施していたため，子どもの数は減少傾向にある。1人の子どもが両親の介護をすることは難しい。また，農村では農業を継がないで都市に働きに出ていき，都市に生活拠点を置く若者も少なくない。都市から毎日両親の面倒を見に来ることは現実には不可能である。こうした理由から子が親を介護することが難しくなっているということがわかった。しかし都市で働く子ども世代も多くは退職後には村へ戻ることを望んでいるという。

このような状況のなかで一時的に農村にいる親を都市の養老院に入れるため都市に呼ぶ若者も出てくるだろう。しかし，村の老人は東山鎮が本当に好きなようで，自分の生活に満足しており，なおかつ友人もいる慣れ親しんだ村を離れたがらない傾向にあるため，農村での独居老人は今後増加することが予想される。

3　社会保険制度における日本と中国の違い

最後に，日本の社会保険制度との違いを明らかにすることで中国の課題を考えるヒントとしたい。日本でも若者の農村離れが進んでおり，農村部での高齢化は深刻な問題である。しかし，日本では農民が莫大な医療費を抱えるといった話は少ない。日本には国民全員が加入する義務のある国民皆保険制度があるからである。

日本で初めての社会保険制度は，1922（大正11）年に制定された国民健康法である。日本は世界の先進国に倣って，初期は労働者を対象とした社会保険制度を整えた。次に労働者以外にも医療保険を適用するために，1938（昭和13）年に国民健康保険法が制定された。大きく変わったのは，1961（昭和36）年に国民皆保険・国民皆年金が実現したことによって，すべての国民が公的な医療保険や年金による保障を受けられる制度ができたことだ。そしてこの制度を中心にさまざまな制度が構築されてきた[6]。

日本と中国の違いとして，日本は公的医療保険と年金保険の加入が法律で決められているが中国は自由であること，日本の保険料は賃金などの負

担能力に応じたもので，受けられる保障はすべて同じであるが，中国では保険料を払えば払うほど手厚い保障が受けられること，また日本は民間の医療保険や生命保険の普及が進んでおり，ある程度の保障は国によってすべての国民が保障を受けられ，それ以上は個人の負担にみあった保険を設定している。最も大きな違いは，中国では戸籍により加入できる保険が異なるという点である。このことから考えて，中国では，国家がまず最低限の保障をするために国民全員に加入してもらう制度を完成させること，さらに個別に必要に応じて民間の保険会社の保険にも加入するというのが当面の目標になるのではないかと思われる。

注
1）日本貿易機構（ジェトロ）北京事務所『中国高齢者産業調査報告書』2013年3月
2）NHKオンライン「上海RTS"格差の象徴"中国の戸籍制度」 http://www.nhk.or.jp/catchsekai/marugoto/2014/09/0901.html（最終アクセス日：2014.9.20）
3）王文亮「中国の全民医療保障」財務総合政策研究所中国研究会，2012
4）SBIサーチナ　王文亮「農民の老後保障へ，中国新型農村社会養老保険が試行」2010年1月　http://news.searchina.ne.jp/disp.cgi?y=2010&d=0129&f=column_0129_002.shtml（最終アクセス日：2014.11.5）
5）2012年第12期　張凌晨『蘇州農村社会養老保険制度変遷及其創新』
6）厚生労働省「日本の社会保険の仕組み」http://www.mhlw.go.jp/wp/hakusyo/kousei/12/dl/1-03.pdf（最終アクセス日：2014.9.20）

IV　東山鎮における歴史と民俗

橋本　華

太湖東南部の半島，東山鎮には多くの歴史民俗が残されている。現在では22の保護文化財を有し，そのうち国家級保護単位が6カ所，省級保護単位が5カ所，市級保護文化財が11カ所ある。2010年には国家級中国歴史文化名鎮に認定され，これらの文化財は重要な観光資源になっている。調査でも明清時代の住居を残す陸巷古村や彫花楼など多くの歴史文化遺産を訪れた。また，日常生活の中にも古い民俗が多く残されている。先行文献を調べて驚いたのは，これらに共通する特徴は，それがもともとの農村の文化ではなく「中原の文化」であると記されていたことだった。確かに訪れた古建築は明清時代の豪商や官吏の邸宅であり，それは湖を隔てた小島の西山鎮には見られない特徴であった。では，なぜ蘇州の農村である東山鎮に「中原文化」が存在し，土着化したのだろうか。東山鎮に残る「中原文化」とはどのようなものなのか，その民俗文化の特徴と歴史的背景について考察する。

1　東山鎮の歴史

東山鎮の歴史は，古くから王朝や官吏，富豪たちと深く結びついている。陳其弟『蘇州地方志総録』（広陵書社，2006）によると，始まりは約1万年前。東山鎮の西部に位置する離島，三山島にある旧石器時代の遺跡である。狩猟に使用されたであろう石器が数多く発見され，当時ここでは狩猟及び漁業が行われていた。商代に呉が建国され，東山鎮は呉に属する形となった。春秋時代には呉王及びその高官たちの狩猟や娯楽のための地となった。

しかし中原文化の流入に最も大きく影響したのは漢人が南下した宋代である。宋は，五代十国の後に登場した王朝で960年から1279年まで約3世紀続いた。後周世宗より，武将趙匡胤が禅譲を受けて建国した。都は開封，現在の河南省である。しかし，満州の女真族が勢力を伸ばし，金となって宋を華北より退けた（靖康の変）。華北から逃れて南下した宋勢力は都を臨安，現在の杭州に改めて南宋を築いた。このとき，人口の大移動に伴って江南開発が進められるとともに，多くの中原文化が移動して土着化したといわれる。古くより東山鎮の農民に厚く信仰されている劉猛将も北宋末期に名を馳せた大将軍であった。南下した中原の漢人が北宋のために勇壮に戦った猛将軍の物語を伝え，それが信仰へと昇華された可能性は否定できない。

逃れてきた中原の人々は，背後を山に遮られ，前面に太湖が広がる地に安住し，やがて豊かな自然の下で生産された碧螺春茶の売買によって財を成し，その富を背景に明清時代には科挙の合格者を43名，そのうち状元（首席）を2名輩出して

いる。陸巷古村には，一族が集住した街路の入り口に科挙合格を称える牌子が掛けられ，往時の隆盛を偲ばせている。また，半島であるにもかかわらず，当時は道路がなかったために大陸との行き来は船が主であった。そのため戦乱に巻き込まれることがほとんどなく，唐，宋，元，明，清の歴代官僚や大商人などは別荘地として多くの豪華絢爛な庭園や住宅を建築した。その後も戦争や内戦による大きな被害をこうむることなく，戦火を逃れて文化がはぐくまれてきたという。

2　東山鎮の民俗文化

東山鎮の民俗文化は，大きな特徴として中原文化の土着化という点があげられるが，その担い手が誰であるかという視点にたてば，豪商や官吏が伝えるものと大衆が伝えるものに大別される。以下では，担い手からみた中原文化の土着化について考えていく。

(1)　豪商・官吏が伝える中原文化

西山鎮との最も大きな違いは歴史文化にある。国家級歴史文化名鎮である東山鎮では，彫花楼をはじめとした官吏や富豪の邸宅や庭園などの古建築が多く残されている。農家楽が軒を連ねる太湖沿岸部の家々は白壁に黒瓦屋根の古建築風であり，趣のある街並みだ。一方，西山鎮の町並みはリゾート地として開発され，農家楽も東山とは異なり，洋風の作りである。とくに太湖大橋を渡った鎮の入り口部分は農家楽のほか，ビルのようなホテルや，洋風の別荘も建てられていた。また，古村が残されてはいるものの，東山鎮に見られるような大邸宅や庭園はなかった。

彫花楼は上海の富豪が，母親のために建てた大邸宅である。2階建ての庭を囲むつくりであり，建物には細かな彫刻が施されている。1922年から250名の職人により，3年の歳月をかけて完成した。「江南随一の邸宅」と評され，木・金・石の彫刻や絵，塑像といった技術の集大成である。2階の窓には色ガラスを使用し，ステンドグラスのように鮮やかな光が廊下や部屋を照らしていた。啓園は1933年，康熙帝を迎え入れるために建築された船着き場と庭園である。太湖にまっすぐ伸びる船着き場には記念碑があり，庭園には蓮が植えられ，康熙帝像が庭を眺めるような形で置かれている。現在も多くの政府関係者の避暑地となっており，江沢民が1カ月余り滞在したことが話題になった。

現在残る豪商の大邸宅や庭園は，明清以降に建てられた華麗な木造2階建て建築物や，風光明媚な太湖と山々や地元の植物群を巧みに取り入れた水と光に満ちた庭園であり，中原文化というよりはむしろ江南の文化を思わせる。それは土着化というよりは，太湖の景観への同化とそれぞれの時代の先端の技術や原材料を用いて最も美しいものを創ろうとした豪商たちの趣向の表象であろう。しかし同様な景観にあった西山側でこのような華麗な文化が生まれなかったのは，やはりそれぞれの祖先がもつ文化の違いであったのかもしれない。昭和15年の『揚子江下流地域の戦時糧秣資料』所収の「西洞庭山資源調査報告」によれば，西山鎮は「昔日ヨリ海賊島トシテ有名ニシテ……」と

写真1　左：S家の寝台，右：同鏡台（8月7日）

あるように，その祖先は中原からの人々ではなかったようである。

また，このような豪商の趣向は，民間にも伝えられている。その典型的な例が一般家庭にあたりまえのように置かれている伝統的な明清風の家具である。私たちが滞在した陸巷村の外婆橋農家楽お婆さんの部屋に置かれていた木製の天蓋付きの寝台や鏡台は，すべてお婆さんとお嫁さんの嫁入り道具である（写真1）。また屋内の談話スペースや各部屋には彫刻を施した木製の椅子や机が置かれている。これらは古建築で見た富豪や官吏が使用していた明清代の家具と似ていた。東山の人々が伝統的な中原文化を好み，日常生活に取り入れていることがわかった。

(2) 民間に伝えられた中原文化

中原から伝えられた文化は，むしろ民間に残されている。例えば，東山鎮の農民が厚く信じる猛将信仰がそれである。村々には猛将を祀った廟があり，猛将の神像が安置されている。そして春節の「猛将会」には多くの農民が参加し，太鼓を鳴らしながら神輿を担いで村を歩く「抬猛将」が行われ，家族の平安や豊作を祈願する。

では，猛将劉錡とはどのような人物なのか。王雲裳『《宋史・劉錡伝》訂補』（徐州師範大学学報2008年）によると，姓は劉，字は信叔。甘粛省出身，南宋の武将である。強靭な金の軍を撃退した猛将として中国では有名だ。猛将会の様子や逸話をまとめた東山猛将会「墻角梅」（http://tieba.baidu.com/p/993316245）によると，劉錡は恵まれた幼少期を過ごしたわけではなかった。幼くして実母を亡くし，その後父は再婚したが，継母は劉錡を冷遇した。嫌がらせの他，彼のいない場所で夫に諫言をした。ある寒い冬，継母は実子には暖かい綿の着物を着せ，劉錡には与えなかった。帰宅した父親は2人に寒いかと尋ねたところ，継母の実子は寒くないと答えた。それを知った父親は後妻を離縁しようとしたが，劉錡は「義母がいれば寒くなるのは1人，義母がいなければ寒くなるのは2人です」といい，義弟のために家を出た。そして母方（実母）の故郷の東山に移り住んだとされている。さらに彼には蝗を駆除した功績も付加されている。死後は「上天王」の称号を賜り，東山の人々に「福の神」として崇拝されることとなった。

また太鼓を鳴らしながらご神体を担いで村をねり歩く「抬猛将」は明代に始まったといわれる。これについてはつぎのような逸話がある。明代，倭寇が太湖に来て東山に上陸し，略奪を行った。その際村人は猛将の御神体を担ぎだし，山に奉じて神の力を以て倭寇を退けようと考えた。そして村人たちは協力して，銅鑼や太鼓を鳴らしながら御神体を運び出した。倭寇たちはそれを大部隊がやって来たと誤解して慌てて撤退した。以降，農民たちは定期的に「抬猛将」を行うようになったという。

猛将にまつわる以上のようなさまざまな逸話は，北狄の異民族金と戦った南宋の英雄がこの地に伝えられた後，後の時代で最も手ごわい「敵」，例えば明代の倭寇や飢饉をよびこむ蝗害を壊滅させる武将に変化し，時代を超えて人々の厚い信仰を受けていった過程をうかがわせる。

また，今回の調査では，東山鎮の民俗博物館に勤めるZPや陸巷村の農民SMから猛将に関するお話をうかがい，楊湾村の猛将廟では，参拝する女性たちにも出会った。

ZPは50歳の女性で，碧螺村の民俗博物館に勤めている。彼女によると，猛将会は文革期に一度衰退し，2000年に復活した。当時は生産大隊の下に14の生産隊があり，生産隊ごとに猛将を祀る廟があった。春節の猛将会は旧暦の1月初日から10日にかけて，早朝8時から夜9時にかけて行われる（写真2左）。6人の男性が廟から猛将の御神体を担ぎ出して練り歩く「抬猛将」が行われる。このパレードには毎年数百人の農民が参加して像を担いだり，太鼓をたたいたり，踊りを行う。踊りを専門に行うものは12人と決まっている。また，自宅の前を通過する猛将のために，農民たちはそれぞれ家の門の前にテーブルを出す。ナシやブドウ，リュウガンといった果物などを果盆にのせて供える。リンゴは供えることができない。さらに生前劉錡猛将がアズキの蔦に足が絡まって転倒し，頭部に傷を負ったことからアズキを使ったものを供えることも禁止されている。猛将が通過した後は家族の健康などを祈願して20元

写真2　「春節の猛将会」　左：「抬猛将」，右：「早船」（民俗博物館の展示，8月5日）

写真3　左：楊湾村の猛将廟，右上：参拝する村民，右下：壁に貼られた献金表（8月5日）

から100元のお賽銭を奉納する。

　春節のパレードには，「出抬轎」という演目もある。子どもたちが行うもので，小さな板を神輿のように担ぎ，その上で三国志や古典の演舞を行う。また村民は踊り隊を組織して「早船」などを踊る。これらも中原から伝えられた文化である（写真2右）。

　SMは62歳の女性で，陸巷村の農民である。村では毎月1日と15日が廟の縁日であり，線香をあげて果物を供える。春節には碧螺村同様，猛将の神輿を担いで練り歩くパレードが行われる。このようなパレードを行う組織は，村から自発的に集まった人々によって構成される。有志によって行われるため，66歳であるSMの夫は毎年自宅で麻雀をし，パレードに参加したことはない。主に40歳前後の中年層だが，祭りを見る人々の中には子どもや若者も多いという。

　楊湾村の猛将廟は道路のすぐ横，家や店などのすぐそばにあり，木造瓦屋根の比較的新しい建物であった（写真3）。外には線香とろうそくを立てる場所が設けられていた。また，廟会の頃にだけ開くという中年女性の営む小さな売店があった。門には劉錡の諱「上天王」の字が掲げられている。廟の内部には色白でややふっくらとした顔に細く切れ長の目，髭もなくとても武人には見えない姿の劉錡像がある。壁には赤い用紙が貼られ，「陸士根200元，王小恵100元……」と人名と献金額が記されている。これは誰がいくら寄付したかを示している。猛将会は農民たちの寄付で維持されている。また，「明日祭りがあるから」と線香を立てに来た村人にもであった。猛将会は農民たちによって守られ，生活の中に溶け込んだ身近な

存在であることがうかがえた。

参考資料
陳其弟『蘇州地方志総録』広陵書社，2006
王雲裳《〈宋史・劉錡伝〉訂補》徐州師範大学学報，2008
互動百科　http://www.baike.com/
蘇州新聞網　http://www.subaonet.com/html/society/201085/G9D2944117H8D45.html
東山猛将会「墻角梅」http://tieba.baidu.com/p/993316245
「西洞庭山資源調査報告」（昭和15年2月『楊子江下流地域の戦時糧秣資料』防衛省所蔵）

V　金庭鎮の観光開発と農家楽

吉岡侑太郎

1　西山鎮概況

今回訪れた蘇州市呉中区西山（金庭）鎮は上海市から50kmほどの場所に位置する，人口4万3千人，面積79km²の太湖内の島である。西山鎮という名前は2008年に「金色の庭，金色の大家族」を意味する金庭鎮に改名されたが，今回は東山鎮との比較のために，西山鎮という以前の呼び名を用いる。改名されたのは西山鎮の「西」は日が沈む方角で名前のように経済発展も沈んではいけないこと，蘇州方言で「西」と「死」の発音が似ていること，「西山」という名はありふれた地名であることなどによる。

2013年の西山鎮の総生産額は16.61元，平均所得は1万6,238元となっている（農J4）。総生産額の内，第三次産業が7割以上を占める。第一次産業が2割強，第二次産業はわずかである。しかし就業人口は農業，漁業を行う第一次産業への従事者が大部分を占め，特に40代以上の割合が多い。第二次産業の割合は2008年に島内の鉱山工場が廃業したため低くなっている。

以前の西山鎮は，碧螺春茶や果物を栽培する太湖に囲まれた島の一つにすぎず，外地との往来手段も船のみで蘇州市など近郊都市の発展からは立ち遅れた地域であった。しかし太湖大橋開通後は，1992年に指定された蘇州太湖国家旅遊度暇区と共に進められた観光開発により大きく変化した。太湖大橋開通以降，観光客の数は増加しており，2013年には年間約350万人の観光客が訪れた。観光客増加によって交通渋滞も激しくなり，渋滞解消のために第二次太湖大橋を建設中である。

西山鎮の観光開発は生態観光をテーマとしている。西山鎮は，1992年に国家級現代農業示範園区に指定され，大規模な生態農園では1年を通じて碧螺春やビワ，ブドウなどの採集体験ができる。また緑色農産物を生産する野菜生産基地が作られ，大通り沿いには多種多様な農家楽が乱立している。西山鎮の環境に大きな変化をもたらしたこれらの事柄が，この地域の観光開発にどのような影響を与えたのかを考えていく。

今回は東山鎮と西山鎮の2戸の農家楽（農村民宿）に宿泊し，聞き取り調査を行った。前者は2014年に，後者も2010年に営業を開始した比較的営業歴の浅い農家楽であるが，設備面などで異なる点が多く，それぞれ鎮政府からの規制も異なる。それらをその地域の特性と合わせ，それぞれの農家楽の特性，直面する問題を分析し，東山鎮と西山鎮の今後の展望について考察する。

2　農家楽

農家楽は農家が農業を行いながら，その土地で採れた食材を用いた料理を提供し，農業体験などを提供している民宿である。地域にもよるが農地で収穫した農産物を目当てに訪れる顧客が多く，果実の収穫時期が繁忙期となっている。また設備面では中国では1軒の農家の家（設備）と，1人の主婦（料理などを提供することのできる人）がいればすぐに開業できると言われており，比較的大きな屋敷がある家庭の場合，開業時の初期投資を低く抑えることができることから開業しやすいという特徴がある。地産地消の新鮮な食材提供，収穫農産物の販売などを売りとしている。また農家楽経営は中国の農村部にとって，もとからある自然や伝統的な料理，歴史的な建造物やスペースを活用して所得を得ることができる事業として注目されている。

農家楽は主に家族で経営しているものと企業などが経営しているものに分類できる。企業の経営している農家楽では大規模な土地を利用したレクリエーション活動などができる。主要な客層は近

隣の都市の人々である。人々の観光概念も成熟化，個性化しこれまでのように観光地に大勢で訪れ，忙しく観光地をめぐるタイプの観光方式ではなく，家族，友人らと少人数グループで近隣の農村地域を訪れ農家楽を利用する旅行タイプが人気を高めてきている。これらの背景から多くの観光客が農村を訪れ，こうした都市住民のニーズに応えるため，近年宿泊施設のレベル向上やレストランやカラオケなどの娯楽設備の整備が進み，農村の経済発展が促され開発が加速している。

3 西山鎮の農家楽

農家楽の建設には，鎮政府によってさまざまな規制が設けられている。白い壁で黒い瓦であること，敷地面積が100m²以下であることなどである。しかし明らかに規制を無視した農家楽も少なくなく，政府の管理が緩いことをうかがわせる。

この地域の農家楽の顧客は，旬の碧螺春茶や果物，野菜を求めて蘇州や上海などから週末にやって来るリピーターが多い。食材や農業体験などは優れているが，宿舎としての設備は自家用の家屋をそのまま利用している場合もあり，老朽化や不十分な点，改善が必要な点も多く見受けられる。今後は設備やサービスの質の向上が課題であろう。またこの地域は今後も観光客の増加が見込まれる地域であり，環境保護のためパークアンドバスライド方式を取り入れることが計画されている。

(1) XY家の歌月湾農家楽

西山鎮で宿泊したXY家の例を取り上げる。XY家は西山鎮黄家村在住の農家である。通り沿いからはすこし奥まった場所で歌月湾農家楽を経営する。

1) 家族構成と農家楽の経営

XY家はXY(49歳)と妻，母の3人家族である。XYは中学校を卒業後，1980年代から地元の食堂で働き，1990年代に失業後，2001年から2009年まで木材を扱う企業に勤め，2010年から農家楽を始めた。現在27歳の娘は蘇州大学英語科を卒業後上海，蘇州で働き，現在は故郷にもどって合作社をたちあげ，茶の販売を行っている。農家楽の開業をXYに勧めたのは彼女である。またXYは娘に農家楽経営を継いでほしいと考えており，今後の経営展望も彼女が考えている。今回今後の展望などについても彼女に質問したかったが，出産のため入院しており，話をうかがうことはできなかった。

XY家では49歳の主人が夫人と母と共に農家楽を経営している（農J57）。調理は飲食店での勤務経験のある主人が行う。黄家村にはXY家以外に2軒の農家楽（2005年と2012年に開業）があるが，繁忙期の客が多い時には，この3軒の農家楽が協力して部屋の提供や紹介，調理を行っている。この3軒の主人は仲が良く，2012年に農家楽を始めた主人に農家楽経営を推奨したのもXYである。

2) 設備

XY家は2010年開業の新しい農家楽である。しかしXY家を訪れた際，設備の老朽化が目に付き新しいという印象は受けなかった。その理由はもともと居住していた家をそのまま利用しているというところにあるようだ。XY家の場合，来客向けに家族の居住スペース以外に洗面設備を備えた部屋が6室用意されていたため，農家楽開業にあたり改修，増築を行うことなく開業することができた。そのため一部の部屋では老朽化によりシャワーから満足に湯が出ないなどの不備があり，主人も修繕を望んでいる。親戚などの来客向けに6室もの部屋を保有しているところからは中国人の来客をもてなすことへの重要性がうかがえる。

3) 茶・果物栽培と農業体験

XY家では茶，ビワ，ヤマモモ，ミカン，モモ，

写真1　歌月湾農家楽（8月9日）

ウメ，ザクロ，ナツメ，クリを栽培しており，その収入は総収入の内の最も大きな部分を占めている。これらの作物の収穫時期にはその農業体験と果実を求める宿泊客が多く訪れる。茶やビワの収穫時期となる3〜6月，ミカンの収穫時期となる9〜11月に最も多くの宿泊客を迎える。

4）宿泊客

XY家の顧客はほとんどがリピーターである。彼らは上海，蘇州など近郊都市から自家用車で訪れるケースが多い。家族や友人と共に週末に1泊2日で訪れることがほとんどである。また企業に勤める人が贈り物として果物を贈るために買い付けに来ることも多い。集客のための宣伝などは行っておらず，口コミでこの農家楽の存在を知って訪れる。

4　東山鎮の農家楽

東山鎮では，2008年の大通り完成以降農家楽が増加し，太湖沿いに農家楽が軒を連ねている。この地域の農家楽には鎮政府からのさまざまな規制がある。外観面では3階建てまでで白い壁で黒い瓦にすること，衛生面では調理スペースにおいて食材用流し台と調理器具用流し台を分けること，安全面では各階に消火器を3本備えることなどである。また国家5A級観光開発区に指定されて以降，乱開発防止のため新規開業する農家楽の敷地面積は135m²以下に制限されている。

（1）SX家の外婆橋農家楽

東山鎮で宿泊したSX家の例を取り上げる。SX家は東山鎮陸巷村に在住の農家である。太湖沿いの通りに面した場所で外婆橋農家楽を経営する。

1）家族構成と農家楽の経営

SX家は66歳の退役軍人の舅，62歳の姑，37歳の蘇州市政府機関勤務の息子，33歳のSX（息子の嫁）と小学生の娘の5人家族である。農家楽はSXが中心となって経営している（農J29）。しかし農家楽経営は毎日忙しく大変なことも多いため，SXは娘に後を継いで欲しいとは考えていない。SX家では調理などは家族で分担，協力して行っている。調理法は独学で学び，地域で採れた新鮮な食材を提供している。新鮮な食材を使った食事がこの農家楽の売りであるため，採れたもの，

写真2　外婆橋農家楽（8月5日）

買ったもの，作ったものをすぐに提供するように努めている。また家屋まわりの畑でトウガラシ，ナス，キュウリ，ニラ，エンサイ，マメなどの野菜を作り，調理して農家楽で提供したり，蘇州市の市場でも販売している。家畜は，1985年以前は羊や豚も飼育していたが世話が大変であることからやめた。現在は宿泊客へ提供するための鶏のみ飼っている。

SX家は2013年に農家楽を始めた。農家楽経営を始めたきっかけは，大きな通りに面した立地の大きな屋敷に居住していたこと，この地域の旅行業が発展してきたこと，同業の友人に勧められたことである。農家楽開業にあたり50万元を友人から借り入れている。また繁忙期には他の2軒の農家楽と協力しあっている。1軒は十数年前に，もう1軒は5月に開業したばかりである。3軒の関係は良好で，どこかの農家楽のお客さんが多い際には，それぞれ紹介しあっている。どの農家楽もサービス態度が良いため多くのリピーターがいる。

2）設備

SX家は2013年に開業した新しい農家楽である。こちらも自宅を農家楽として使用している。3階建てでもともと多くの部屋があったが，洗面設備のない部屋もあったため改装工事を行った。客室は7室あり，3人部屋2室と2人部屋5室となっている。客室が広いこともこの農家楽の売りである。また机などの家財道具は結婚した際に購入したものがほとんどである。空調設備や装飾用の絵画などは夫の戦友や友人が開業時にプレゼントしてくれた。また麻雀卓が2卓用意されている。これは上海からの宿泊客の要望による。また政府

からの規制で調理設備は食材を洗う場所と調理用具を洗う場所が分けられており，家の外壁は白色，黒色の瓦になっている。

3）茶・果物栽培と農業体験

SX家では5亩（1亩は15分の1ha）の農地を保有しており，そこでビワ，ヤマモモ，ミカン，ザクロ，ナツメなどの果実と茶を栽培している。宿泊客は，3～6月には茶の収穫と加工，9～11月には果物の収穫を体験できる。

4）宿泊客

SX家の顧客の多くがリピーターである。彼らは家族や友人と余暇を過ごすため，また顧客を観光地で接待するために上海，無錫，常州，湖南，北京などから訪れる。週末に1泊2日で訪れる顧客が多い。5カ月の間に5回来た客もある。2008年に家の前の大通りが完成したため，彼らは自家用車でスムーズに訪れることができる。蘇州駅からのバスもあり公共交通機関も充実している。

5　西山鎮と東山鎮を観光開発の面から比較して

西山鎮は1994年に太湖大橋が開通し多くの観光客が訪れる土地となったが，それでもまだ工事中の土地や荒地があり，開発の余地が残されている。また開発の進んでいない島の南部・西部には大きな通りが少なく，入り込んだ路地が多く山もあるため，場所によってはかなり家屋が密集している。両鎮とも共通して農家楽，農園，太湖観光などの生態観光を中心に観光開発を進めてきたが，遊歩道などもついた大きな通りが貫通する東山鎮に比べて，西山鎮は古い家屋や狭い通りも多く残っており，観光地としては整備が遅れている。

西山鎮ではすでに総収入の約70％を第三次産業が占めているが，その反面従事者数としては第一次産業従事者が多い。第二次産業も発達している東山鎮に比べ総収入は2/3ほどで，その分設備投資も少ないようにうかがえる。さらに島内の高齢化も問題である。週末に帰省する生産年齢の子ども世代も，将来自分が老いた時には地元に戻りたいが，退職するまでは都市で働くという。島内が発展，活性化していくためには高齢化対策とともに若い世代の活躍が不可欠であろう。

参考文献

池田孝之ら「中国湖南省における「農家楽」の実態に関する考察」『日本建築学会大会学術講演梗概集』Vol. 73, No. 632, 2008

展鳳彬「中国の新型観光農家楽――四川省・成都市を事例に」『同志社政策科学研究』第10巻第1号，2009

高田晋史ら「都市化地域における農家楽の経営類型と農民専業合作社の役割」『農林業問題研究』第191号，2013

百度百科　http://baidu.com/subview/612371/59711308.htm
（最終アクセス日：2014.9.24）

VI　西山鎮黄家堡の茶・果物農家

河出眞希

太湖に浮かぶ島にある西山鎮では，古くより多くの農家が碧螺春茶と果樹を栽培して暮らしてきた。私たちは，西山鎮の農家の現状と直面する問題，後継者問題を含む今後について調べるために，石山村黄家堡を訪れ，3戸の農家に聞き取り調査を行った（表1）。農家楽を経営しながら茶と果物を栽培するHZ，専業農家のZF，HXである。

1　西山鎮の農業

(1)　HZ家：茶・果物栽培と農家楽

1）農業活動と農家楽の経営

HZは49歳の男性で，妻と母と暮らす。娘のHXは夫と子どもと西山集鎮に住んでいるが，HZ家で茶葉を販売する合作社を経営している。

黄家堡では，1983年に人民公社が解体された時に1人あたり3亩の荒地と数本の茶の木，わずかな水田が分配された。HZは農業だけでは暮らせないため，出稼ぎもした。1980年から2000年までは西山集鎮の食堂で働き，2001年から2008年までは，材木企業で働いた。農家楽は娘に勧められて2010年から始め，母と妻が手伝うが，利用客が多い時には人を雇う。年収は約20万元，農家楽を始めたことで昔よりかなり増えた。5～6亩の斜面の畑で，主に碧螺春茶とビワ，ヤマモモ，クリ，ミカン，ウメ，モモを栽培する。碧螺春茶は，果樹の下で育てて茶葉に果樹の香りをつける。HZは，開墾によって耕地を広げ，碧螺春茶栽培を増やした。自分で茶葉を加工し，娘が経

営する合作社で「歌月湾」商標をつけて売る。合作社に売ることで価格は直売より安くなるが，安定した出荷が可能である。

　碧螺茶の栽培は，3月から4月20日まで茶摘みを行う。4月4，5日の清明節までに収穫する山上の茶は1級品の銘茶で，その後に摘む山麓の茶は2級品とされるが，香りが濃く，地元の農民は後者を好んで飲む。4月20日から5月1日までは木の枝を剪定する。7月から10月までは4回に分けて農薬をまき，肥料をいれる。茶樹は，植えてから3年で葉を摘めるようになり，3年経ったら木を短く切って整え，育てる。ビワは，10月に施肥をし，1月に花の一部を摘み，3月にさらに実の一部を摘んで，5月に熟したビワを収穫する。3月から5月は茶とビワの収穫が重なるため現地の人を数人雇う。HZ家では，農家楽の顧客に収穫体験をさせるために一部のビワを残す。農家楽を経営しているため収入は増えたが，1年中とても忙しい。

2）呉門碧螺春茶業農業専業合作社

　HZの娘は，とても優秀で，7歳のときから週末には道端で観光客に果物を売った。通常2元のところを5元で売れた。娘が可愛いからである。その頃，蘇州の会社社長に出会い，12歳の時にはそこでインターンシップをした。その後，大学に行き，上海で仕事をしたが，蘇州の社長の薦めもあって帰郷して合作社を設立した。合作社は，主に茶葉や果物の販売を行う。上海の森ビルでの実演販売ではビワは高値で売れ，有名なスーパーとも販売契約を結んだ。若者がどんどん都市に行ってしまうなか，娘は都市から帰って来て，合作社という新たな事業を展開している。HZは，将来は娘に農家楽も継いでほしいと願っている。

(2) ZF：専業農家

　ZF（52歳の女性）は，夫と2人暮らしである。中学校卒業後，茶葉農業を継いだ。また1980～89年まで石灰工場で働き，年収は8,000元であった。その後，姑から土地を譲り受けて農業専業となり，年間純収入は5～6万元である。夫は，集鎮の電気工場で働いており，年収は6万元ある。娘（28歳）は，蘇州市で働き，娘婿も蘇州市の外資系自動車会社で販売の仕事をしている。孫が2人いる。娘の家族は，毎週末に黄家村に帰ってくる。農繁期には娘の一家が手伝ってくれ，重要な労働力である。

　7畝の畑があり，ビワ2畝，ヤマモモ2畝，茶3畝である。茶3畝で茶葉を生産加工し，40斤の茶を販売して約1万元の収入となる。ビワは1斤あたり10元。ヤマモモは1斤あたり8～10元で売り，農業による年収は約3万元である。支出は，農薬3,000元，肥料2,000元，苗木1,000元で年間の生産コストは約7,000元である。ZF家では人民公社解体時に水田を分配されて蟹の養殖と米を作っていたが，2000年に政府の指示を受け，1畝500元で東山鎮の蟹養殖家に貸し出した。背景には，太湖での蟹の養殖が2008年から大幅に制限されたため，西山鎮の陸内の池で大規模な養殖が行われるようになったことがある。

　農作業は主にZFと夫と母親で行う。2000年から2010年まで農繁期には2人雇っていた。40歳から65歳までの蘇州や山東省出身の出稼ぎ者である。派遣会社が人を集めて村の各家に分配する。朝の6時から夕方5時まで約11時間働き，食事と宿泊付きで日当125元である。ZF家では茶葉の生産を減らしたことや農繁期には娘一家が手伝ってくれるようになったことから，2011年以降

表1　黄家村の訪問農家

名前	性別(年齢)	家族数(人)	家族構成（年齢）	純収入(万元)	茶(万元)	ビワ(万元)	ヤマモモ(万元)
①HZ	男（49）	3	妻，母（82）［娘（26），娘婿（27）］	20	13	5.2	2.4
②ZF	女（52）	2	夫，［娘（28），娘婿，孫2人（4・5）］	3	4.8	2.4	3
③HX	女（55）	1	［娘（31），娘婿（33），孫（10）］	8	8	3.6	1.8

注：［　］の家族は，ふだんは別居しているが，週末に一緒に暮らす。
出所：2014年8月の現地での聞き取り調査により作成。

は人を雇うのをやめた。黄家堡では70～75歳頃まで農業をするのが一般的である。ZFも70歳までやろうと思っているが，娘に農業を継がせるつもりはない。農業は重労働で大変だからだ。政府が土地流転によって農地を貸し出すことを推奨しており，農業をやめたらそうすればよいと思っているようだ。

(3) HX：専業農家

HX（55歳女性）は，小学校卒業後，妹の世話をするために中学校に行くことができなかった。文化大革命期であった。16歳から農業を始め，25歳で結婚し，26歳で子どもを産んだ。夫を亡くしており，娘（31歳）と娘婿（33歳），孫（10歳）の4人家族である。娘は，西山鎮の農家楽で働き，月収は2,500元，娘婿は工場に勤めている。HXが孫の面倒をみる。農繁期には，娘と娘婿が手伝う。農業による年収は7～8万元。主に茶葉やヤマモモ，ビワを栽培する。5～6畝の畑で茶葉を栽培して製茶80斤をつくり，茶1斤あたり400～1,000元で売る。ヤマモモは100本から1,000斤の収穫があり，1斤あたり16～18元で売る。ビワは23本栽培して3,000斤収穫し，1斤あたり10～12元で売って年間1～1.2万元になる。収穫した果物は自分で市場などに売りに行く。2006年から2011年までは合作社に参加していたが，今は自分で朝2～5時まで市場に行って売る。電話注文で売ることもある。インターネットでの販売はしていない。

農作物の栽培方法は，両親に教えてもらったり，自分で勉強したりした。夫が亡くなった後はHXが1人で農業を行っているが，茶葉の収穫時期には2人雇う。朝6時半から夕方5時まで働き，食事と宿泊つきで日当は100元，栗陽や宿遷などからの出稼ぎ者を雇う。鎮で働いている娘一家も手伝いにくる。しかし娘には将来農業を継いでほしくないという。農業は自分で自由に時間が決められて収穫も楽しいが，もうからないし仕事が大変だからだ。HXは，歳をとって目も悪くなったが，学力もないし，ほかにやることがないので農業をやっている，今の状況に満足しているという。

2　日本の茶農家との比較

日本の典型的な茶専業農家として，静岡県浜松市にある「栗崎園」をとりあげる。「栗崎園」は，家族経営の茶農家である。数十年前に他の農家と協力して山腹斜面を開墾し，茶園を始めた。当時は，父親も亡き祖父も現役で，みなで石を拾うところから始めて，それがやっと今最高の状態になっている。茶刈りと製造に忙しい5月の1カ月を「お茶時期」と呼ぶ。一芯二葉に折り摘みをする。まだ開く前の葉（一芯）と開いたばかりの小さな葉2枚（二葉）だけを丁寧に指の腹で摘む。35kg揉みの小型の機械で，丁寧に揉み上げる。硬く針のように揉むため，3～4時間かかる。荒茶（半製品）にして大きな冷蔵庫へ保存する。注文がきたら最後の仕上げ作業をして顧客に送る。お店などでも買えるがネット販売もしている。

現地調査に行く前は，日本と中国の茶農業に大きな違いはないと思っていた。しかし日本とは異なる点も少なくなかった。西山鎮では政府の管理が緩く，土地があってやりたい人が自由にやるという感じを受けた。栽培では，西山鎮は果樹と茶を一緒に育て果樹の香りをつけるという独特な方法と技術がみられた。日本にはそのような栽培法はない。生産工程では，西山鎮は手作業で全部行うが，日本は人手不足のため小型機械の導入が増えている。販売方法では，西山鎮は合作社を通したり，自分で市場に売りに行ったり，農家楽を経営する農家では農家楽の顧客に茶摘み体験をさせて売ったりする。しかし日本では各地に特産のブランド商品があり，それを直販するのが最も多く，ネット販売も盛んである。

また中国の合作社と日本のJAを比較すると，西山鎮では，合作社は農家から買ったものを売るという仲介人の役割をするにすぎないが，日本のJAは農家と協力しあって販売以外の種々の農業関連の活動行う。例えば，若い人やこれから農業をやろうとしている人のために講習会を開いて技術を伝えたり，農業生産に必要な肥料や農薬などを供給したりする。JAは農業生産力の増進と農業者の経済的・社会的地位の向上のための活動を積極的に行うという目標を掲げている。西山鎮も，

写真1　栗崎園の茶畑（栗崎園のHPより）

合作社をもっと発展させ，合作社と農家がもっと協力しあって新たな農業を展開していく可能性を追求できるのではないかと思う。販売でも合作社に売るだけではなく，日本のようにネット販売をすればより多数の顧客に提供できるのではないかと思う。

3　今後の課題──高齢化と観光化

　西山鎮では，農業と合体した新しいサービス業として農家楽が盛んになっている。現地には幹線沿いに農家楽という看板をかけた家屋が多くみられる。週末にはたくさんの都市民が癒しを求めて農業体験をしに農家楽を訪れているという。その一方で，黄家堡のような農村では，村の経済発展が遅れているために農業以外の仕事がなく，多くの若者が都市に行って仕事をしている。そのため農村の高齢化が深刻化していることは日本と同じである。しかし，日本と大きく違うのは，都市で働く娘や息子が週末になると親を訪ねて農村に戻ってくることである。黄家堡でもそうであった。週末になると家の前に車が止まり，子どもたちが親と食事をし，時には農作業の手伝いをしていた。そのためか，どの農家も老夫婦だけにしては2，3階建ての大きな家屋であり，部屋数も多い。農家楽を始める時には少しの改修で済むというのも，そもそも家屋が大きいことがある。

　農家楽のような六次産業型の観光化が進んで，若者の就業機会が増えれば若者の都市への流出は減らせるかもしれない。今後どれだけ若者を農村地域に残していけるのか，農村の高齢化をどのように防ぐのか，HZの娘のような新しいタイプの若者が増えて農村に新たな事業を展開することができれば，若者の農村や農業離れが改善されていくのではないかと思う。

参考文献
辻和良，西岡晋作，熊本昌平，大西敏夫，藤田武弘「果樹副合型主産地におけるウメ経営の特質と課題──和歌山県田辺市を事例に」『和歌山県農林水産試験研究機関研究報告』第6号，2005
JA全農　全国農業協同組合連合会　http://www.zennoh.or.jp/
露深き山のお茶　春野の精　栗崎園　http://www.kurisakien.com/index.htm

Ⅶ　東山鎮と西山鎮の漁村にみる異なる変化

大橋里佳子

　私は，中国は農民人口が多くを占める農業大国だと思っていた。しかし「2012年社会青書」（中国社会科学学院社会学研究所）によれば，2011年，中国の都市人口が過去数千年間で初めて農村人口を上回って50％を超えたといい，中国では急速な都市化が全国規模で起っている。農村も大きく変わっているに違いないと私は思った。そこで，太湖を仕事と生活の場とする蘇州市呉中区の東山鎮太湖村と西山鎮震栄村の2つの漁村をとりあげて，生業である漁業や暮らしがどのように変化しているのか，直面している問題は何なのか，どのような背景があるのか，現地での聞き取り調査で得た情報や日本での事前調査の資料などに基づいて考察していく。

1．東山鎮太湖村

(1)　太湖村の概況と漁業の展開

　東山鎮太湖村についてはLX，ZL，ZT，YDの4人の漁民にインタビューした。彼らの話によれば，太湖村の概況，漁業の歴史と現状，漁法は以下のとおりである。

　太湖村は東山鎮で唯一の漁村である。総戸数は880戸，光明村280戸，湖新村290戸，光栄村310戸の3つの村から成る。1985年以前は伝統的な

漁法で太湖蟹と太湖三白（白魚，白蝦，銀魚）をとっており，人民公社時代も大きな変化はなかった。また1985年から1996年までは経済的利益を求めて太湖でとれたハマグリを日本に輸出した。しかし1996年に政府は太湖の生態環境の維持と漁民の収入を安定させるためとして，伝統的な漁業の方法をやめて養殖業を始めるよう推奨し，収入の少ない漁民には無利息で養殖の土地を貸し出した。

ところが2007年5月に高温多湿な天候の影響でアオコが異常繁殖し，水質汚染が一挙に社会問題になった。アオコの異常繁殖の原因は，太湖のまわりが観光地化して汚水が増えたのに生活排水や下水処理などのインフラ事業が遅れていること，農業生産のための化学肥料や農薬が太湖に流れ込んだこと，養殖に使用する飼料などが太湖の水質汚染を引き起こしたことなどによるとされた。そこで政府は，養殖業を推進から規制へと逆方向に転換させ，2008年には養殖池面積を大幅に減少して，1戸あたり15畝までとした。養殖池の超過分の没収にあたっては1畝あたり3,500元の賠償をだした。これらの政策により，養殖面積は1996年以前の状態に戻され，その結果，太湖の環境保全には効果があったものの，漁民の数が減少し，養殖をめぐって漁民の二極化が進んだ。例えば太湖村光明組では，3分の1が45畝以上の大規模専業養殖家となり，残り3分の2は15畝以内で養殖業を行うかたわら，出稼ぎをしなければならなくなった。大規模化した漁民の中には西山鎮や浙江省など東山鎮以外の太湖で養殖を行う者も少なくない。このように東山鎮の漁民は1996年と2008年の養殖業の推進と規制という全く逆の政策によって大きな影響を受けた。これらの政策は太湖の生態環境を保護するためとされ，江蘇省太湖漁業管理委員会によって現在も厳しく管理されている。

続いて伝統漁法と養殖について説明する（表1）。伝統漁法は1月から5月までの禁漁期間の厳守と年間4,000元の漁獲許可証の所有を義務づけられることで厳しく管理され，太湖の生態との共存を図りながら続けられてきた。一方，養殖業は1年を通して作業を行わなくてはならないが，

表1 伝統漁法と養殖の年間工程

漁　期	漁　法	魚の種類
1月　〜4月30日	禁漁期間	
5月1日〜5月10日	網漁など	銀魚など
9月　〜12月31日	網漁など	白蝦など

養殖期間	仕事内容
1月　〜1月中旬	種苗投入
2月　〜2月中旬	設備補修
3月1日〜8月1日	水草の剪定，飼料やり
9月1日〜10月1日	蟹の販売
11月1日〜11月30日	設備補修

出所：2014年現地での聞き取り調査により作成。

天候などの自然条件に左右されることなく，安全で安定した収入を得ることができる方法である。

(2) 太湖村の4人の漁民への聞き取り調査

東山鎮では4人の漁民に陸巷村の私たちの宿舎まで来ていただき，聞き取り調査を行った。LX, ZL, ZT, YD, の4人である（表2）。20代から30代の若手の3人は大学を卒業し，58歳のYDは小学校卒業である。3人の大卒者は別の職業を選ぶという選択もあったのではないかと思ってたずねたら，4人とも安定した収入を得るため，代々漁民であったために養殖を含む漁業を継いだという。実はこの3人は村民委員会の幹部で，LXとZLはそれぞれ村の書記である。またLX家は1985年から1996年にかけて日本のある商社と合作してシジミを輸出しており，当時の年収は2万元を超えていた。しかし1996年に政府から伝統的な漁獲法をやめて養殖をするようにと推奨された。その理由は，太湖の保護のためと，安定した収入を得て，総収入を上げるためであった。漁の収入は天候に左右され，不安定であるが，養殖は天候に関わりなく一定の高収入を得ることができるという説明であった。彼らが養殖にむかったのは，主に後者の理由によるという。

ZL家は先祖代々太湖で漁獲を行う漁民である。しかし，1996年に政府の勧めを受けて養殖業を始めた。2007年までに養殖池を200畝までに拡大し，年収は50万元になった。ところが2008年に養殖の規制を受けたために，1畝あたり3,500元

表2　太湖村の4人の漁民（調査対象者）

名前	性別(年齢)	家族数(人)	家族構成(年齢)
① LX	男（27）	5	父（49），母（48），妻（27），子（3）
② ZL	男（36）	5	父（66），母（63），妻（32），子（11）
③ ZT	男（25）	3	老齢の父母（70代）
④ YD	男（58）	5	妻（58），子（32），嫁，孫

写真1　養殖が盛んな東山鎮太湖村の漁民（8月6日）

の補償を受けて太湖での養殖をやめざるをえなかった。そこで，浙江省で新たに養殖池を借り，兄とともに蟹の養殖を始めた。現在は300亩の土地を借り，太湖での養殖の時から雇っていた5〜6人の貴州人を再び雇っている。彼らとの付き合いは十数年になる。最も収入があった時の年間純収入は100万元である。

　以上に見てきたように，伝統的な漁法は収入が不安定であるが，実は代々の習慣によって太湖の生態環境を維持しながら進められてきた持続可能な漁法であったことがわかる。これに対して養殖は，都市の消費者の需要を背景に安定した高収入を漁民にもたらすが，太湖の環境汚染の原因の1つともなった。そこで現在大規模な養殖は，東山鎮以外の規制のあまり厳しくないところで行っている。新たな土地での生態環境規制はまだ行われておらず，太湖さえよければよいのかといわざるをえない。今後は太湖に限らず，長期的な視野にたった生態環境に留意した漁法の開発と漁民の収入向上のバランスを保った政策が必要となろう。

2　西山鎮震栄村

　震栄村では，ZY，QXの2人の漁民にインタビューした。彼らの話によれば，震栄村の概況，漁業の歴史と現状，漁法は以下のとおりである。

(1)　震栄村の概況と漁業の展開

　震栄村は，西山鎮にある唯一の漁村である。総戸数は100数戸で，東山鎮の太湖村と比べると，そこまで漁業に対して力を入れていないような気がした。なぜなら，彼らは1993年まで太湖に漂う水上生活者で，1994年に政府の援助を受けて初めて陸上に家屋を得た。水上生活時代は大変貧しく，子どもを小学校にあげてやることもできなかった。当時に比べると，現在は断然生活は良くなっている。東山鎮の漁民は収入を少しでも増やそうと努力しているが，西山鎮の漁民は生活ができればそれでいいというようにもみえ，できることならもう漁業を自分たちの子どもにはやらせたくないという。後継者については，やりたいなら漁業をやり続けてもらいたい，だが無理して続けることはない，漁民のような収入が不安定で生死のはざまに立っている職ではなく，普通の安定した仕事についてほしいのだという。この違いは，東山鎮の漁民はすでに養殖という安定した漁業を行って巨利を得た者もいるのに対して，西山鎮の漁民は伝統的な漁法のままようやく陸上の生活を得たばかりで，養殖のうま味をほとんど知らないまま養殖が規制されてしまったことによると考えられる。

　震栄村の歴史は次のようである。震栄村の漁民は，1994年以前までは船上で漁をしながら生活する水上生活者であった。当時の年収は1戸あたり1万元ほどで，生活するだけで手いっぱいで子どもを学校に行かせることもできなかった。そのため，現在40代以上の者は，よくて小学校卒業，小学校にも行っていない者もいる。1994年，政府は太湖の環境保護と漁民たちの生活安定のために漁民に土地を与え，漁民たちは初めて陸上に家屋を持つようになった。また1994年から1996年にかけて生活が困難な一部の者には無利息で政府から1亩あたり20元の補助がでた。そして太湖

表3　西山鎮の漁法

漁期	漁法	魚の種類
1月　〜4月30日	禁漁期間	
5月1日〜8月31日	網漁など	白蝦など
9月　〜12月31日	網漁漁撈	青魚など

養殖期間	仕事内容
1月　〜3月31日	蟹の種苗投入
4月1日〜8月31日	給餌開始
9月1日〜12月31日	蟹の販売

出所：2014年8月現地での聞き取り調査により作成。

表4　震栄村の2人の漁民（調査対象者）

名前	性別(年齢)	家族数(人)	家族構成
ZY	女 (49)	4	夫, 息子 (24), 夫の母
QX	女 (61)	6	夫の両親, 夫 (61), 娘 (37), 孫娘 (19)

写真2　伝統漁法を行う西山鎮震栄村の漁民（8月8日）

の水質汚染が深刻化した1996年には，政府は太湖での伝統的な漁を減らして養殖を始めるようにすすめ，戸別に15畝ずつ養殖池を分配した。漁民たちは養殖によってようやく生活が以前より安定し，子どもも学校に行けるようになった。また収入の向上とともに中学校までの義務教育が普及し，高卒以上の学歴で都会で働く者も増えてきた。

しかし2008年に再び水質汚染が深刻化すると，政府は分配した土地を1畝あたり3,500元で没収した。また漁をする場合，大型工具を使うなら1機が1,500元，小型工具は1機60〜1,000元の経費を管理委員会に支払わなければならなくなった。さらに江蘇省太湖漁業管理委員会は漁民すべてに漁業証が必要だと制定した。養殖では，15畝を1箱と数え，1箱あたり3,000元かかるとした。太湖南部には15畝ごとにGPSをつけなければならなくなり，また水域面積に税金がかかるようになった。近年，西山の漁民の中には分配された自分の養殖池15畝の土地を東山鎮や外来の漁民に貸しだす者が少なくない。そのため本地人が太湖で伝統的な捕魚を続ける一方で，将来的には自分の養殖池を手放し，西山での養殖が東山鎮人による大規模経営になる可能性は否定できない。

(2)　西山鎮震栄村の漁民

西山鎮では実際に漁民の家を訪問し，2人の漁民に聞き取り調査を行った。ZY，QXの2人の女性である。2人とも学歴は小学校卒業で，東山鎮と比べると学歴が低い。東山鎮の漁民が年齢も若く，都会風であったのに対して，見た目や服装などの印象から西山鎮のほうがいかにも漁民という感じであった。また東山鎮の方は，私の下手な中国語でも聞こうとしてくれた。大学に通っていたからか，普通語も話せた。しかし，私が質問した西山鎮の女性は，年齢も高くて耳が遠く，私の中国語はほとんど通じず，向うの話も理解できなかった。

QXの家庭は代々漁民である。QXは61歳になっても漁業をやっていると聞き，その体力に驚いた。ZYも47歳で，彼女たちは政府が土地を与えてくれるまでずっと船の上で生活するのが普通だった。収入も不安定だったため，生活するのにも手一杯で，子どもたちを学校に行かせることができなかった。水から陸に上がって家を建てて生活するということが一番の出費であり，人生で重大な出来事であったといえる。陸で生活するようになり，子どもたちも学校に通えるようになった。また2008年からは，政府の指示を受けて養殖をするようになった。養殖を始めたことによって，しなければならないことが増えて忙しくなったが，収入は伝統漁法だけの時よりも安定しはじめたという。またQXの家庭では，2008年に農家楽を始めた。宿泊施設はなく，休憩と食事のみを提供する。QXも農家楽に力を入れている感じでは

なかった。西山鎮の人たちはまだ商業化がこれからなのだという感じがした。

3 東山鎮と西山鎮の漁民が直面する問題

2つの漁村とも太湖の環境保全という政府の政策に大きな影響を受け，変化を余儀なくされた。東山鎮はいち早く養殖に取り組み，収入も安定したが，再び養殖が制限されたために，漁民の二極化が進んだ。養殖池をほかの土地に移して養殖の大規模化を進める専業養殖漁民と，小規模の養殖と漁家楽や出稼ぎにでるなど兼業者になる2つのタイプに分かれる。東山鎮の漁業はこれからも継続していくと思われる。現在でも若い世代が中心となって養殖業を中心とした漁業が行われている。また外地に向かって規模の拡大を進めているため，将来をよく考えている。一方，西山鎮では兼業化が進んでおり，養殖池を外部者に貸し出す者も少なくない。このままでは，漁業に携わる人がいなくなる可能性もゼロではない。若者は都会に出て職に就いており，高齢者が残され，漁業には携わる気配はあまり感じられなかった。

参考文献

英格，陳延貴，矢部光保「中国太湖水質汚染のカニ養殖業に対する影響と課題」『九州大学大学院農学研究院学芸雑誌』第65巻第2号，2010

深川耕治「太湖，巣湖のカニ養殖禁止へ　中国湖の汚染深刻，食の安全危機に」2007年7月10日　http://china.lar.jp/shanhaiganicrisis1.html

VIII　蘇州市西山鎮の2人の若き起業家

五藤優美

西山鎮は，農業や漁業を主な産業とする太湖の典型的な農村である。しかし1990年代以降，工業化や都市化，太湖大橋の開通（1994年）による観光開発の影響を受けて大きな変化が起きている。また，それらの変化に伴って多くの若者が都市へ流出し，農村では人口の高齢化が顕著である。そのようななかで2人の若者が大都市から西山鎮に戻って起業し，農村の新たな道を切り開こうとしている。そこで本稿では，この2人の若者，「呉門碧螺春茶業農業専業合作社」のHXと「西山霊芝仙草園」のCGを紹介する。

1 「呉門碧螺春茶業農業専業合作社」を経営するHX

（1）中国における農業の合作化の歴史と農民専業合作社

現在，中国では農業の現代化を目指して合作化が推進されている。その目的は，農村の余剰労働力を非農民化するとともに，小規模農業を非農業化，合作化によって大規模経営にすることである。

農業の合作化は，歴史的に大きく3つの段階に分けられる[1]。第1段階は，中華人民共和国成立後の土地改革から互助組や集団労働を特徴とする初級，中級合作社に至るまでの時期である。この段階では，土地所有者となった農民が生産合作社を設立すると同時に，農村供銷社を通して生産資材の購入と農産品の販売が行われた。第2段階は，1958年人民公社が農民の生産・消費・教育・政治の管理を行ってから，1982年憲法改定に至るまでである。しかしこのような集団所有制の下では，主体性の欠如，平均主義などの弊害が顕在化し，人民公社は解体を余儀なくされた。第3段階は，人民公社が解体されて個別請負制になり，各種の合作経済組織が並存し，個別経営の農家をどのように市場と結びつけるか議論されて合作社の問題が取り上げられてからである。農業，郷鎮企業，農村金融などさまざまな分野で従来の協同組合原則に則して，近年の農業の効率化・現代化に合わせ新たな取り組みとしての専業合作社が検討された[2]。この背景には，農業の市場化が進む中，農産物の品質や安全性，農業生産の標準化，成長の制約，資金調達などのさまざまな諸問題が出てきたことがある。

そしてこれらの問題に対処するため農家の協同組織づくりが進み，2007年に「農民専業合作社法」が制定され，中国で初めての農民専業合作組織の法律が制定された。そこでは，加入・脱退の自由，民主的管理，利用配当の原則，1人1票の原則が規定されている。また江蘇省では，成員の権利と利益を保護するために2009年「江蘇省農民専業合作社条例」が制定された。この条例は，土地株

式合作社に法的な根拠を与えると同時に、請負経営権の出資方法、余剰分配（農民への配当）の指針などを規定し、成員を対象に農業生産飼料の購入、農業生産作業、農産品の販売、加工、運輸、貯蔵、農地経営、農業技術、情報、基礎施設の建設、物業経営などのサービスを行うことが定められている[3]（農 J59）。合作社は、経営の主体者によって専業の技術協会、専業合作社、社区合作社、竜頭企業（農村の中核企業）、大規模農家、専業戸が主体となったものに分かれる[4]。

(2) 西山鎮黄家塢の「呉門碧螺春茶業農業専業合作社」

西山鎮の合作社は、3つのタイプに大別される。第1は大規模な生産基地を形成するもの。例えば「蔬果専業合作社」は、本山村と香山街墅里社区との合作で、資本金500万、200畝の畑で大規模に野菜と果物を生産し、労力、時間、肥料農薬などの生産コストを削減できる。第2は、個々の農民の投資による株式型合作社。「縹緲生態園」「林屋家園」のように生産と農家楽を合体させた形態で、従来の福利性分配から投資性分配へと向かっている。第3は、販売を中心とした小規模な合作社で、西山鎮では最も多い。

HX（26歳）は上海の大学を卒業後、上海の電子科技で1年、蘇州の茶会社で1年働いた後、故郷に戻って2011年、23歳で合作社を設立した。設立の理由は、週末になると農家楽に訪れる人が多いことや、蘇州の茶会社の社長に勧められたことによる。HXは幼少より両親の農家楽を手伝い、原価2元のヤマモモやビワを5元で売るなど商売に長けていた。合作社は資本金約10万元、従業員は本人と地元の同級生で会計担当の2人である。乾燥オーブンや緑茶を炒める鍋、紅茶をつくる機械などを購入し、年間の純収入は約12万元である。農民と顧客の間の仲介人として碧螺春の茶葉の販売を行う。買い入れの際、顧客の名前・電話番号・住所の名簿を作って値段に不正がないかを確かめる工夫も行っている。設立当初は、自ら自転車で茶葉農家を1軒ずつ回り、徐々に顧客をつけた。現在、参加農家は黄家塢10戸と西沙村25戸で合わせて35戸に増えた。会費はない。

合作社は、農民にとって商品を確実に販売でき

写真1　一星級農民専業合作社の称号（8月8日）

るという安定と安心があり、合作社にとっても手数料3％をとることで安定した経営が可能になる。西山鎮には約50〜60件の合作社がある。鎮政府は、合作社の販売額や活動実績によって星1つ〜星3つの評価ランクを与えており、三星級が1戸、二星級と一星級がそれぞれ3、4戸選ばれているが、HXの合作社も選ばれて「歌月湾」という独自商標が認められた。現在、直面している問題は2つある。販路の拡大と機能の多元化である。HXは各地で主催される出張販売実演に出向いて試飲による顧客獲得に努めている。また毎年30人ほど参加して父の農家楽を訪れる北京茶友会でも宣伝を行い、普及に努めている。

(3) 日本の農業協同組合（JA）と西山鎮の合作社との比較

日本の農業協同組合JA（Japan Agricultural co-operatives）は、組合員の参加と結集を基本に事業活動を行う組織である。農業協同組合法に基づいて農業生産に必要な資材を共同で購入し、農産物を共同で販売をする。また、日常的な生活物資の提供や貯金・貸出などの信用事業、生命・建物・自動車などの共済事業など、幅広い事業を展開している。全農グループ全国農業協同組合連合会は、全国連と都道府県の連合会・中央会から組織され、国民全体に「食料」を供給するという責務を担うとともに、食を通じて消費者に「安全」「安心」を提供するとする[5]（農 J61）。現地での調査を通じて西山鎮の合作社と日本のJAには大きな違いがあることがわかった。JAは農民のほとんどが参加した全国規模の多機能型の組織である

が，西山鎮の合作社は小規模でさまざまな形態がある。現在日本政府は，JA に全国連の解散と地域の特性を生かした農業への転換を求めている。HX が今後効率化や規模化を考えていくにあたって，日本の JA のあり様は参考になるかもしれない。

2 「西山霊芝仙草園」を起業した CG

CG（30歳）は，大学卒業後松下電器で 1 年働いたが，都市での生活があまり好きではなく，給料にも不満があったことから，地元に戻って企業を立ち上げることを決意した。霊芝を選んだのは，霊芝は明代の薬学書『神農本草経』にも「霊芝の味は渋くて苦いが効果は並々ではなく，健康な体を作り人体内の抗病力を培養し，長寿に貴重な栄養食品」と記されているように，古くより「万病を治療する仙草で極めて高い医療価値と栄養価値を備えている」ことがよく知られていること，西山鎮は昔から霊芝の産地として有名であったが，年々産量が減っていて残念だと思っていたこと，地元の霊芝産業を継承して地元のために新たな雇用の機会を増やしたいと思ったからである。

そのために，彼はまず安徽省で 1 年間霊芝の栽培技術を学習して地元で生産を始めたが，後に鎮政府に招聘されて無料で土地をもらい，2011年に「西山霊芝仙草園」を設立した。「西山霊芝仙草園」は，西山鎮の山中に位置しているため工業汚染から遠く離れており，気候も霊芝栽培に合っている。栽培の年間のスケジュールは 3 ～ 4 月までに試験管で霊芝菌をつけた木を栽培する。5 月には移植を開始して土中に植え，9 月に収穫を迎える。仙草園の霊芝は，ムクゲの木を土で覆う栽培技術を取り入れ，野生の霊芝の成長環境で培養を行い，温度や光の照射条件の管理を行う。農薬と化学肥料は使用しておらず，土壌とムクゲの木自身の養分からの成長によるため汚染されていない。霊芝が大きくなり成熟期に入ると，霊芝菌からきわめて小さな卵形生殖細胞すなわち霊芝の種子が発射する。霊芝胞子から毎回 4 ～ 6μ しか取れない霊芝胞子粉もつくる。「蘇之堂」という商標を掲げ，2012年の純収入は30～40万元に達した。投資額は約30万元，年間，菌種約20万元，

写真 2　西山霊芝仙草園の霊芝と CG（8月8日）

胞子粉生産量100斤（50kg）余りから，500～600斤の霊芝を生産する。仙草園には 8 ～ 9 人の従業員がいるが，ほとんどが55歳前後のリストラされた地元の人である。地元に雇用の機会を提供するという方針がここでいかされている。

社長である CG は，毎朝 5 時に起き水を撒き，風を通し，検査と測定で霊芝の状況を確認しており，暇な時間はほとんどない。2014年度には「呉中青春榜様——創新創業好青年」の称号を受け，地元で起業した青年実業家として注目され，地元のニュースや新聞にも取り上げられている。彼には夢がある。無料で試飲を行うなど積極的に宣伝活動を行い，霊芝製品をネット販売して全国各地に迅速に配送できるようにする。そうして霊芝業を少しずつ拡大し，雇用を拡大させ若い人々が都市に出なくても地元で働ける環境をつくる。5 年後には全国に知られるような霊芝園を建て，市民は無料で参観でき，子どもたちは園内で霊芝に関する説明を聞き，今まで見たことのない植物を知ることもできるようにする，という。無論，困難も少なくない。人々の霊芝に対する理解はまだ十分ではないこと，政府は小規模企業に対して明確な援助策をうちだしていないことなどである。しかし，将来は事業を拡大させ，合作社型の会社をつくり，取り引き先を拡大させ，専門販売部をつくりたいと語ってくれた。

「呉門碧螺春茶業農業専業合作社」の HX と「西山霊芝仙草園」の CG の 2 人に共通するのは，地元を活性化したいという意欲があることだ。これが西山鎮の未来の発展へとつながっていくのだと

強く感じた。

注

1）「合作社」『現代中国事典』岩波書店, 1999, p. 135参照。
2）北倉公彦, 孔麗「中華人民共和国農民専業合作社法」『開発論集』第80号, 2007, pp. 147-160参照。
3）中国農業信息網「江蘇省農民専業合作社条例」 http://www.agri.gov.cn/V20/GW/zcfg/nybgz/201004/t20100418_1496933.htm
　　伊藤順一, 包宗順, 倪鏡「中国江蘇省における農地の流動化——土地株式合作制度による取引費用の節減」『農業経済研究』第85巻第4号, 2008
4）李耀武「専門家に聞く農業の合作社はなぜ必要か」『人民中国』2004年5月号　http://www.peoplechina.com.cn/maindoc/html/teji/200405/teji-3.htm
5）JA全農（全国農業協同組合連合会）ホームページ　http://www.zennoh.or.jp/
　　日経ビジネス　安藤毅「農協改革, "急展開"のワケ」 http://business.nikkeibp.co.jp/article/opinion/20140519/264917/?rt=nocnt（2014.5.20）
　　農協組織に関して約700ある地域農協を束ねる全国農業協同組合中央会（JA全中）を頂点とする中央会制度の廃止を提言。農協法に基づき地域農協を指導する権限をなくし, 地域の特性を生かした農業を後押しする考えを鮮明にした。JA全中は農業振興のためのシンクタンクや社団法人などとして再出発するよう促している。

参考文献

神田健策, 李中華, 成田拓未「中国農民専業合作社法制定の背景と意義」『2007年度　日本農業経済学会論文集』, 2007

神田健策, 成田拓未「第2章　中国農民専業合作社法制定の意義と課題」神田健策, 大島一二『中国農業の市場化と農村合作社の展開』筑波書房, 2013, pp. 25-42

一般社団法人　濃山漁村文化協会「岐路に立つ中国農業——日中の農業交流の意義を考える」 http://www.ruralnet.or.jp/syutyo/2010/201008.htm

劉小渓, 秋山邦裕「農民専業合作社の実態と課題——湖南省常徳市を事例として」『鹿児島大学農学部学術報告』第62号, 2012, pp. 23-25

蘇州西山霊芝仙草園「蘇州霊芝」 http://www.97jt.com/lingzhi/

周佳『今日金庭』第三版, 2014年2期（現地でCGより取得）

行動日誌

8月3日(日)
今日は出発日！ 前日夜更かしして荷物を詰めたから朝起きるのがものすごくつらかった……。日本時間で10時半フライトの飛行機で出発。着くまでの間，昨日なんとか作りあげた質問項目を見直そうと思っていたのに爆睡。着地の衝撃で目が覚めた。北京労働関係学院の学生たちと行ったお店のオーナーが，「折角日本から蘇州に来た留学生たちに，お腹一杯蘇州料理を食べてほしい！」と晩御飯を安くしてくれた！ なんていい人。ホテルもとても良い所で，思う存分寝ることができた。(石田)

8月4日(月)
蘇州市中心のホテルを出発し，東山鎮に到着！ 海のように大きな太湖はとてもきれいだった。そして古建築の参観，市場と農家楽の質問会をした。市場のおばちゃんたちも農家楽の家族たちも本当に親切に何でも答えてくれた。緊張してうまく質問ができなかったり，中国語が聞き取れなかったり大苦戦。勉強会に翌日の準備，洗濯をしていたらもう深夜の2時。初日からとても大変だった……。(橋本)

8月5日(火)
午前は農家，午後は楊湾村の村民委員会，紫金庵や彫花楼とあちこちに行った。午後の観光は暑い中だし，"早く"とせかされるし，ゆっくりすることができなくてとても疲れた。自由に観覧できればいいのに～。紫金庵に行くとき，猛将軍の廟会があったので，バスを下りて見に行った。村の人がお金を出し合って管理しているらしくとても驚いた。農家で出してもらうご飯はとてもおいしい。蘇州へ来る前は，甘い味つけだと思ってたけど，甘すぎず辛すぎず，食べやすい！ たくさん食べているので，太らないかが心配！ 笑 (田中)

8月6日(水)
午前は養殖農家に質問する予定が，果物農家や他の人たちも農家楽に来てくれ，急遽4班に分かれて質問することになった。初めは戸惑ったけど，昨日よりは緊張せず，聞き取りのコツもつかめた気がした！ たぶん……(笑) 午後の観光で行った古村は建造物だけじゃなく，そこの区域全体が観光区になっていて，住んでいる人たちの暮らしぶりも見ることができ，勉強になった！ (吉田)

8月7日(木)
午前はお茶の経営部に質問をしに行った。店の人に名前を聞いたら怒られてしまった。ちょっと怖かった(>_<)そのあと，帰ったら農家楽の人達に質問タイム。今日は観光もなく，1日質問していて，とても疲れた。大変だったけど，1日充実した日だった。今日は疲れているから，はやめに寝ようっと!!!!（河出）

8月8日(金)
ついに金庭鎮に上陸！ しかし，調査地が急遽変更になり焦った。でも太湖大橋を見たときは感動した！ 一日に漁民・霊芝・合作社の3つも調査に行った。霊芝は今日決まった場所だったので質問などばたばたして大変だった。そして今日は自分が調べていた合作社の話を聞いた。農家楽を経営している老板の娘さんが合作社を26歳で経営していて，とっても驚いた。あと5年後に自分が社長になれるかと考えると……中国人の仕事に対する意欲を感じた！ （五藤）

8月9日(土)
朝9時から農家楽で農家楽，果樹園，茶園についての質問をした。自分は果樹・茶園について質問した。おばちゃんが横から質問事項を覗いてきて勝手に答えてくれた(笑)。集貿市場は三軒も店舗を回ることができて成長したかなと思った。張哥哥はアウトドア派なのかなと思った。そのあとは茶園の山に登ってすごく疲れた。（大橋）

8月10日(日)
午前中は明月湾古村を訪れた。景色も美しく同じ古村でも東山鎮の古村とは異なる雰囲気を感じることができてよかった。午後からの同里での宿泊先はとても綺麗なホテルで，食事会も行われよい経験になった。食事後は皆で少し散策に出掛けた。散策中に女性陣は旗袍を買っていてうらやましい(笑)。現地研究調査も半分が過ぎ，張哥哥らとの同室生活にも慣れてきたこと，そして自分は夜起きているのが苦手であることに気がついた今日この頃。報告会に向け頑張りたい！ （吉岡）

8月11日(月)
同里の参観2日目。観光バスに乗ったけれど，急発進されて首がガクガクした。あのシートベルトは全然安全じゃないと思う。ガイドさんに連れられて参観を進めると，今まで調べてきた同里之春や囲碁大会，食文化などが沢山出てきて嬉しかった！ 退思園では生きてる計建明さんを見れたので満足。今は中々パワポがまとまらなくて悩んでいる最中。ちゃんと形になるといいなあ。(石田)

8月12日(火)
蘇州市内は山も湖もなく，車どおりも多くていかにも都会。のびのびしていた農村がちょっと恋しい。今日からホテルで缶詰めになって作業。他班の近況を聞いて焦り

だす私たち。みんなで先生の部屋に集まってひたすらパワポと原稿の準備をした。夕飯も食べに行けなかったのでお腹がすいた。明日の朝食バイキングは山盛り食べるぞ！（橋本）

8月13日㈬
今朝は私もルームメイトも朝寝坊をして8時に起きた。というより，人が訪ねてきたのでそれで起きた感じ。最近はご飯を食べに行く以外，ずっと先生の部屋に籠って作業。原稿提出が明日なのにまだ日本語原稿が少ししかできていないからやばい(>_<)。都市に帰ってきてからずっと咳が続いている。車も多いし，やっぱり環境が良くないのかな？　早く治ってほしい。（田中）

8月14日㈭
昨日に引き続き，今日も先生の部屋にこもってパワポと原稿作成……。今日は雨だったのでお昼は外に食べに行かず，ケンタッキーを買い出しに行ってもらった！　久しぶりのケンタッキー美味しかった～!!　原稿，形になってきたかも！　ただ李さんの負担が多すぎて申し訳ない……(T_T)（吉田）

8月15日㈮
明日のシンポジウムのリハーサル！　リハなのに緊張した。中国語の発音が下手すぎて……明日シンポジウムなのに！　やばい(/_;)。それに，シンポジウムの司会もあるから大変！　寝ずに原稿を読む練習しないと間に合わない!!!　明日，無事に発表が終わりますように!!（河出）

8月16日㈯
今日は報告会！　今までみんなで頑張ってきたことを出しきれたと思う!!!　私の中国語はまだ改善点だらけだけれど，こんなに朝から晩まで勉強会をしたり中国語の練習して頑張ることもなかなかできない体験だと思う。頑張れたのもみんなのおかげです！　ありがとう農村班のみんな!!!（五藤）

8月17日㈰
今日は待ちに待った解放日！　本当は上海に行こうと思ったけど，雨が降っていたし，日頃の疲れも溜まっていたので，山塘街と観前街に行って来た。私たちはほとんど農村で生活していたので初めて見るものがたくさんで，自分達が田舎臭く感じた（笑）。山塘街では，船に乗り古い街並みを見た，観前街は現プロの浜江道に似ていて，とても楽しかった！（大橋）

8月18日㈪
2週間の調査，報告会も終わり，ついに帰国の日を迎えた。見送ってもらっている時には寂しくなかったのにバスに乗った途端寂しくなってきた。そして残りの行程もすべて終了し，セントレアで皆と解散した後散策していると，パスポートを置き忘れたらしく都市班の聞き覚えのある大〇君の名前が館内放送で。そんな彼に連絡して自分も船にのって帰宅！　夕飯が楽しみ！　と笑って帰宅したところ自分もパスポート"没有"なことが発覚。幸い船乗り場に置き忘れたらしくすぐに見つかり安心したが最後の最後にアクシデント連発の調査だった。みなさん本当にお疲れ様でした！（吉岡）

東山鎮陸巷古村（8月6日）

第3章

養老・観光から見る蘇州市民の生活

【都市班】

調査地概要

槌岡咲帆・馬場有沙

1 調査目的

都市班は「養老組」と「旅行組」の2つのグループに分かれ，現在経済発展の目覚ましい蘇州市で，市民はどのような影響を受けてきたのか，そしてその今後について調査した。「養老組」は蘇州市の社区コミュニティで老人ホームなどを活用する市民に，また「旅行組」は観光地の1つ歴史文化街区の住民にスポットライトを当て，市民の生活の様子を追う。

調査方法は面接調査を主とする。「養老組」は老人ホームなどの施設関係者，また訪問した一般家庭の方へ，「旅行組」は歴史文化街区の住民へ，あらかじめ用意した質問リストに沿って調査を進めていった。

2 調査地概要

(1) 姑蘇区桂花社区

桂花社区は姑蘇区内の社区の1つである。施設内には安全教育に関する教室，舞踏室，PC完備の図書館などがあり，住民であれば誰でも利用することができる。冷暖房も完備されており，他にも卓球室や仮眠室，食堂など娯楽も充実しており1日を過ごすことができる。障がいをもつ人々への自立支援や子どもたちが勉強するための部屋など，すべての人々が豊かな生活を送るためのサービスが充実している。ここの特色としては百草堂，百草園がある点だ。これら特色あふれるサービスは，社区内に住むお年寄りたちのボランティアによって成り立っている。

(2) 姑蘇区四季晶華社区

四季晶華社区は5階建てのセンターである。だれもが24時間利用可能の共有スペースや点字の本などが置かれた図書室，障がい者のリハビリセンターなどがある。2階は文化ロビーで文化交流や学習支援が行われている。また子どもへの教育支援が充実しているのがここの特色といえる。幼児向けの保育センター，小学生や中学生が通う英会話や絵画教室などがあり，いずれも企業と連携しており有料である。

(3) 蘇州市社会福利総院

相城区に位置する社会福利総院は4億2,800万元（80億4,600万円相当）を投資して建設され，2013年11月に完成したばかりの新しい施設である。敷地面積8万m^2，ベッド総数は1,500床と蘇州市史上最大の広さを持つ。老人福利院，児童福利院，精神病福利院，障がい者福利院の4つのセンターを1つにまとめて管理運営されており，中国でも珍しい施設である。市政府が運営しており，蘇州の養老に対する手厚さの象徴ともいえるだろう。私たちが見学した老人福利院では，病院と介護院の2つに分かれており，医者，看護師，リハビリ専門の医師，資格を持った介護士，ボランティアが働いている。

(4) 工人文化宮

1958年に建設された工人文化宮は2008年にリニューアルされた施設である。多目的ホールや卓球場，映画館など娯楽施設がとても充実しており，利用料金も安い。施設内は大きな公園のようになっており，ベンチや植林があり人々の交流する場となっている。野外にステージがあり，文化芸術発表会などが行われている。

(5) 山塘街

山塘街は東昌門区渡僧橋から西虎丘まで続く全長約3.6kmの中国歴史文化街区である。中国の距離の単位で七里と表すことから「七里山塘」とも呼ばれている。玉涵堂，五人墓などの文化財を残しつつ，街並みは白壁に黒屋根，小さな石橋，特徴的な石畳などから蘇州旧市街の様子がうかがえる仕様となっている。かつての唐代，川のそばにあった山塘街は物資の集積する街であり，清代の乾隆年間では「中国第一街」と称された。

2002年6月から政府主体で実施された観光地化計画により，最東から新民橋までの区間の街並みが修復，保護される。同時に観光用として夜間のライトアップが計画され，赤提灯などが街の通りに設置された。これにより2009年には中国歴史文化名区として選ばれ，現在では多くの観光客が訪れている。

(6) 蘇州中国国際旅游社有限責任公司

蘇州中国国際旅游社有限責任公司は1956年に創立された旅行事業会社である。取扱いは国内旅行から国外旅行までと幅広く，50年来約300万人の観光客がこの企業を利用している。国内外に宿泊施設を運営しており，また80名ほどのスタッフが英語，日本語，ドイツ語他5カ国の言語に対応。その功績が認められ，7年連続で「全国百強国際旅行社」に選ばれている。

(7) 平江路

平江路は山塘街と並ぶ中国歴史文化街区の1つである。最北を拙政園入口，最南を干将東路で引き結んだ全長約1.6kmの一本道である。他の中国歴史文化街区と比べてかなり短く，平江区の住民はよく散歩道として活用している。1229年に作成された蘇州の地図・平江図（平江は宋・元代の蘇州の名称）と最新版の蘇州地図を見比べると，平江路周辺の道路や川がほとんど変化していないことから，よく保存された旧市街であることがわかる。

2002年から2004年にかけて政府が街並みの修復，保護にあたった。「昔通りの修復」を主旨としたプロジェクトを成功させ，2005年に「ユネスコ文化遺産保全のためのアジア退避用遺産賞」を獲得し，2009年には「中国十大歴史文化名区」に選ばれた。

(8) 網師園

滄浪区十全街の南に位置する蘇州古典園林の1つ。世界遺産にも登録されている。かつては南宋時代に引退した官吏が老後を過ごすために造られた私家庭園であり，その当時は「漁隠」という名であった。のちに清代の乾隆年間に別の官吏の手に渡り，その際「晩年は漁師のような穏やかな生活を送りたい」という思いで現在の名称になったといわれる。

網師園の特徴は，世間の目からは隠れるようにしてありながら典雅な気風が漂う点である。面積は5,000m^{2}程度で蘇州園林としてはやや狭いが，東に住居，西に園林を置いた江南地方独特の庭園構造となっている。

I　都市化の進む蘇州における現状と課題

豊田友唯

　1978年の改革開放以後，中国は奇跡的な成長を遂げてきた。近年，蘇州市も著しい経済成長期の中にある。2014年には市内GDPが1兆3,500億元（25兆3,800億円相当）に達し，GDP十大都市の1つとして北京，上海に続く経済都市となった。今日の蘇州に至る要因は2つある。1つに工業化である。その中でも，上海に近い蘇州工業園区は，1994年中国とシンガポールの両政府が音頭をとり開発し，その規模においても中国有数の開発区として知られている。今日もその勢いはとどまることなく，さまざまな外資系企業の参入，市場の更なる拡大など日々進化し続けている。もうひとつの要因が，観光業の発展である。「天に極楽，地に蘇州と杭州あり」といわれる景勝地である蘇州には，宋，元，明，清代を代表する庭園があり，水路が市内を縦横に走っていることから，東洋のベニスと言われている。改革開放以降は，外資の導入により第二次産業が大きく拡大していく中で観光業発展の意識も高まり，政府は積極的な拡大を図った。また中国が保有する文化的な遺産保護の意識が高まり，各地で文化保護活動が盛んになってきた。蘇州市も例外ではなく，2000年以降は，大きく文化保護活動が始まった。

　また蘇州は広東省深圳市に次いで「国内第2の移民都市」となった。省外からの流入人口は，省全体の3分の1にあたる700万人となった。2010年，同市に本籍を置く地元人口と外部流入人口の比率は1.18：1だった。2011年になって総人口は1,250万人を超え，うち地元人口は630万人あまり，流入人口は624万人で，その比率はほぼ1：1になった。そして現在，総人口1,300万人のうち700万人を市外出身者が占め，外部からの転入者が，地元民を超えている。これも蘇州市の工業化，近代化によって見られる都市化の象徴だと考える。ちなみに，国内トップの移民都市深圳市の人口は1,300万人超であり，うち同市に本籍を置く人は250万人あまりで，流入人口が全体の80％を占めている。これも蘇州市の工業化，近代化によって見られる都市化の象徴だと考える。このように，目まぐるしい成長を続ける蘇州で調査をするにあたり，私たち都市班は文化保護活動，養老に焦点をあて調査を行った。

調査結果

　蘇州市は紀元前514年に城壁が築かれたのが始まりで，2500年の歴史をもつ有名な文化都市であり，重要な観光都市である。蘇州市は江南で最も早く開け，春秋時代（紀元前5世紀）には呉の都であった。亜熱帯モンスーン海洋性気候で，四季があり，年間平均温度は17.7度と，年中温暖湿潤である。蘇州市の特産品としては，上海ガニや茶葉，刺繍などが有名である。「水の都」として知られる旧市街には水路が網の目のように張り巡らされ，道路は水路に寄り添い，「小橋・流水・人家」が一体となったユニークな風景が展開している。

　調査では，この歴史ある風景を守るため，蘇州市の有名観光地である平江路と山塘街では政府の徹底した管理が行われていることがわかった。個人で管理している建物である私房と，政府が管理している建物である公房を区別して管理を行っている。公房の修復等は市政府に申請しなければ処罰の対象になるなど，政府の徹底ぶりがうかがえる。また平江路と山塘街が観光地として開発されていったことにより，遊覧船に乗ることで観光客にも「小橋・流水・人家」の文化を感じることができるようになった。

　しかし，政府による管理の元での文化保護活動は良いことばかりではないということも，今回の調査で明らかとなった。以前は自宅の裏を流れる河で洗濯をし，井戸で水を汲み，船に乗り商売をする人がいたが，現在そのような光景を目にすることは無くなった。蘇州市も経済成長に伴うインフラ整備を機に，水道が通り，洗濯機が導入された。井戸に行って水を汲まなくても蛇口をひねれば水が出る。河で洗濯をしなくてもボタン1つでずっと綺麗に洗えるようになった。生活の現代化が進む中で，以前のような生活のための河から，いつしか観光のための河へと変化し，現地の人々の生活から切り離されてしまったのである。ただ，

そのような状況の中で蘇州市民の意識に変化が起こったことも調査で明らかとなった。「水の都・蘇州」というイメージを守るべく河の保全を意識しており，これにより河は以前のように「使うもの」ではなくなり，観光資源として「守るもの」へと形を変えていったことが考えられる。2000年以降から本格的に進められた文化保護活動により，失うものも得るものも多いように思える蘇州だが，私たちが考える以上に蘇州市民は「現在の蘇州」を受け入れ，更なる発展，そして未来への継承に力を入れているように感じた。

次に中国，蘇州における養老についてまとめる。中国における高齢化の問題は，1979年の一人っ子政策による影響から，中国全土で高齢化が進んだ。事前学習で検討した先行研究により，中国の高齢化にはいくつかの特徴があることがわかった。中国は人口約13億人であり，言うまでもなく世界一である。ゆえに，高齢者人口もまた世界一となる。高齢化のスピードも速く，福祉政策の準備ができないまま突入してしまったのが現状である。また，1979年に始まる一人っ子政策は，主に東部，沿岸部で厳格に施行されたため，西部の農村では出生率が高いなど，地域間格差が存在している。

さらには，養老に関する伝統的な考え方が変化しているという点に着目した。現在の中国では「養児防老」（养儿防老）[1]の考え方がなくなりつつある。家族形態が変化し，核家族や独居老人が増加傾向にあるのだ。今回の調査地である蘇州市は，1982年に中国で最も早く高齢化社会に突入した。蘇州市は2004年に蘇州市全体で福祉サービスを提供できるようにするため，町内ごとに高齢者福祉センター，社区ごとに福祉サービスセンターを建設した。2012年の時点では115の地区に建設され，すべての社区に高齢者サービスセンターが建設された。また家庭福祉サービスセンターもすべての村の社区において建設された。私たちが主に調査した姑蘇区は蘇州市の中でも一番人口密度の高い地域で，高齢化問題が特に浮き彫りになっている地域でもある。

では，実際の高齢者の生活はどのようなものなのか。高齢者の日常生活に焦点をあてることで，彼ら彼女らがどのように退職後の生活を営み，介護が必要となった時どのような生活及び介護形態を望んでいるのかを明らかにした。私たちは今回の調査で，蘇州市内にある比較的規模の大きな2つの社区を訪問した。

社区ではさまざまなサービス，活動が提供されている。主なサービス，活動内容は独り身の高齢者への食事提供，就職支援，舞踊教室，手芸教室，蘇州市図書館の分館運営などがある。また，社区が行っているのは，サービスや舞踊教室のような活動だけではないということも調査でわかった。社区には多くのボランティアが集い，公益活動を行っている。社区の居民の15％がボランティアとして登録しており，多くの高齢者もボランティアとして，日々公益活動に専念している。そして私たちは，社区を訪問した際，活動に参加している高齢者から話を聞くことができた。

ある女性は週に数回，社区が開く舞踊教室に友人らと通っている。彼女に今の生活について聞くと，すごく幸せな生活を送っていると笑顔で答えた。公益活動の一環で盆栽教室を行っている高齢者は，活動を始めたきっかけは退職後の生活の楽しみのためであったが，今は自分の技術を多くの人に伝えることができ，人の役に立っていることを実感できて毎日が楽しいと誇らしげに答えた。調査を進めていく中で，社区で1日の大半を過ごす高齢者は多いことがわかった。

では彼らは介護が必要となった時，どのような介護形態を望んでいるのか。社区，そして家庭の訪問で現在の中国の高齢者の考えが明らかとなった。上述したように，現在の中国には伝統的な「養児防老」の考え方がなくなりつつある。その傾向は確かであるようだが，一方で今回の調査を通じて，伝統的な考え方はなお残っているようにも感じた。実際に，高齢の両親と同居する家族に話を聞くと，自分の両親は自分で面倒をみたいという声が多かった。しかし，ある高齢者は，自身が要介護になったら介護施設に入りたいとも話した。子どもに迷惑をかけたくないという理由であった。また，小さな子どもを持つ親の中には自分が年をとったら，子どもには迷惑をかけたくないから子どもとは離れて暮らし，介護が必要となれば

施設にはいることを決めている人も多かった。

今回の調査では社区，家庭を訪問し，生の声を聞くことで，今まであまり明らかとされてこなかった中国の高齢者の生活を確かめることができた。高齢者の生活は，私たちが想像していたものよりずっと充実しているように感じた。また多くの高齢者が自立し，社会的役割を果たしていることに喜びを感じながら生活していることもわかった。そして蘇州市は高齢者が住みやすく，老後に住む場所として移住するお年寄りが増えていることもわかった。そんな蘇州市は，高齢者福祉のモデルとして今後も多くの資金を投入し，福祉サービスの充実を図っていく。

まとめ

現在蘇州が，早いスピードで都市化が進んでいることを実際に現地で感じた。現在世界では人口の半分以上が都市に住んでいるとされている。中国も都市化を加速している最中である。都市化の過程は，経済発展や，経済構造の変化だけでなく，都市の歴史的文化を積み重ね，歴史的文脈を引き継ぐ過程でもあり，都市の多様な文化を融和させ，新しい文化を創り出す過程でもあると考える。蘇州が数千年来創り出してきた文化は，蘇州の内在的品質を向上させ，持続可能な都市づくりを推進する重要な原動力となっていた。都市化の進む蘇州に暮らす人々は，便利な交通や豊かな財産を求めるだけでなく，その文化の保全を意識し始めていた。これは日本にいては知り得なかった事実である。

しかし，都市化が進む蘇州にはいくつかの問題も存在していた。中国は，2025年に60歳以上の高齢者人口が3億人を超えるとみられており，急速な高齢化が進行する一方で，対策が遅れている。1人あたりのGDPは平均して1,000ドル程度の状態であり，さまざまな整備が整う前に高齢化の波が押し寄せるとされている。蘇州市も例外ではない。今後も増え続ける高齢者への対策をさらに強化し，すべての市民が安心して老後を過ごせる都市づくりが重要視されていくと考える。そして，新たなシステムの誕生だけでなく，"虚擬養老"（菅原報告文参照）のような既存のシステムの強化もまた，蘇州市民は必要としているのではないかと考える。

注
1) 老後の世話を受けるため，多くの子どもを産み育てること。

参考文献
労働政策研究・研修機構　http://www.jil.go.jp/foreign/jihou/2014_4/china_03.htm（アクセス日：2014.10.15）

人民中国「特集2　水に映える古い蘇州の街並み」　http://www.peoplechina.com.cn/maindoc/html/teji/200601/newteji-2.htm（アクセス日：2014.10.15）

肥田日出生，大平浩二，西原博之，董光哲「中国における経済発展の原動力となった経済特別区発展の一方向」『明治学院大学産業経済研究所年報』第24号，2007　http://www.meijigakuin.ac.jp/econ/academics/publications/annual/PDF/24-2.pdf（アクセス日：2014.10.15）

II 蘇州市における老後のライフスタイル

馬場有沙

国連では高齢者の人口（65歳以上）が7％以上の社会を高齢化社会と定義づけている。近年経済発展が著しい中国では，高齢化のスピードも速い。65歳以上の人口は，2005年に初めて1億人を突破し，2011年には1億1,883万人に上り，総人口の8.87％に達しており，経済発展途上にともなって高齢化社会に到達している。今後は一人っ子政策の影響から，さらに高齢率が高まると予測される。『中国統計年鑑』2012年版によると，江蘇省は65歳以上が10.8％を占めており，中国全体から見ても高い比率となっている（図1）。

高齢化社会における要請として，医療保障や年金制度，介護サービスなどの社会保障制度の充実を図ることが挙げられる。この調査を通して，①蘇州に住む人々はどのような老後生活を送っているのか，②また蘇州市政府の公的サービスは市民生活にどのように行き届いているのかを明らかにし，日本との比較を踏まえつつ，③蘇州の特色ある社区の機能や浸透など考える。

1　蘇州市社会福祉総院

2013年9月，相城経済開発区に設立された社

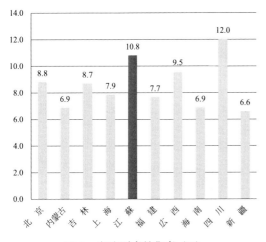

図1　都市別高齢化率（%）

出所：『中国統計年鑑』2012年版より作成。http://www.spc.jst.go.jp/statistics/stats2012/

会福利総院は，総敷地面積6万m²，総建築面積は8.36万m²と広大な広さを誇る。蘇州市社会福利総院は，蘇州市政史上で最大規模の公共サービス施設の建設プロジェクトで，精神疾患，身体障がい，孤児，老人福祉の4センターが1つになった国内唯一の総合施設である。世界的に見ても4つのセンターを統合管理する施設は珍しく，諸外国における介護サービスのノウハウが取り入れられ，日本の大学との共同研究も行っている。

(1) 老人福祉センター

老人福祉センターは，総建築面積1万6,800m²，収容人数450人と，4つのセンターの中で一番の大きさであり，医院，介護センター，娯楽センターの3つに分けられる。医院は，症状・容体に応じてフロアが分けられており，上の階へ上がるほど重症患者が入院生活を送っている。医院では，2時間ごとの巡回で入所者の体調を管理している。医師1人あたり3人の患者を診ており，サービスの手厚さがうかがえた。

リハビリには，担当スタッフが付き，体調がよくなれば介護センターで生活を送るようになる。介護センターも医院同様，上の階ほど要介護度が高くなる。また，お年寄りたちが自分たちのフロアを間違えないように，各階にそれぞれの花や木が飾られている。手すりもさまざまなお年寄りの身長に合わせて，2段階に設置されていた。エレベーターはお年寄りの体を考えてゆっくり動き，車いすやベッドがスムーズに出はいりできる広さがあった。また，日本の設備はとても先進的であり，世界的にも認められているためか，社会福利総院で使われていたエレベーターが日本製であったことからも，日本の介護サービスを広く導入していることがわかった。

日本の介護施設への社会調査を踏まえて，部屋の様子は日本の介護施設とほとんど変わらない。部屋全体が広く感じ，手狭さ（圧迫感）は少ない。娯楽センターでは，お年寄りがゲームやお話，書道などより豊かな生活が送れるような環境が整備されていた。また，お年寄りの方は自らが作成した髪飾りやシルクの造花を所内で販売することができる。この売上の一部は，社会福利総院に還元される。その他，痴呆防止のためのトレーニングから麻雀までさまざまな活動を見ることができた。

(2) 調査結果

4つの施設を一括して管理するという世界的にも珍しい形で運営されている社会福利総院では，多くのボランティアや政府からの資金によって成り立っている。蘇州ではボランティアによる支援が非常に大きいが，ここでもボランティアが活躍していた。自ら進んでボランティア活動を望む人々がとても多く，私たちが見学した日もスタッフのほかにボランティアの方が見えた。そして，設備や器具に不満があれば政府に要求し補充することができ，またボランティアによる寄付もあるため，金銭的な面ではあまり問題点が見つからなかった。この点は，政府が社会福祉に尽力している象徴ととらえることができる。このような施設が政府によって運営されることは，日本ではまず不可能に近いと思われる。日本では，財政的な側面からや土地の所有権に関する問題など，住民の意思以前にさまざまな問題が出てくるだろう。日本では高齢者福祉手当や介護者における手当などが中国に比べ充実しており，公的な施設を設けるのではなく個人一人ひとりに対して補助があるため，個人差が大きい。

この老人福祉センターに入るには，さまざまな条件があるが，今年に入るまでは具体的に決めら

れておらず，「不公平」との声が上がり制定された。①身体に比較的重い障がいがあること，②経済状況が悪いこと，③家族が面倒をみることができないこと，という以上3条件である。また，感染症の患者は入所することができない。①は自分ひとりで生きていけない程度を指す。②は収入が全くなければ国が全額支給する。

　上述の条件が制定される前に入所したお年寄りの中には，条件を満たしていない方もいた。また，なぜ入所したのか尋ねたところ，「家族に迷惑をかけたくないから」という理由が多かった。そのため，ここでの生活は不自由ではないが，寂しいと感じるお年寄りも少なくないという。なお，ここでは娯楽活動が毎日行われており，健康であればほかのセンターへ行くことも可能である。お年寄りの入所期間は大体10～15年であり，期限などはない。

2　家庭訪問

　比較的中流層から上流層の家庭を訪問した。6つの家庭を訪問し，それぞれの家庭における老後の考えや現在の社区の利用や需要を調査した。

（1）家庭A

　父（人民デパート勤務），母（銀行勤務），息子（中学2年生），祖父母の5人で一緒に生活している。現在は4階に住んでいるが，今後，体が不自由になった時のために同じ社区の1階に部屋を購入。祖父母は社区でのサービスとして無料の検査が受けられる。祖父母は健康であった。以前住んでいた土地は60坪ほどであった。

（2）家庭B

　父（医療系勤務），母（幼稚園教諭），息子（高校3年生）の3人家族。訪問時には遊びに来ていた従妹もいた。祖父母は近くのマンションに住んでいる。祖母は社区サービスを利用し，ボランティア活動も行っている。

（3）家庭C

　父（工人文化宮勤務），母（自由職），娘（小学1年生）の3人家族。娘はインターナショナルスクールに通っており，週末に寮から帰ってくる。祖父は足が不自由であるため市内の私立の介護施設で生活している。

（4）家庭D

　父（消防関係の会社経営），母（文化センター），娘，祖父の4人家族。娘は幼稚園から私立に通っており，1年に4万元の学費がかかる。祖父は健康であり，散歩をしたり食事を作ったりしている。また子どもの交通安全のボランティアに参加している。

（5）家庭E

　父（会社員），母，息子（中学1年），祖父母の5人家族。祖父母や子どもは健康診断やスポーツセンター，図書館など社区のサービスを利用している。家族全員でボランティアにも参加しており，一人暮らしのお年寄りの家に掃除をしに行ったり，衛生環境を整えたりしている。

（6）家庭F

　父，母，息子の3人家族。自分たちの老後は老人ホームに入りたいと考えているとのこと。

（7）調査結果

　ほとんどの家庭で共通していたことは，自分たちで介護することを希望するが，難しければ介護サービスを利用するとの意見であった。家庭Dの夫婦は在宅介護を希望しており，家庭でできなければ人を雇うなど，みんなで一緒に生活したいという気持ちがとても強かった。他方で，もし自分が老いたときは，子どもに迷惑をかけたくないので老人ホームに入所するとのことだった。一緒に住んでいない家庭でも，なるべく皆が近くに住んでいて，家族とのつながりを重視する傾向にある。

　そもそも老人ホームなどの施設に入れるという考えがないため，死ぬまで家で介護するという在宅介護を選ぶ意見が多かった。しかし家庭Bでは，祖父母とのある程度の距離が必要と考えており，子どもが小さい時に面倒を見てくれていたから，今は自分たち自身の生活を送ってほしいとの意見もあった。6家庭とも，老後についての心配はないという意見は一致していた。

　逆に「不満や不安なことがあるとすれば何か」という質問に対し，全家庭とも共通して「子どもの将来について」であった。家庭Aでは，教育費は年間100元だけだが，習い事に2,000～3,000元かけており，家庭Cでは，寮に住まわせてインターナショナルスクールに通わせていた。どの家庭

も中心は子どもであり，子どもの学校のために居住する社区を選ぶ家庭もある。このように子どもが大切であるがゆえに，自分の老後は老人ホームに入所することを選ぶ親が多い。また，中年層からみれば，高齢者は昔ながらに在宅介護すべきだという観念が強く，老人ホームに入れることにとても抵抗があるという。

社区の利用について尋ねたところ，マンションに住んでいたり，共働きであると社区でのサービスを利用する時間がなかったり，どのような催し，活動があるのかわからないなどの意見もあった。今の生活が便利で問題がないため，利用する必要がないと考える人も多く，利用するとしても高齢者や子どもばかりであった。

蘇州および中国の生活が，昔に比べ全体的に豊かになってよりよくなっているため，不満が少ない家庭が多かった。ボランティア活動については，子どもたちが通学する際の交通安全のボランティアや独居老人の部屋を掃除したり要望に応えたりするボランティアに参加しており，自主的に参加する人もいれば社区から参加を要請される場合もあることがわかった。家庭Cのように，新しく建てられた高層マンションであるため社区自体がない場合もあった。

まとめ

社会福利総院と6つの家庭を調査し比較した結果，経済状態に大きな違いがあり，また年代によっても介護の概念が違っていたことがわかった。経済的に恵まれていればいるほど，家庭での介護を強く希望しており，また介護施設には入れさせたくないという意見が多かった。逆に経済的に乏しければ，社会福利総院に入ることができたり，国からの支援金が支給されたりする。

今回の調査を通して浮き彫りになったことは，両者に該当しないいわばグレーゾーンの人々の老後のあり方である。国に支援されるほど収入が低いわけではないが，自宅で人を雇って介護する余裕はない。そのような中間層の人々が，実際は人口の多くを占めているのではないだろうか。このような中間層の老後生活のフォローアップ政策として，社区サービスの拡大や医療保険制度の充実

が求められる。民間の介護施設を利用するのも1つの手であるが，全国民がなるべく平等に国からの支援を受けることができるようにする必要があると考える。もし，社区内に社会福利総院のような老人介護施設を建設し，また各社区ごとに医者や看護師がいれば，より便利になり，より多くの家庭が在宅介護を実行できるのではないだろうか。

個人が裕福になるにつれて，社区のニーズが少なくなった。これは公的な補助を受けなくとも自らで介護を行うことができるためであるが，平等性に欠けるのではないのだろうか。現在蘇州では高層マンション[1]の建設ラッシュが続いており，人々の生活がだんだん豊かになってきていることがうかがわれる。こうしたことにより，近所付き合いは減少し，核家族が増加するなど個人が孤立してしまうことが懸念される。「つながり」が減れば，今の日本でも問題視されている孤独死が増え，社区や社会福利総院で見られたようなボランティアも減るのではないだろうか。社区でのつながりがあればこうした問題も未然に防げるのではと考える。

2週間蘇州で生活したくさんのボランティアをさまざまな場面，場所で目にした。介護に関するボランティアだけでなく，観光や教育，すべてのボランティアが今の蘇州を支えているのではないかと思う。「つながり」が減ってしまった日本では，このような光景を見ることが少ないが，中国はこの素晴らしい習慣がなくなってしまわないように努力する必要があると思う。

注
1）高層マンション　高層マンション区内には社区サービスがない。

参考文献
蘇州市社会福利総院　http://www.szsfy.com/
「第2章　「アジア・ダイナミズム」と国際事業ネットワークの形成」　http://www.meti.go.jp/report/tsuhaku2006/2006honbun/html/i2319000.html
『中国統計年鑑』2012年版　http://www.spc.jst.go.jp/statistics/stats2012/

III 社区における高齢者の生活

菅原桃子

　中国は経済の発展，一人っ子政策により少子高齢化が進んでいる。福祉サービスの充実度に関しては中国国内で地域格差があるが，高齢化への対策に近年中国政府は非常に力を入れており，特に経済が発展している都市ではさまざまな新しいサービス事業が試みられている。とりわけ中国特有の社区という，日本の町内会が発展し自治を行うようなコミュニティでは，どういったサービスを提供しているのか，そして社区に住む高齢者はどのような生活を送っているのか調査をした。蘇州市の社区のサービスと活動は非常に特色があり，お年寄りの老後の生活をよりよく過ごすための手助けをしている。私たちは蘇州市の主に姑蘇区を中心として，桂花社区と四季晶華社区に加え，社区に住む家庭で調査した。

1 先行研究

　蘇州市は1982年に中国で最も早く高齢化社会に突入した。高齢化のスピードが速く，福祉政策の準備ができないまま突入してしまい，まだまだ高齢者福祉サービスは十分とはいえない状況である。

　中国ではもともと家族や親戚または近所の人が高齢者の面倒をみるという家庭での介護が伝統であり，現在でも一般的である。しかし少子高齢化により，各家庭の子どもが減り，また女性の社会進出が活発で共働き世帯が多く，高齢者を面倒見ることができる人が少ない現状にあり，中国全体で一人暮らしの高齢者が増加傾向にある。しかし老人ホームに入居するには高額な資金が必要である。さらに，老後を自宅で過ごしたいという思いもあり，高齢者が老人ホームに入居するのはお金があり，子どもに迷惑をかけたくはないという人々に限られてしまうだろう。蘇州市は2004年に"一中心多站"という事業を開始した。町内ごとに高齢者福祉センター，社区ごとに福祉サービスセンターを建設し，蘇州市全体で福祉サービスを提供できるようにするものだ。2012年の時点では115の地区に建設し，すべての社区の高齢者サービスセンターが建設された。家庭福祉サービスセンターもすべての村の社区において建設された。私たちが主に調査した姑蘇区は蘇州市の中でも一番人口密度が高い地域で，高齢化問題が特に浮き彫りになっている地域でもある。60歳以上のお年寄りは約17.7万人，地区の総人口の23.5％である（出典：「城市商報」2013.10.13）。

　姑蘇区桂花社区は新しく建設された地域で，面積は2,000m^{2}あり，家庭サービスセンターで"3＋X"という「3」は社区になくてはならないサービスセンターの3つの機能を指している。1つは社区市民サービスセンターで日常生活の社区サービスを提供する。2つ目に福祉サービスを提供する従業員の育成，3つ目にお年寄りのための毎日の食事の手助けをするサービスなどを指す。「X」は地域での重要な建設の機能にもとづいており，障がい者の快復，青少年へのサービス，勉強やスポーツ，娯楽，ボランティアの養成，就職活動の援助などを含む（出典：「城市商報」2013.10.13）。

2 社区における高齢者へのサービス

(1) 桂花社区と四季晶華社区

　私たちが実際に調査した桂花社区と四季晶華社区において，桂花社区では女性のお年寄りがダンスの教室に参加しており，とても生き生きした様子で仲間と楽しくダンスをしていた。健康面だけでなく精神面でもいい影響をあたえていた。さらに昼食の提供があり，仮眠所もある。ゲーム卓球も無料で利用できる。そして子ども向けのサービス，障がい者支援も行われていた。子どもから大人まで生活の面倒をみてくれる。四季晶華社区は規模が大きく比較的新しい社区で，利用者はもともと農村の人が多く，都市戸籍になった人々が多数である。周辺の施設も整っているため，非常に住みやすく，若年層が多い。四季晶華社区では高齢者が無料で健康診断を受けることができ，ジムも無料で利用できる。さらに卓球場，体育館も利用でき，健康面において大変充実したサービスを利用できる。若年層が多いためか，子どものためのサービスも多く，低価格でコミュニティセンタ

一内の塾で授業を受けることができたり，絵画やスポーツなどさまざまな教室も開かれたりしていた。どちらの社区にも共通してパソコン教室がお年寄り向けに無料で開かれ，インターネットが無料で利用できる。他にも図書館は市と提携しているため，その社区にない本を取り寄せることができる。日本にはないこのような社区のサービスは非常に発達しており，充実していることがわかった。しかし一方でこういった社区のサービスを受けることができるのは，社区に住む人々に限られるため，社区に住むことが前提条件となる。社区に住むにはそれなりにお金も必要になってくる。やはり，このように充実した社区は人気があるため，年々マンションの値段も上がってきている。蘇州市では他にも社区は数多くあるが，社区それぞれが桂花社区や四季晶華社区のようにさらに発展し，新しい社区が増えていくべきだと思う。

(2) 新しいサービス

2007年に蘇州市滄浪区区民政局が中国国内で初めて発表した"虚擬養老"というサービスがある。一人暮らしの高齢者が社区のコミュニティセンターに電話やインターネットを利用して連絡すると，サービス提供者が自宅まで来て介護サービスを受けられるというものだ。私たちが訪問した桂花社区では，社区に住む60代のお年寄りや10代，20代といった若い年齢層の人々が，ボランティア活動として一人暮らしの高齢者の介護を行っていた。そのおかげで高齢者がさまざまなサービスを無料で受けることができる。

"虚擬養老"のサービス内容は，食事の提供，掃除，洗濯，入浴介助，市役所などへ行く際の送迎など幅広くうけつけている。それに加え，24時間利用することができる。この"虚擬養老"は政府が推進しているので，高齢者が安心してサービスを利用できる。そして料金は1時間ごとになっているので高額にならず，利用しやすい。一般的に，一人暮らしの高齢者が家庭での生活を選択した場合は，家政婦を雇う。しかし家政婦の人数は現在不足しており，家政婦の仕事自体負担が大きく，現在，農村から出稼ぎにくる若い女性が担っている。さらに蘇州市だけでなく中国全体で福祉に関する企業が少なく，政府がこういったサービスの充実を図るのが必須である。そもそも中国国民は福祉でお金儲けをするという考え方をせず，ボランティアという考え方のほうが強いため，中国の福祉ビジネス産業は日本に比べると非常に少ない。"虚擬養老"は政府からの多額の投資があって成り立っている部分もあり，さらなる高齢者の増加，利用者の増加にどこまで対応できるのかが課題である。福祉サービスは，持続可能なものでなければならない。加えて，その"虚擬養老"のサービスは介護の資格が必要である。そこで働く人数をどう確保するのかも問題になってくる。

3　考察

蘇州市は発展した都市でありながら，歴史があり，自然保護にも力を入れており，高齢者が住みやすく老後に住む場所として移住するお年寄りが増えている。そんな蘇州市は高齢者福祉のモデルとして多くの資金を投資し，福祉サービスの充実を図っている。

しかし，蘇州市が特に力を入れている虚擬養老自体の知名度は低く，若者はそのサービスがあることすら知らない現状である。さらに，虚擬養老を知っていたとしても，ネットだけの情報で信用できないといった意見も調査によりわかった。わたし個人の意見としては，虚擬養老は素晴らしいサービスであると思う。伝統的な高齢者の家庭での暮らしを守りつつ，お金に余裕がなく，老人ホームや老人アパートに入居できない人々もこのサービスを利用すれば，そういった高齢者の負担は軽減することが可能だろう。そもそも社区というものは日本にはないが，社区で暮らす人々は隣近所の関係をもちつつ助けあいながら生活をしている。中国人は社会貢献，ボランティアに対する意欲が日本人に比べると大きいのではないかと，今回の調査を通じ，たくさんの人々に出会い私が感じた印象である。昔の日本も近所づきあいがあり，助け合いながら生活をしてきた。今では日本の各家庭での近所づきあいは本当に少なくなってしまったように，中国も発展しお金に余裕があり，高級マンションに住む中国人も近所づきあいがうすれてきているのは確かである。中国も日本のように発展していけば，現在の日本と同じように隣近

所の関係が薄れていく。そうすれば，介護を頼るあてのない一人暮らしのお年寄りはさらに増え，日本で問題になっている孤独死が，中国でも大きな問題になってくるだろう。だからこそ，中国人特有の文化を生かして積極的にボランティアをする人々を養成し，近所づきあいを増やし，高齢化対策をしていってほしいと思う。

まとめ

日本だけでなく，中国国内においても蘇州市の社区サービスは非常に魅力的で充実していることが，調査を通じてわかった。社区サービスは自治的なものであり，住民の意見も取り入れられやすく，利点が多い。また桂花社区と四季晶華社区は，新しいサービスを学ぶために訪れる多くの人々の視察を受け入れている。蘇州市では，虚擬養老のサービスをはじめとする社区のさまざまなサービス事業があるが，広い中国国内にはまだまだ日本にはないような新しい試みがあるに違いない。

日本には中国のような社区はないが，似ている町内会という地区の活動がある。町内会は地区を良くするために清掃活動を行ったり，祭りがある地域では子ども会と合同で開催したりしている。しかし，町内会の中で，お年寄りのためのボランティアをすることは，少なくとも，私の住む地域では見受けられず，たとえあったとしても非常に少ない地域だと思う。よって社区から学び，地域活動を充実させることによって高齢者の負担も減らすことができるとも考えられる。

社区という観点では，中国の福祉は発展しているかもしれないが，現段階では日本の福祉サービスのほうが優れているのは事実である。日本では高齢化に対する福祉サービス，そして福祉ビジネスがあふれている。だが，中国の政策実行のスピード，介護技術の進歩は非常に早く，いつしか日本に追いつき，そして超えていくだろう。その福祉事業の充実は中国国民の生活を充実させ，さらなる経済発展へとつながるにちがいない。私は今後も中国の福祉事業の動向をみていきたいと思う。そして日中がお互いに老後を安心して暮らすことができ，助け合いながら発展していってほしい。

参考文献

劉暁梅『中国の改革開放と社会保障』汐文社，2002
王文亮『現代中国の社会と福祉』ミネルヴァ書房，2008
鬼﨑信好，増田雅暢，伊奈川秀和『世界の介護事情』中央法規出版，2002
野口定久『福祉国家の形成・再編と社会福祉政策』中央法規出版，2006
一站式服務居民紛紛"点賛"2014-01-07　http://www.subaonet.com/2014/0107/1267723.shtml
百度「桂花社区」　http://baike.baidu.com/subview/7400435/8520621.htm?fr=aladdin
桂花社区便民服務点　http://tlgh.zzds.fjsq.org/
「桂花社区反映居民生活専題片新鮮出炉」　http://news.qq.com/a/20071123/000270.htm
蘇州滄浪区友新街道　四季晶華社区　http://shequ.139life.com/sijijinghua/
「四季晶華小区的"隣里情"生活」　http://www.zj3000.cn/2011/0514/29293.html
百度「"科普進社区活動"活動後期策計書2」　http://wenku.baidu.com/link?url=yK4TzF7mJ2dZpWr1eoL6t96RwdNqpZ4Zka968M9km9NnGbV0YXZ8yXSGSlHbofZUgTpC3Qyan5yKXOn-GfUIYsyQ4h-FMFV8HiNaKxcfq0G（アクセス日：2014.10.16）

IV　蘇州市の公益事業

秋田　翔

「社区」という概念が日本には無い。中国では「社区」という基層地域組織の中でさまざまな活動が行われている。例えば，NPO（特定非営利活動法人）が行う公益事業もその1つである。公益事業とは，公共利益事業の略称である。中国では改革開放以降，経済の大きな発展に伴い，富裕層はたえず増加した。しかし同時に，貧困層も増加した。蘇州は2014年のGDPが1兆3,500億元と国内第6位に位置する経済成長が著しい都市の1つである。そのように発展著しい蘇州の公益事業は，いかなる状況にあるかを調べ，また日本や他の中国国内の都市にどのような示唆を提示しうるかを現地で調査した。

1　蘇州市の公益事業体制

蘇州市の公益事業の特色のひとつとして，"志愿者"（ボランティア）の参加が非常に多いことである。2013年に蘇州市に登録された，ボラン

ティアの数は，約116万人である。実際に訪問した公益組織のほとんどがボランティアとして活動をしている人であふれていた。もうひとつの特色として，姑蘇区民政局は，2013年に姑蘇区社会組織公益坊管理弁法を施行し，管理スキームと名称表示を統一した。具体的には，「姑蘇公益」の文字が入った統一ロゴを使用することと，XX公益坊という統一字体が使用されることである（XXには地名が入る）[1]。

2　調査結果

(1)　桂花社区

桂花社区は，蘇州市姑蘇区に位置する。敷地面積は約4,000m^2で，5,658人が住む。そのうち20%が定年などを理由に退職した高齢者である。桂花社区では，ボランティアによるさまざまな社区活動とそれら活動を利用する住民のための施設が数多く設置されている。桂花社区の特徴は子どもからお年寄り，障がい者まで同じ施設の中で活動していることである。まず，子どものための活動はボランティアの母親たちによって始められた"蝴蝶媽媽読書会"と，"0〜3歳科学育児倶楽部"という活動がある。前者は，子どもたちが学校のテキストで学べることに加えて，弱者に対する姿勢や将来，社区の活動にどのように参加するのかを教える活動である。後者は，0〜3歳の子どもに対するもののみならず，その母親たちへの支援活動である。胎児の段階から，成長の様子を記録したり，産後の子育て方法についてアドバイスしたりする活動を行っている。4回までは無料で参加できるが，そのあとは有料になるそうだ。

次に，障がい者への支援について述べる。桂花社区では，障がい者が彫刻技術を習得できる講座を設けている。一時的に食べるものを与えるよりも技術を身につけてもらうことのほうが，将来的にその人のためになるという理念からこの活動を始めたそうだ。さらにこの活動は，中国の伝統工芸である彫刻と公益を結びつけたもので，障がい者に支援をするとともに，中国の伝統工芸を守っていくということにもつながっている。作られた彫刻作品は，蘇州の観光地の1つである平江路にあるみやげもの屋で売られている。実際に観光客が買うことで，この活動の効果は一定の成果を上げており，活動を始めた障がい者は，約3カ月で収入が安定しているという調査結果もでているそうだ。

高齢者に対する活動については，桂花社区では高齢者にパソコンの基本的操作方法や舞踊を教えるなど，日本の地域活動でも見られることを行っている。また社区内には，姑蘇区の図書館の分館が設置されており，姑蘇区内のほかの図書館で借りた本なども返却できる。「桂花公益坊」という社区の建物のラウンジスペースでは，社区に住む高齢者が集まってお茶を飲みながら談笑しており，そのために来ているという人もいた。特徴的な活動として百草堂というものがあり，ここでは主に高齢者が主役となって活動している。盆栽や漢方の知識を教えているのだが，その講師が社区内に住む高齢者である。講師を務めるこの方は，退職後に活動を始めており，自分の趣味を生かして活動している。この百草堂には社区の外からも高齢者が学びに来たり，大学生が盆栽の技術を学びに来たりすることもあり，教えている方は，「自分が教えたことを持ち帰って家庭内で役立ててくれれば非常にうれしい」と話してくれた。また百草堂で制作された盆栽の作品は，一般の市場で売買されている値段より安く購入できるため，購入する人も多いそうだ。さらに，売上から盆栽の材料費を除いた利益分は社区内で行われる活動に当てられるため，社区の事業拡大にも貢献している。

さらに，学生に向けインターンシップなどの他に，履歴書の書き方指導や，面接指導といった大学のキャリア支援のような活動に加えて，赤十字によるAEDの使い方や，救命処置の講習を行うなど，さまざまな年齢層や用途に向けて，事業を展開している。

(2)　四季晶華社区

四季晶華社区は蘇州市姑蘇区に位置する。敷地面積は35万m^2で元々存在した6つの社区が1つにまとまって四季晶華社区を構成している。社区内には約15,000人が住んでいる。四季晶華社区の活動は，「隣里情」という建物の中で行われている。住民にとっての第二の家として発展してきた。この建物には，桂花社区と同じように姑蘇区の図書

館の分館が入っている他，健康ジムなど，以下に述べる公益組織のほとんどが1つの建物に入っている。

四季晶華社区は桂花社区に比べ多くの子どもが施設を利用している。近くに有名進学校があるそうでそこに通わせるために引っ越してくる人もいるそうだ。四季晶華社区にも0～3歳の子どもや親に対しての活動をしている。桂花社区との違いは，貧しい家庭に補助があることである。年収が1,600元以下の家庭は活動にかかる費用が全額免除になる（蘇州市の平均賃金が51,657元）[2]。小学生年代の子どもたちを対象にアメリカからの帰国子女の中学生がボランティアで，無料で英語を教える活動もしていた。この他にも有料で外部の業者がネイティブの講師による英会話教室を開いており受講生は自身の趣向に応じた講座を選択できる。

高齢者向けの活動は，健康ジムに医師を招いた健康指導と，運動指導など定期的に行っているほか，子どもたちに手芸教室を設けている。この手芸教室では主に乳児向けの靴や，服，おもちゃなどを作っており，作った物は社区内の乳児に送られる。高齢者がこのように子どもたちと触れ合う機会や手作業を行うことで，孤独感を無くす意味もある。四季晶華社区にも"客庁"（客間）という場所があり，そこでは子どもからお年寄りまでたくさんの人がおり談笑していて社区の人には欠かせない場所になっていた。

(3) 工人文化宮

蘇州市では，社区の中以外の公益活動についても盛んに行われている。工人文化宮は企業などの工場で働く人や工場を退職した人に向けた公益活動が行われているところである。活動資金は国や蘇州市の政府ではなく企業の労働組合から拠出している。工人文化宮は蘇州だけでなく全国に設置されている。

実際に利用している人はほとんどが高齢者であるため，工人文化宮にもお茶を飲みながら談笑する場所があり，たくさんの人が集まっていた。その他にも体育館で卓球やバトミントンをしている高齢者や太極拳などを楽しむ高齢者を見ることができた。また先にあげた体育館では高齢者だけでなく，若者に専属のコーチがついて卓球を指導している様子も見られ，こうした若者に向けた活動も広く行っているようである。また娯楽施設のみならず,再就職に向けたセミナーを開催している。このセミナーは家政婦など高齢者にも取り組みやすい職業の力をつけるために開催されている。受講する高齢者のなかには，再就職をする気はないが，学んだことを家庭で生かしているという方もいた。

この工人文化宮を利用している高齢者の中には「社区での公益サービスは魅力的だが社区だと上から下まで年齢層が広いためコミュニケーションをとることが難しい。」という意見を持った人もいるように，先に述べた2つの社区で行われている事業に意見がある人もいるようだ。

3 考察

今回訪問した社区，施設での調査の結果，いくつかの共通していた点が明らかになった。

1つ目は，公益サービスを利用しているほぼすべての人が概ね満足しているということである。いくら社区や工人文化宮のような施設が公益サービスを住民や市民に提供していても，利用する人が満足できない活動であるならば利用する人も少ないであろう。さらに利用する人が少なければ公益サービスの更なる発展は見込めない，そのため公益サービスを利用する人が満足しているかという点は非常に重要なことである。

2つ目は，高齢化による老人の孤独感を軽減する役割を担っていることである。中国の60歳以上の人口は2010年からの40年間で2倍以上に増えると予測されるように，中国でも高齢化は問題となりつつある[3]。こうした高齢化の問題の中でどのように孤独感を無くし，生きがいを感じながら生活できるような社会を作っていけるかを考えなければいけない。社区や工人文化宮で行われている公益サービスは，高齢者たちにとって生きがいを感じられる生活を提供していると言えるだろう。さらに各社区や施設には高齢者どうしでコミュニケーションを取れる場所，例えば，調査結果にあげたような各談話室のような場所や，トレーニングをしながら話せる健康ジムのような場所が

いくつかあり高齢者の孤独感を軽減している。また各社区，施設の高齢者は蘇州市の公益サービスが充実しているから蘇州市に引っ越してきたと話す人もおり，蘇州市の公益サービスは退職後の生活を営んでいくために，魅力的な都市といえる。このように豊かな老後を提供することで1つ目にあげた満足度ということにも結びついているものと考えられる。

3つ目は，社区や工人文化宮で行われる公益サービスには冒頭にあげたように非常に多くのボランティアが関わっていることがわかった。ボランティアといっても桂花社区の高齢者のように自分にはボランティアという意識はないがボランティアといってもいい活動をしている人もいる。各社区や施設でボランティアをしている人は皆人の役に立つことが嬉しいと思って活動をしている。また公益サービス全般が，ボランティアや公益組織によって行われているため参加費用が無料，もしくはそれに近い価格での提供が行われているということである。そのため収入が低い家庭でも参加することが容易になるため，さまざまな人が利用できることになりこのことも住民の満足度につながるだろう。

これら3つには，住民の満足度が共通している。今のように住民が満足できるサービスを今後，提供し続けていけるかということを挙げたい。現状の蘇州での公益サービスは上述のとおり住民が満足する内容と言えるだろう。しかし今後も現在と同じ水準もしくはそれ以上の水準でサービスを提供し続けないと住民の満足度は下がる一方である。そのため1つの社区だけでなく他の社区や工人文化宮のような公益施設と互いに協力し新たな発展をしていくことが，これからの蘇州の公益サービスの鍵を握っていると考える。

まとめ

蘇州市で行われている公益サービスには多くのボランティアによる活動が関係している。ボランティアがいるからこそ無料，もしくは低価格でサービスを提供できていることに気づいた。ボランティアとして活動している人々と，サービスを利用している人々がお互いに満足をしているため盛んに行われている。また，ボランティアをしている人は，蘇州市の新たな伝統としてボランティア活動を広めていきたいのではないかと感じた。日本では社区という概念がそもそも無いため，まったく同じものを取り入れることは不可能であるが，部分的に導入できる部分もあるのではないかと考えられる。例えば，桂花社区で行われている自分の趣味を，他の人に教え，その利益で事業を発展させるような方法は導入する魅力が感じられる。

先述したように蘇州市に住む住民は公益サービスに満足している，その中でも高齢者に対してのサービスが多い。これから先，高齢化が進んでいく中でこうしたサービスを提供していくことが蘇州だけでなく中国全土，まずは北京や上海といった大都市からの導入が必要だと考えられる。

注
1）蘇州市民生局「姑蘇区推進公益坊品牌化建設」http://www.mzj.suzhou.gov.cn/szmz/infodetail/?infoid=48f5da3a-162e-48ff-95fc-211171e69f2c（アクセス日：2014.12.5）
2）21世紀中国総研『中国都市　市場情報』蒼蒼社，2014
3）大和総研グループ「中国の人口減少の波紋」http://www.dir.co.jp/library/column/110602.html（アクセス日：2014.12.5）

V　蘇州市における歴史文化保護

飯田雅崇

1　調査目的

蘇州市の歴史文化街に対する保護は現在著しく発展している。歴史的建造物の修復，文化財の保護，景観維持など多くの活動が，行政や住民，民間によって行われており，こうした諸活動の成果もあり，蘇州市では今でも昔ながらの景観を見ることができる。しかし，今日の急速な保護活動は，いくつかの社会的課題をもたらしている。今回の調査では保護活動の現状と課題に焦点を当てた。

2　先行研究

蘇州市には，世界的にも定評のある歴史文化的

な名跡が数多く存在する。また中国国内においても蘇州市は，2009年に"中国歴史文化名街"に認定されている（下段にて詳述）。中国では古来より"上有天堂・下有蘇杭"(天上には極楽があり，地上には蘇州，杭州がある）の名言があるように，毎年数多くの旅行者が世界各地から蘇州市へ観光に訪れている。2013年の1年間に，蘇州市を訪れた国内観光客数は9,416万人に上り，前年より9％上昇し，国内観光収入は1,419億元に達する。この数字からもわかるとおり，今日，蘇州の観光業は発達している。それは，蘇州市の長期的な歴史文化名城保護活動ならびに政策の重視と密接に関係している。例えば，行政だけでは数多くの歴史的建築物を管理できないという理由から人々に一部の歴史的建造物に限り店舗，住まいとして提供している。多くが店舗として利用されており，人気のスポットである。また，修復活動・政策により，修復された景観を古都蘇州の新たな観光拠点に開発する取り組みなどが行われている。

歴史文化街（歴史地域）という概念は1960年代にヨーロッパで形成された。第二次世界大戦後，ヨーロッパでは経済が著しい回復を遂げた。しかし，その過程で多くの歴史的な建造物を破壊する行為が行われたのである。当時の一般的な再開発は旧市街を取り壊し，新たな建物をその跡地に建てるという方針であった。その行為は結果として，歴史の環境の破壊そのものであり，都市の歴史文化は街から切り離され，都市の特色も消し去られてしまった。人々は都市の特色を失って初めて，これらが歴史と文化の発展実物の例証であると，意識し始めた。このことがきっかけとなり歴史文化街という概念が形成された。例えば，1962年にフランスで公布された「マルロー法」では，価値ある歴史的な街並みを"歴史保護区"と定め，歴史的に極めて重要な都市における不動産の修復事業を進める制度を規定した。私たちは歴史風貌の構成要素となっている文物旧跡，歴史建築，さらにはいくつか歴史の街を保存する必要がある。なぜなら歴史は人々の財産であり，現代は過去の歴史が積み重なった上に成り立つからである。歴史風貌は私たちにその当時の人々の文化を伝える重要な手段の1つであるからこそ，保存する価値がある。

一方の中国では2008年に施行された「歴史文化名城名鎮名村保護条例」の中で以下のことを規定した。"歴史文化街"とは，経省，自治区，直轄市の人民政府が発表した文化財保存査定の特別な歴史建築が連なり，伝統的な歴史風貌を体現することができる一定規模の区域」としている。中国の文化部，国家文物局の許可を得て，中国新聞社と中国文物新聞社は共同で，2009年から2013年まで5年連続で「中国歴史文化名街」の選定活

表1 「中国歴史文化名街」リスト

第1回：北京市国子監街，山西省平遥県晋中市南通り，アムール川省ハルビン市中央通り，江蘇省蘇州市平江路，安徽省黄山市屯溪老街，福建省福州市三坊七巷，坊山東省青島市八大関，山東省青州市昭徳通り，海南省海口市騎楼街（区）（海口騎楼老街），チベット自治区ラサ市八廓街。
第2回：江蘇省無錫市清名橋歴史文化街，重慶市沙坪壩区磁器口歴史文化街，上海虹口区ドロンノール路文化名人街，江蘇省揚州市東関街，天津市和平区五大道，江蘇省蘇州市山塘街，アムール川省チチハル市昂昂溪羅西アジア通り，北京市煙袋斜街，福建省漳州市歴史文化街（漳州町），福建省泉州市中山路。
第3回：山西省晋中市祁県晋商老街，浙江省杭州市清河坊，安徽省黄山市歙県漁梁街，河南省洛陽市澗西工業遺産街，江蘇省無錫市恵山老街，上海市徐匯区武康路歴史文化人街，広東省潮州市太平街義興甲巷，福建省竜岩市長汀県店頭街，雲南省大理ペー族自治州巍山イ族回族自治県南詔通り，貴州省黔東南州黎平県翹街。
第4回：福建省廈門市中山路，四川瀘州尭坝古街，チベットギャンツェ県加日郊老街，陝西省楡林市米脂古城老街，江蘇省南京市高淳老街，山東省青島小魚山文化名人街，浙江省臨海市紫陽街，吉林省長春市新民大街，広東省深圳中英街，安徽省黄山市休寧県万安老街。
第5回：広東省広州市沙街，上海市静安区陝西北路，河南省濮陽県古十字街，江西省上饒市鉛山県河口明清古街，安徽省宣城市績溪県竜川水街，広東省珠海市斗門町斗門古街，福建省石獅市永寧町永寧老街，広東省梅州市梅県区町通り，江蘇省泰興市黄橋老街，四川省大邑県新場正街。

出所：中国歴史文化街　http://baike.baidu.com/view/35338.htm より作成。

動を行った。選出されたのは(表1)の通りである。

その中で，蘇州市姑蘇区内の山塘街は，第二回で選ばれ「中国歴史文化名街」として認定されている。山塘街には，歴史的な街並みと河川とがあわさった景観が今でも残されており，"水城古街"（水の都）"一街一河"（一つの街一つの河）"小橋流水"（小さな橋と流れる水）といわれるような伝統的な風貌を反映した歴史的景観を楽しむことができる。また，街には歴史的な民家が密集し，その多くには住民が代々暮らしている。彼らは河川で野菜や果物を洗うなど，山塘街では伝統的な習慣を見ることが可能である。

3　調査地概要

山塘街は，蘇州旧市街の中でも昔ながらの水郷の風情が残る地区のひとつである。山塘街の歴史は唐時代に遡る。日本では詩人として名高い白居易が蘇州の知事として赴任まもなく，虎丘に出かけた際，周囲の水路が埋まってしまい一帯の水利が不便になっている様子を眼にした。白居易はすぐさま河川を整備し，灌漑と交通の便が大幅に改善され，一大遊行商業街として発展した。唐の時代以降，山塘街は物資の集積する街となり，清の乾隆年間に描かれた「姑蘇繁華図巻」には「中華第一街」と称された繁栄の様子が見てとれる。多くの文人にも愛され，曹雪斤は「紅楼夢」の中で山塘街を「俗世間で一，二を競う風流にして富貴な土地」と紹介した。乾隆皇帝は，1792年太后の70歳の祝いに北京の皇家庭園「頤和園」の北に山塘街を模して，蘇州街を建造しているほどである。山塘街は七里山塘とも呼ばれ，距離にして3～4km。近年山塘街の東端から新民橋までは観光用に整備され，レストランやクラフトショップが軒を連ねている。

4　山塘街の修復方針

蘇州市政府は山塘街の復活を基盤として観光業の発展を推進した。蘇州市山塘歴史文化保護区の復旧作業指導グループに市長が選ばれると，毎年2回特別会議が開催されるようになり，指導グループのオフィスが設置された。同時に専門家学者が顧問を行い，毎週1回歴史文化保護区についての話し合いが開催されるようになった。創立は山塘発展有限責任会社，山塘歴史文化投資発展有限会社で，主に修復保護と山塘歴史文化街の修復工事を行った。

山塘街の修復工事は「歴史的風貌を持つ景観の保護と維持」を実現するために，この工事は以下の方面を重視した。(1)調査建物の使用性質，建造年代，構造状況などを重点的に調査し，修復保護活動などが必要な場所を示した基礎的な資料作成の提供を行うこと。(2)適切な補景と修景を行うこと。歴史都市地区の保護・修復の鍵は，伝統的な風貌をかもしだす特色ある空間であるため。企画設計においては適切な景観保護と景観整備を重要視した。(3)重点的に行う修復箇所を示した保護方針を決定すること。(4)古い建築物の移転を行うこと。試験段区域を定め，道を改造して建物の解体を行うこととした。これらの方針を守り，保護するだけでなく，貴重な歴史遺物の修復と展示，町の風貌を保証し人々に提供できるよう修復方針が進められた。

山塘街修復インフラプロジェクトは基礎工事と歴史文化遺産の修復と観光環境の整備の3つの分野に分けられる。まず基礎工事では，パイプラインが入り，護岸堤整備，古い町の板石舗装の修復，景観のレイアウトなどが行われた。次に歴史文化遺産の修復では，山塘街に存在するさまざまな歴史文化遺産を修復し多くの歴史文化遺産を建物の劣化から救った。例えば，普福禅寺，陝西会館，桐橋，貝家祠など。最後の観光環境の整備では2013年，山塘街の観光客受け入れ人数は約250万人であり，蘇州市観光客の数の4分の1が，山塘街に訪れているのである。山塘街は蘇州の観光業に大きく貢献し，蘇州にとって重要な観光地の1つである。

5　現状分析

現在，山塘街の住民は景観保護のために，住宅や商店の修復，改築などの景観に関わる一切の措置は行政の許可なしには行うことができない。住宅では，山塘街の建物は老朽化が進み，至る所で問題が発生している。例えば，雨の日は頻繁に雨漏りが起こり，山塘街の住人は苦労している。し

かし，中国の修復活動は行政が主としてトップダウン式で行うため，行政が許可しない限り，住民自らでは修復できないのである。行政は住民たちの行き過ぎた修復，改築により周囲の景観が損なわれるのではないかという懸念から許可をなかなか出そうとしない。商店では，店の看板，外装，内装を白や灰色など落ち着いた色を使用し，周囲の景観を損なわないよう厳しく蘇州政府が指導している。また，商店で販売する商品についても，一部の商品を除き，蘇州の伝統的な工芸品，名産品，蘇州の記念品を販売する店が多い。

以前住民たちの間では，山塘街に流れる河川に生活ごみを捨てていたそうだが，現在では河川にごみを捨てる行為が減ったと，住民たちが話してくれた。住民たちの間で環境保護に対する意識が着実に根付いているのである。現在では，山塘街の街並みは自分たちで守り，維持しなければならないという歴史文化街を保護する責任意識が住民たちの間で形成され，住民たちの理解のもと保護活動が行われている。商店主も住民たちと同様に保護活動に対し理解を示している。山塘街での経営は蘇州政府の厳しい管理下で営業が行われているが，歴史文化街ならではの魅力が存在する。山塘街で営業している商人の話では，山塘街以外にも中国各地に支店が存在するが，年間の売り上げは山塘街のお店が一番よいと話してくれた。

これは，街の保護活動が発展したことにより，観光客が増加したのが要因である。建物や道路，交通手段などを修復・整備したことで以前より観光客が増加したのである。このように保護活動を行うことは，山塘街に住む住民・商人たちにとって大きな影響を生み出しているのである。

6　調査からみえてきたこと

今回の調査では，保護活動の推進が山塘街に大きな影響を与えているということがわかった。その代表的な例として今回，建築物の修繕問題と観光客増加を紹介した。保護活動推進は山塘街に大きな効果をもたらしたが，同時に新たな課題を発生させている。山塘街の魅力は歴史文化街が醸し出す情緒ある雰囲気とそこに住む住民たちが作り出すコミュニティ文化である。しかし，現在は，観光客の増加が山塘街の魅力を脅かす事態となっている。以前の山塘街は現在よりも静かな場所で落ち着いた雰囲気の歴史文化街であった。今日の山塘街は観光地化が進みにぎやかな場所となり，本来の魅力を失いかけている。従来の観光地と歴史文化街の区別をはっきりさせる必要がある。そのためには，政府指導の保護活動のみならず，住民たちの声を積極的に採用した，政府・住民が一体となった保護活動が重要である。建築物の修繕問題では，山塘街の住民は高齢者が多く，高齢化が進む住民たちに対しこのままの制度を保つことは住民たちにとって不便である。また，住宅には段差が多く高齢化が進む近年の社会において，現状と合わない住宅となっている。高齢化が進む中国の中でこの地域も例外ではない。特に山塘街では，仕事を退職して静かな生活を楽しんでいる人たちが多く，保護活動と住民生活の維持をどう並行して行うかが重要である。山塘街の抱える課題は日本社会にも同じことがいえる。つまり，自分たちの身近で起きていない問題に対しても，自身の生活との関連に意識を働かせ，向き合うことができるかが解決への糸口である。

参考文献

中国歴史文化街　http://baike.baidu.com/view/353383.htm（アクセス日：2014.10.17）

世界歴史文化街　http://zhidao.baidu.com/link?url=ylZvRLRDTkb_6uxIgGRBL2PHQcWTIzV-tyfqRqI0qkeSMzf0VtzeEDxWbrSU09tK-lKEBXQ2K-WeUUfTR93TY_（アクセス日：2014.10.17）

山塘街　http://suzhou.cute-site.com/suzhoutown31.html（アクセス日：2014.10.17）

蘇州市旅行局　http://www.visitsz.com（アクセス日：2014.10.17）

蘇州山塘街　http://baike.baidu.com/view/1774639.htm?fr=aladdin（アクセス日：2014.10.17）

Ⅵ　河川をめぐる蘇州市民の生活の変化

槌岡咲帆

近年，蘇州市は著しい経済成長期の中にある。その勢いはとどまることなく，さまざまな外資系企業の参入，市場の更なる拡大など日々進化し続けている。

私はこのような経済発展により，蘇州市民の生活ぶりは少なからず変化を受けただろうと考えた。インフラの整備や一般家庭に家電製品が導入されたことを受けて，蘇州市民の生活水準はここ数年で飛躍的によくなった。その一方で，今までの蘇州独特の民俗が衰退しつつあるという現実も見逃せない。

　本稿では，蘇州市の魅力の一つである運河とそれに密接に関わる蘇州歴史文化街区の住民にスポットを当てて，生活がどのように変化したのか，またその要因について述べていく。

1　歴史文化街区の調査概要

(1)　蘇州の歴史文化街区

　歴史文化街区とは，比較的文化財が多く残されており，さらに歴史的街並みの保存度が高い地域，もしくは地区を指す。第二次世界大戦後，中国では経済発展のために住宅建設が主に進められてきた。そのため古い建築物などが取り壊され，中国の歴史，また中国の特色を感じることのできる風景が激減していった。しかし1962年にフランスで施行された「マルロー法」，1975年に日本で施行された「文化財保存法」をきっかけに，中国が文化財保護への意識を持ち始める。そして2002年，「文物保護法」の成立によって歴史文化街区は法的に保護されるようになった。

　蘇州の歴史文化街区の特徴は，"一河二街"（写真1），"小橋流水"（小さな橋の下を河川が流れているさまのこと）の2つである。元来蘇州は「水の都」と称されており，河川や運河が張り巡らされている地である。総面積8,500km²のうち約43％が水で覆われていることのほかに，北京，杭州を繋ぐ大運河の存在も水郷の名に相応しい要素の1つだ。

　近年では，これを利用した観光事業が盛んに行われているほか，歴史文化街区では夜間のイルミネーションや商業施設を導入し，さらに河川のクルージングは観光客からの注目を集めている。これが蘇州市の経済を支える1つの柱と言っても過言ではないだろう。また，蘇州の歴史文化街区は，観光地域の住民の生活する住宅地域との区分が非常にはっきりしている。住宅地域ではイルミネーションなどの装飾物はなく，また建築物に整備された様子はない（写真2）。この差は比較的顕著である。

(2)　水と蘇州市民

1）山塘街

　山塘街には，観光地域を取り囲むように住宅地域が存在している。私がインタビューを行った住民は，観光地域にぽつんとあったトンネルをくぐり，薄暗い路地を50mほど進んだところに住んでいた。観光地域と違い，明かりも少なく人のざわめきもない。

　今日の経済発展で生活はどのように変化したか，という問いに住民たちは皆「便利になった」と答えた。住宅の周辺には，スーパーや病院，図書館など生活を豊かにする施設が次々と立ち並び，そこへ行くための交通機関もかなり発達した。また2002年6月から始まった「山塘歴史街区保護性修復工程」（山塘街歴史文化街区修復プロジ

写真1　歴史文化街区山塘街の運河と街並み（8月5日）

写真2　歴史文化街区平江路の住居（8月7日）

ェクト）の第2段階でインフラ整備が行われ，家庭には電化製品が導入されるきっかけになった。こうして，山塘街住民の生活水準は劇的に向上していった。しかし住民たちはこうも答えている。「以前のように河川で洗濯をすることはなくなった」，「昔は河川を生活のために使っていた。しかし今では観光のために活用されている」。いつしか河川は住民の生活から消失していき，それに反比例し「水の都蘇州」を演出する道具の1つとして存在感を増している。河川の持つ価値が今と昔では違うと，住民は考えている。

2）平江路

平江路は，河川を線引きにおおよそ右側が観光地域，左側が住宅地域と分けられる。山塘街と比べるとやや賑やかさが劣るが，落ち着きがあり非常にのどかだ。インタビューを受けてくれた住民は，住宅地域に入って5分ほど歩いたところで自転車を修理していた男性と彼の家族だ。山塘街同様に経済発展による生活への影響を尋ねると，こんな答えが返ってきた。「生活はすごく豊かになった。もう河川で洗濯をしなくたって洗濯機がある。自力で火を起こさなくても，ガスで料理ができる」。以前と比べて家事への手間は激減したという。家の中を見せてもらうと，キッチンはガスコンロや水道が完備され，物置ほどのスペースには掃除機の存在があった。しかしその隣に箒や塵取りも置かれている。どちらも必要なものだと男性は語った。

妻は幼いころから平江路で育ってきた現地人だ。彼女は，平江路の観光地化のために政府から立ち退きを迫られ，一時期マンションに住んでいた。しかし昔の生活が恋しくなり，金を払ってまた平江路に住み始めたのだという。「私には新しい生活形式に慣れることができなかった。今は水道が整備されて井戸を使うこともなくなったけれど，昔はそこに人が集まって他愛もない話をしたものだ」と，彼女は懐かしそうに話した。そしてマンション暮らしに慣れている今の若者とは，コミュニケーションが足りないと嘆いた。

3）姑蘇区の一般家庭

姑蘇区は，蘇州国家歴史文化名城保護区に指定されているため，区全域が観光化されている。バス停の屋根は黒瓦（写真3）が葺かれ，橋のそばには必ずと言っていいほど柳の木があり，雰囲気づくりに政府も力を入れているのが見て取れる。姑蘇区で生活する一般家庭訪問にて「経済発展による生活の変化」についてインタビューしたところ，生活の変化よりも心境や意識の変化を強調した答えが多かった。

1日目に訪問した家庭の陳さんは，「交通渋滞や開発計画などで市全体に落ち着きがない」と嘆いた。陳さんは妻と息子，母の4人家族である。前まで通っていた商店が壊され，次々にショッピングセンターやビルが立ち並び，めまぐるしい日々が続いている。常に土木工事の現場を目にする陳さんの母も，このことを不穏に思っているようだ。

2日目に訪問した家庭の沈さんは，「河川を保護していくことは，蘇州市民の当然の義務だ」と話している。沈さんは妻と娘の3人家族である。仕事柄引っ越しが多く，今住んでいるマンションは4軒目だという。近年の経済発展による開発計画で，河川の汚染問題も顕著化し，より蘇州市民の意識が高まっていった。また観光事業の活性化によって，「水の都」という蘇州市のイメージを守っていきたい」と考える市民もいる。これは山塘街の住民インタビュー同様，経済発展によって河川の見方が変化した一例だ。

3 考察

歴史文化街区の住民たちが話した河川，井戸をめぐる生活の変化は経済発展による2つの変化が

写真3　姑蘇区のバス停
（8月6日姑蘇区桂花公園バス停前）

要点となってくる。

1つ目に「生活が現代化していったこと」だ。今や中国国民は中間層が約40％を占めており、世界市場はこのゾーンをターゲットの1つと見ている。数年前とは違い、今や誰もがテレビを見て「いいなあ」と思ったものをインターネットでチェックし、ボタン1つで購入することができるようになった。情報を仕入れて手に入れるまでの作業が、家の中でできてしまうのだ。その恐るべき勢いで広がる現代化の波は、蘇州市民の生活にも確かな影響を与えている。インフラ整備を機に、水道が通り、洗濯機が導入された。井戸に行って水を汲まなくても蛇口をひねれば水が出る。河川で洗濯をしなくてもボタン1つでずっと綺麗に洗えるようになった。その便利さが、井戸や河川が生活から消失していった原因だといえる。

それならば、それらは今どのような役割にあるのか。そこで2つ目のポイントは「観光事業の活性化」だ。現在、経済面で注目されている蘇州だが、元来は歴史文化の集まる場所であり、「観光地」としての知名度はいまだに高い。そして観光客数も年々増加の一途にある。多くの蘇州市民が河川の保全を意識していることは調査で判明したが、その理由には、「水の都蘇州というイメージを守りたい」というものもあった。また観光客が多い姑蘇区には、「河川を汚した場合、罰金を払う」といった制度が設けられている地域もあり、市政府、市民ともに河川を観光資源の大事な一部という意識を持ち始めている。

この2つの変化から、河川は以前のように「使うもの」ではなくなり、観光資源として「守るもの」へと形を変えていったことが考えられる。それはいわゆる昔ながらの慣習、民俗といったものが衰退していき、新しい生活形式が導入されたことで起こった1つの事例であり、他にもこういった点は多くうかがえる。例えば河川を往来する船も、かつては野菜や果物を積み、商人が櫂で家々の裏戸を叩いては街を回るという商売道具であり、また交通手段の1つでもあった。時代が進むにつれてスーパーマーケット、ショッピングセンターが登場し、自動車を多くの人が持つようになり、現在船は運河や街並みを観覧して楽しむためのものへと成り変わっていった。

同時に「河川の変化」こそが「生活の変化」を引き起こしている最大の原因であると考えられる。古来水源のそばに人は集まり、それがひとつの集合体となり村や町を形成していった。そして運河が外の文化や技術、情報を運び、そこはやがて都市へと成長する。蘇州はまさにその典型で生まれた都市であり、河川と生活環境は切っても切れない関係だ。河川がどのような役目を担ったかによって、蘇州市民の生活もまた形を変えていく。そしてその舵を取っているのは、間違いなく蘇州市民自身である。

まとめ

今回、「河川」へと焦点を定めて調査していくことで、経済発展による蘇州市民の生活への影響をより顕著に見ることができた。このように経済発展と反比例し民俗が衰退していくことは、蘇州独特の傾向ではなく、どこの国・地域でも起こり得る事例である。

しかし、蘇州市民が河川の環境保全に比較的敏感である点や、河川のそばで生活する歴史文化街区住民が、昔ながらの生活が失われていっていることに漠然とした不安を感じている点などから、生活から河川という存在が完全に消失しても、結局のところ蘇州市民の心の内から河川が消えることはないのだろう。そのことは、蘇州市民自らが、「蘇州」という場所に誇りを持っていることから推察しうる。

2度目の山塘街の調査でタクシーを利用した際、蘇州市地元民である運転手が次のように話してくれた。「自分たちの育てた木の木陰で子どもたちが休み、その恩恵を感じた子どもたちがまた次の世代の子どもたちのために木を育て続ける。川も同じように、永遠に続いていく文化だ」。彼はタクシー運転手のほかに、蘇州市の治安維持に関わるボランティア活動を行っている。観光客に「蘇州にまた来たい」、「蘇州で生活してみたい」と感じてもらえたら、という思いで参加しているそうだ。また、現在蘇州市民の大半が他の省や市からやってきた外来人だが、そういった人々こそが蘇州の文化や魅力に興味を持ち、理解しようと

いう姿勢を見せていることも語った。

このように蘇州市民は蘇州文化を尊び，継承していこうという意識が強い。それは四季晶華社区で見かけた蘇州編物の編み方を子どもに教える高齢者や，後世の者に美しい河川を見せようと河川の保全事業に協力する市民，苦心して園林の保存に努める人々の姿から十分にうかがえる。

参考文献

大西國太郎・朱自煊編「中国の歴史都市　これからの景観保存と町並みの再生へ」鹿島出版社，2001

中田靖「GDP 二桁成長を続ける蘇州市発展のシナリオ」『日経テクノロジー』2012年1月27日　http://techon.nikkeibp.co.jp/article/INTERVIEW/20120126/203991/（最終アクセス日：2014.10.1）

『蘇州』編委会編『蘇州』当代中国出版社，2012

馬国勝，陳娟「蘇州山塘歴史文化街区保護与発展対策研究」『蘇州教育学院学報』2011年12月

VII　蘇州の文化保護活動の蘇州文化への影響

大澤徳宏

中国は1949年の中華人民共和国が誕生してから，観光業は資本主義的思想によるものという発想が存在し，政府は観光業に対してはタブーと見なしていた。しかし中国政府は改革開放後，「各地区間の経済文化交流を促進し，地方経済を繁栄させ進行する」という経済的な意義を持つものとされるようになった。中国が保有する文化的な遺産の保護の意識が高まり，各地で文化保護活動が盛んになってきた。蘇州市も例外ではなく，2000年以降は，大きく2つの文化保護活動が始まった。2002年に始まる平江路での保護活動「蘇州平江歴史文化街区保護規計」と山塘街での保護活動「山塘歴史文化保護区保護性修復」である。

今回の調査では，2002年以降に始まった蘇州市の文化保護活動によって調査地である蘇州市が持っている蘇州文化はどう影響されたのかについて考察してみたい。

文化保護活動に関していえば，築きあげてきた無形・有形の成果の総体に対して，危険・破壊・困難などが及ばないように守ること。あるいは環境の調整，維持するために必要な援助を行うことと定義する。

1　事前学習

2002年以降始まった蘇州市の文化保護活動がどう蘇州文化へ影響するのかを考察するために，まずは蘇州文化を把握する必要がある。ここでは大きく3つに分けて(1)庭園文化，(2)手工業文化，(3)一街一河と小橋流水，という3つの文化を説明した後，(4)平川路の文化保護活動と，(5)山塘街の文化保護活動を紹介したい。

(1)　庭園文化

蘇州文化の代表的ファクターとしては，庭園が挙げられよう。歴史を振り返ってみると戦争や災害が少なく，また気候に恵まれているため，蘇州は科挙に合格し官吏として働いていた人物の老後の生活場所として選ばれることが多かった。蘇州に数多くの庭園があるのは官吏出身者が老後に建てたためである。蘇州市の代表的な庭園といえば拙政園が挙げられる。拙政園は高級官吏であった王献臣によって建てられたが，賄賂を使って庭園を建てたと噂が流れたことから潘岳が詠んだ「閑居賦」の一説により，「拙者之為政（愚か者が政治を行っている）」という言葉を使い拙政園と呼ばれるようになった。

(2)　手工芸文化

蘇州の手工芸文化は，4700年以上にもさかのぼる。太湖周辺ではすでに蚕を飼い，絹を織っていたため，戦国時代にはこの地域の養蚕業が発達して，主要な産業へと成長していった。そして宋，元，明，清時代には絹の生産を管理する機構として応奉局，織造局，織造府が置かれ絹の生産を独占的に管理した。16世紀から18世紀にかけて蘇州シルクの手工業は急速に発展し，蘇州で生産された絹は国内外に売られるようになった。

蘇州の刺繍は，絹と並ぶほど蘇州文化の宝であり，その技術は2000年以上の歴史がある。蘇州では宋代になると一般家庭ならどこも刺繍をしているようになる。人口が約20,000人であったが，そのうちの8,000人の女性が刺繍業に従事していた。

清代になると，蘇州の刺繍はさらに発展し中国

の四大刺繍の1つに数えられるようになった。現在でも，蘇州周辺の農村では，刺繍は依然として盛んであり，刺繍文化は現代にも受け継がれている。

そして，現代の刺繍製品は，以前のエプロンや枕などの日用品に飾りの刺繍をしたものとは異なり，装飾画へと変化した。

また，蘇州では絹織物や蘇州刺繍以外にも，歴史とともに育んできた美術工芸品がある。それは木や石の彫刻である。精巧な彫刻を家具に施したり，建物の装飾にしたりするのは，中国の伝統である。木彫りや石彫りは明・清時代に中国全土に広がったが，中国の木彫り・石彫りの文化は蘇州で完成した。

(3) 一街一河と小橋流水

蘇州では，北京と杭州を結ぶ隋代に造られた大運河が通るなど，水運がうまく利用されている。運河による水運が街に溶け込んでおり，街の至るところに川が流れており，一つの路地に一つの河が走る"一路一河"という街構造が蘇州の伝統的な風景文化となった。そのため，マルコポーロが江南地方を訪れたときに街を「東洋のベニス」と称したのは，ここ蘇州ことであった。この一路一河の伝統的な風景が現代にも残っているのが，蘇州市の平川路と山塘街である。

平川路と山塘街には両方とも大きな河が街の中心を流れており，街を渡るための小さな橋が設けられ，"小橋流水"と呼ばれている。特徴は，小さな橋であってもそれぞれの橋には名前が付けられていることを意味する。蘇州の街に流れる河に小さな橋がある伝統風景は，庭園文化にも影響しており，拙政園では蘇州の伝統風景を再現するため，小さな小川と橋が庭園内に表現してある。

蘇州では，住民が生活する空間と河が密接に関わっており，蘇州の人は昔から洗濯などを河で行っていた。また家の脇に河が流れているため，商人は小舟に乗り，果物や野菜などの食料品を売る風景も見られるなど，河は住民にとって生活を営む上ではなくてはならない重要な役割を果たしていた。

(4) 平川路の文化保護活動

中国には歴史文化街区と呼ばれる街が24カ所ある。蘇州古城の東北方向に位置する平川路は，1986年に歴史文化保護街区として承認されている。長い歴史の中で近代化が進むにしたがい，建物は変化しているものの，伝統的な建築様式や建物の外観，街に走る一本の河という風景は現在でも存在している。中国国内で文化保護活動が活発になるにつれ，平川路の文化保護活動は2002年に始まり，蘇州市政府，市委員会が平川路の風景保護と環境整備を進めた。伝統風景を保護し，環境の美化を意識し，昔のように段階的に修復することを原則とした。道路の基礎工事をはじめ，街に流れる河の水質改善工事が行われた。

また観光地としての発展を考え，2002年の文化保護活動が開始されてから，平川路には今まで住宅地域であった場所に商店を設けた。住民の立ち退きが政府の指示で行われたが，商店の2階に住民が生活できる空間を与えるなどの対処を行った。このような商店は平川路の風景に合うように外観の統一が進められたのが大きな特徴である。喫茶店などの飲食店では観光客向けというよりは，平川路に住んでいる住民の日常生活の一部になるように考慮して配置されている。

(5) 山塘街の文化保護活動

山塘街は地理的に水陸の交通条件が良いため，貿易や文化の交流地として栄えていた。改革開放後，社会経済の発展が進むにしたがい現代的な生活スタイルと，山塘街での伝統的な生活様式の間にさまざまな問題が発生した。交通問題や家庭構成，居住概念が変化し，経済発展のために街の文化保護活動を行い，街を開発する動きが2002年から始まった。

この文化保護活動では，「景観を保護し，昔のように保護していく」ことを目標に活動が進められた。修復，移築，新築の3点で保護活動を行い，政府だけではなく資金面では企業と共同で出資する多元化投資方式を採用した。

保護活動では，建物の修復以外にも街の石路面の基礎工事，住民や観光客のため街には照明灯を設置し美しい夜景を演出した。また観光客の増加により道路ではごみなどの衛生問題が予想されるため，240mごとにごみ箱を，500m以内には公共トイレを設置した。また蘇州市政府は山塘街を

観光として発展させるため，今まで居住区に住んでいた住民を山塘街の保護区域外に引っ越しさせる政策を施行し，蘇州市の老舗店を商業区に誘致した。こうした一連の保護活動を経て，蘇州市呉中区を訪れる観光客の4分の1の人は山塘街を観光するほどになった。

2 調査方法

今回の中国現地調査では，蘇州市に暮らす住民や旅行会社，社区の利用者，一般家庭，平川路や山塘街の住民や保護区域で商店を営んでいる人などを訪れてインタビュー調査を行った。

インタビュー調査では必ず，「蘇州市の魅力とは何か」「文化保護活動が始まる前と後では生活は変わったか」「蘇州市での生活に満足しているか」という3つの質問を行い，蘇州市で生活する人たちが共通して抱えている蘇州の魅力・文化を確認し，彼らの生活が文化保護活動によってどう変化していったのかを調査した。また実際に平川路や山塘街といった文化保護区に行き，商業地域の様子や，船に乗り文化保護区に住む人々の生活様式を観察した。

3 調査結果

まずは，事前学習の部分で取り上げた蘇州の代表的な3つの文化について解説する。庭園文化に関しては平川路や山塘街には庭園は存在しないため確認することができなかった。しかし，姑蘇区桂花社区を訪問した際，庭園の置物を作る職人に出会った。社区内では，庭園の置物を製作できるように材料を市民に提供するなど社区が手助けしていた。庭園の置物はまさに蘇州の庭園文化，手工芸文化，小橋流水の3つの文化を表現したものである。また姑蘇区桂花社区では体に障がいがある人のために，木彫りの技術を習得させ安定的に就労できるよう手助けする活動があった。姑蘇区桂花社区での調査では，平川路や山塘街のような保護活動ではないにしても，民間レベルでの文化保護活動が蘇州市の住民たちに浸透しているということが発見できた。

次に手工芸文化である。平川路と山塘街では観光地としてブランド力を向上させるために今まで住民が住んでいた地域を一部商業地域に変えた。そのためさまざまな商店を文化保護地域に呼び込むことができた。山塘街内では，姑蘇巧手坊というお店に刺繍靴が置いてあり，蘇州伝統の手工芸文化を確認できた。また，平川路では先ほど説明した社区で作られた庭園の置物や障がい者が作った木彫り等の工芸品が売られていた。蘇州市では手工芸の文化の保護に関して，手工芸の技術を市民に習得させ，就労という形で文化の保護をするだけではなく，文化保護区域で伝統工芸品を販売することで観光客が蘇州文化への認知を高める効果を生んでいる。まさに，民間と政府が一体となった文化保護が行われている。

3つ目の一街一河と小橋流水の文化の保護に関しては，平川路や山塘街では徹底した政府の管理が行われていた。まず私房と公房の区別である。私房とは個人で管理している建物であり，公房は政府が管理しているという建物である。明確に区分されていないが，文化保護区域で景観としてとらえられる住宅の外観は公房で目には見えない内装の部分は私房になっているなど複雑な構成であった。この公房の部分では，修復に関することは私的に行えず，市政府に依頼しなければ処罰対象となってしまう。平川路の住人に聞き取り調査を行った際，シロアリが発生した場合は建物の損害に大きく関わってしまうため政府に頼むことになっている。

また以前は生活空間に河が流れているため船で商売する人がいたが，現在はそういった日常風景は消失してしまった。しかし，平川路と山塘街が観光地として開発されていったことにより，遊覧船に乗ることで観光客にも一街一河の文化を感じることができる。文化保護区に住む住民たちは経済発展の影響で自宅には洗濯機を保有しているものの，掃除用具などの場合は依然として河で洗濯する文化が存在している。遊覧船を利用すれば，そういった伝統的な河を利用した洗濯風景も楽しむことができるようになった。これは文化保護活動として平川路や山塘街が観光業の発展を遂げた功績といえる。

ここで，蘇州市に住んでいる住民たちの蘇州の魅力についての意見をまとめる。インタビュー調

査としては，蘇州の魅力について「蘇州は暮らしやすい街，おだやかで落ち着いた生活ができる点が最も魅力である」という意見が共通としてあった。もちろん，庭園の美しさや工業開発が進み経済が発達していることも魅力だとの回答も多かったが，蘇州の街の雰囲気そのものが蘇州にとって最も根幹となる魅力であるとインタビュー調査で判明した。蘇州の過ごしやすい生活環境が老後の隠居地としての地位を確立させ，多くの官吏出身者を呼び寄せ，彼らが多くの庭園を築き庭園文化を発展させた。さらに，地理的に文化と貿易の中継地点であるため，南北の文化交流の場所として街を発展させ蘇州文化を繁栄させたことで，中国全土では有名となり国内外から多くの人が蘇州へ移り住む文化が定着した。現在もその文化は健在であり，2013年には蘇州市への流入人口は，蘇州市公安局人口管理支隊の調査によれば総人口1,300万人中650人以上あることがわかった。

では，文化保護活動が始まってからどのような影響があったのかという意見についてまとめると，「町がにぎやかになった」と好意的な意見があったものの，実際の文化保護活動が行われた平川路や山塘街の文化保護区の住民にとって観光地として発達させたことにより，自分たちの生活空間に観光客が一層増加してしまった。その結果，蘇州の魅力であったおだやかな生活や落ち着いた街の雰囲気というものは失われてしまった。そもそもこの落ち着いた街の雰囲気というのは，蘇州の長い歴史の中で受け継がれてきたものであり，いわば蘇州の見えない文化である。さらに，商業地域のため住民の立ち退きなど人の移動が政府の指示で行われると，政府からの経済援助を受けマンションなどに移り住み始める市民が現れた。彼らにとって生活のしやすさという面では豊かになったものの，マンションでは隣の人が誰なのかわからず生活する場合が多く今まで存在した近所の人との交流が希薄となってしまった。これは，蘇州市だけではなく世界共通に見られる現象であるが，近所の人とのコミュニケーションという文化は文化保護活動によって間接的ではあるが，破壊されてしまった。

そして今回の調査を通じて蘇州市には，「市民が蘇州の文化を守っていこうとする意識」が根付いていることも発見できた。例えば，平川路の道にはごみが落ちておらず，市の管理者が清掃員を雇い環境保全に努めている。さらに，小舟で河を運行することは河の水質の改善に効果がある。さらに，平川路の街には，いたるところに消防に関するチラシが貼ってあり，防災意識を教育するためのものであった。また流入人口の増加により，蘇州市の治安が悪化したという意見もあったが，タクシードライバーのR氏は街の治安を守るため，地域ボランティアとして仕事を終えてから，街の夜回りパトロールを行っているという。

まとめ

蘇州市は文化保護活動が2002年以降に始まり，もともと文化保護区であった平川区と山塘街では文化保護活動が進められた。蘇州に存在する庭園文化や手工芸文化，一街一河と小橋流水の文化はこの文化保護活動によってただ保護されるだけではなく，蘇州市の経済発展や，蘇州文化の魅力を内外に伝えるということに関しては成功を挙げた。しかし，蘇州で行われた2つの文化保護活動において，手工芸文化や河と街並みの伝統風景という見える文化はしっかりと保護されているものの，蘇州にとって街の根幹に存在する「落ち着いた街，住みやすい街」を実現するための重要な要素である街の静けさと近所に住む隣人との交流という見えない文化は，文化保護活動という名の観光地開発によって保護されるどころか消失してしまっていた。だが，文化保護活動によって蘇州の見えない文化は衰退しかけているものの，一方もともと蘇州に根付いていた「蘇州市民が蘇州の文化を守っていこうとする文化」が，文化保護区の大規模な経済発展化により発生した治安や街の衛生問題の悪化に対して，より一層強化される結果になった。

今回の調査で，蘇州市は政府だけではなく住民も一体になった文化保護活動ではもちろん文化の保護が促進されたが，同時に文化を衰退させてしまう側面があることがわかった。

もちろん，街の落ち着きは経済発展が進むにつれ，徐々に失われていくものではあるが，蘇州市

は将来的に街の落ち着きや静けさなど見えない文化にも配慮して保護活動を進めなければ，蘇州市の魅力が衰退してしまうのではないだろうか。

参考文献
蘇州市金閶区教育文体局『打造歴史文化街区文化旅游精品』中国文化報，2006
蔡夢婷『論歴史文化街区的保護与更新』重慶科技学院学報，2012
周偉明『蘇州山塘街将再現千年文化』中国旅游報，2008
王屹「中国の観光産業におけるコンテンツの役割——映画『狙った恋の落とし方２。』からの考察」Core Ethics, Vol. 9，2013
「特集3　見直される絹と刺繍」　http://www.peoplechina.com.cn/maindoc/html/teji/200601/new-teji-3.htm
「中国伝統の民芸品　江蘇蘇州緙絲」　http://www.chinacrafts.org/jp/Chinese_handicrafts_category/html/10051.html

行動日誌

8月3日(日)
今日から現地研究調査スタート。蘇州すごく暑い。中国の学生と初対面。みんな優しい人たちで安心。明日からの調査都市班頑張ろう!!（飯田）

8月4日(月)
調査初日で社区を訪問。調査前の印象とはかなり異なり、設備の充実度や障がいを持った人に伝統工芸の技術を習得させることに驚いた。また、こういった身近な地域コミュニティでも蘇州の伝統や歴史の保護や継承にかかわっていて、こういう部分は日本にも取り入れたいなと思った。（大澤）

8月5日(火)
昨日に引き続いて午前中は社区の調査を行った。桂花街道とはまた違い、英会話教室などの子どもの教育を助ける施設が設けてあった。午後には蘇州の旅行地の一つ、山塘街へ向かう。旅行客やお店で街はかなり賑やかだった。夜のイルミネーションも魅力的！（菅原）

8月6日(水)
蘇州市社会福利総院へ。想像していたものよりもはるかに広く、施設もとても綺麗で公共の物とは思えなかった。副院長の張さんはすごく親切で真面目な方だった。お昼御飯はとても豪華で美味しくて食べ過ぎたけど（笑）。午後には施設を回って、お年寄りの方と触れ合う時間があった。陳さんという84歳のおばあちゃんが私に〈馬沙〉というあだ名をつけてくれた！　たけちゃんにお願いしてマッサージ師を部屋に呼んだ。20分後桃ちゃんを担当する阿姨が突然"不好意思, 很热！"といってヅラを取ったのには大爆笑だった。その後歩いて新しい場所へ行った。浜江道みたいなところ。迷子になりそうだったけどとてもいい運動になったし、今日こそはよく眠れると思う。（馬場）

8月7日(木)
午前中は平江路へ行った。古い町並みがきれいに残っており、通りを歩いて散策。蘇州名物を食べたり、お土産屋さんを見たりと、とても楽しかった。午後は蘇州博物館へ行き、蘇州の歴史に触れることができ、有意義な1日だった。（豊田）

8月8日(金)
1日調査の予定がなかったが、5日の山塘街の調査補完のため、午後から通訳の方とともに再度訪れた。住宅の集まるエリアではイルミネーションなどは施されていなかったが、風情がありとても落ち着いていた。インタビューを受けてくれた方は本当に親切で、最後には夕飯に誘ってくれるほどだった。いい調査データができてよかった。（槌岡）

8月9日(土)
今日は午前と午後で4軒の家庭にお邪魔した。どの家も考えられないくらいの豪邸で驚いた。フルーツや酸梅湯を出していただき、その日のご飯が食べられないくらいおなかいっぱい。最後に訪問した家庭は日本に旅行に行ったばかりでほうじ茶をだしてくれて久しぶりに日本を感じた。（秋田）

8月10日(日)
昨日に引き続いて2軒の家庭にお邪魔してお話をうかがった。1軒目の家庭では「蘇州は自分の住んでいる街。だからこそ自分たちで守っていく義務がある」と熱く語っておられ、とても感動した。自分も住んでいる街にはこういった強い気持ちを持たねばならないと考えさせられた。午後は何故だか日本関西の大勢力百貨店・泉屋を見学することに。どこもかしこも日本製品で「落ち着く」の一言に尽きる。（飯田）

8月11日(月)
午前中は庭園管理者の方にお話をうかがい、網師園を見学した。あまり広くないけれど小さな橋や鯉のいる池、古い建築物など庭園の良さがぎゅっと凝縮された場所でとても興味深かった。午後には工人文化宮を訪れ、お年寄りに蘇州についていろいろと質問させていただいた。蘇州のお年寄りは考え方がしっかりしている方が多い印象を受ける。（大澤）

8月12日(火)
ある程度の発表構成ができあがったため、原稿とppt作成に取り掛かった。後で合流された加治先生に手伝っていただけたのが一番の救い。加治先生、本当にありがとうございます！　準備に集中しすぎて班員全員の食生活が乱れっぱなしなのは言うまでもない。みんなスナックを片手にパソコンに向かって難しい顔をしている…。（槌岡）

8月13日(水)
準備期間2日目。やっぱりみんなスナック菓子、もしくはパンを片手に作業に没頭している。外の空気が吸いたくて仕方がないが、そんな時間はない。旅行組のほうはppt作成の最終段階に入っているよう。報告会、どうなるんだろうか…。（槌岡）

8月14日(木)

都市班の最大目標の一つに《発表の時間短縮》があったが，意識しすぎて時間が余ってしまう結果に…。藤森先生のおっしゃっていた「準備期間3日間はどれだけ用意周到にしてもパニックになりますよ〜(´▽` )」というアレはこういう意味だったんだなあと今更実感。原稿提出の8時までには間に合ったけど，編集委員の私とありさちゃんはここからが本番。原稿の手直しと表紙作成とでそら恐ろしい夜を過ごした。寿命は3年縮んだと思う ( ∩´∀`)∩ （槌岡）

8月15日㈮
報告会のリハーサル日。誰もいない会場なのに緊張して言葉につまって，本当にちょっと泣きたくなった。部屋に帰って速攻練習して，劉先生に声が小さいと指摘されたので，4階のベランダで半分怒鳴りながら原稿を読んだ。明日，もうどんなふうになっても最後までやり通そう。都市班みんなでがんばろう！（槌岡）

8月16日㈯
今日はとても長く感じた一日だった。報告会も昼食も晩餐会も，なにもかもがぐったりするほどゆっくり進んでいたように思う。その中で都市班は，力を出し切ったことだけはゆるぎない事実だ。また今回の現地研究調査に参加し，あるいは関わったすべての方へ，本当にお疲れ様でした，という言葉をささげたい。（槌岡）

8月17日㈰
午前中は編集委員の仕事をあらかた片づけ，午後にはまた山塘街に来ていた。約2週間の調査中に3回目。何度来ても興味深い観光地だなあとも思う。お土産を買ってライトアップを見てアイスクリームを食べて，3回目にして初めて観光地で観光らしいことをして帰った。夜には本当にお世話になった都市班の中国人アシスタントらと他愛もない話をしたり，写真をみたりして別れを惜しんだ。本当に寂しい。でも，きっとまた会えるはず。（槌岡）

8月18日㈪
帰国の日。いいホテルで過ごせたこと，すばらしいアシスタントたちの協力があったこと，過ごしやすい蘇州というまちで調査できたことに深く感謝し，中国を後にした。今回の現地研究調査では知識や技術とは別に，あらゆる壁を乗り越えることで精神的にも成長できたと思う。（槌岡）

訪問家庭にて（8月9日）

第2部

第16回日中学生国際シンポジウム

Ⅰ 日中学生国際シンポジウム(調査報告会)プログラム

開催日●2014年8月16日㈮

会場●寧波飯店
参加者数●約80名
会場●蘇州市会議中心江南庁
主催●愛知大学現代中国学部,中国労働関係学院
協力●愛知県,一般財団法人霞山会,在上海日本国総領事館,公益社団法人日本中国友好協会,中華全国総工会,蘇州市総工会

9:00	開会	
	来賓紹介	
	愛知大学卒業生紹介	
	歓迎挨拶　李徳斉	中国労働関係学院院長
	主催者挨拶　安部 悟	愛知大学現代中国学部学部長
	来賓祝辞　小崎昌業	霞山会名誉顧問
	彭勇	中華全国総工会中国職業交流中心秘書長
	高慧芹	蘇州市総工会副主席
	学生代表挨拶　白木英香	愛知大学団長
	龍泓宇	中国労働関係学院団長
9:30	農村班実習報告	愛知大学
10:20	農村班実習報告	中国労働関係学院
10:45	休憩	
11:00	都市班実習報告	愛知大学
11:50	都市班実習報告	中国労働関係学院
12:15	お昼休憩(七号楼一階レストラン)	
14:00	企業班実習報告	愛知大学
14:50	企業班実習報告	中国労働関係学院
15:15	総評〈中国側〉李双	中国労働関係学院文化伝播学院院長教授
	〈日本側〉高明潔	愛知大学現代中国学部教授
16:00	グループ討論	
16:30	参加修了証 授与	
17:00	閉会	
	閉会の言葉　唐燕霞	愛知大学現代中国学部中国現地研究実習委員会実施委員長
18:15	会場集合(七号楼三階太湖庁)	
18:30	レセプション開会	
	中国側来賓紹介	
	開会挨拶　安部 悟	愛知大学現代中国学部学部長
	来賓祝辞　高慧芹	蘇州市総工会副主席
	学生代表挨拶	橋本華,飯田雅崇　愛知大学学生代表
		余程瑶　中国労働関係学院学生代表
	乾杯　村瀬栄治	愛知大学同窓会上海支部長
	学生出し物,校旗交換,集合写真撮影	
20:30	閉会	

日中学生国際シンポジウム出席者名簿

（現代中国学部生を除く）

●中国側

彭　勇	中華全国総工会中国職工交流中心秘書長
李徳斉	中国労働関係学院院長
高慧芹	蘇州市総工会副主席
強暁波	蘇州市総工会弁公室副主任
呉万雄	中国労働関係学院外事弁公室主任
李　双	中国労働関係学院文化伝播学院院長, 教授
焦園媛	中国労働関係学院院長弁公室総合信息科
戦　帥	中国労働関係学院団委　副書記
常　爽	中国労働関係学院外事弁公室国際交流科

●日本側

小崎昌業	財団法人霞山会名誉顧問
高井和伸	愛知大学同窓会東京支部長
森　滿	愛知大学同窓会刈谷支部長
村瀬栄治	愛知大学同窓会上海支部長
中山　弘	愛知大学同窓会
嘉村　孝	愛知大学同窓会
小川　悟	愛知大学同窓会
江　南	愛知大学同窓会
相　曽司	愛知大学同窓会
上田有紀	愛知大学同窓会
小林進之輔	愛知大学中国同学会代表幹事
山下輝夫	愛知大学中国同学会担当幹事
納冨義宝	愛知大学中国同学会
千賀新三郎	愛知大学中国同学会
加納靖久	愛知大学孔子学院
川俣周二	愛知大学孔子学院
佐藤憲子	愛知大学孔子学院
冬木裕子	愛知大学孔子学院
長尾ひろ	愛知大学孔子学院
蒋田まゆみ	愛知大学孔子学院
落合由美	愛知大学孔子学院
本多正廣	愛知大学大学院中国研究科
増田喜代三	愛知大学大学院中国研究科
齋藤晃一郎	愛知大学大学院中国研究科

現地指導員

安部　悟	愛知大学現代中国学部学部長
高　明潔	愛知大学現代中国学部教授
唐　燕霞	愛知大学現代中国学部教授
松岡正子	愛知大学現代中国学部教授
劉　乃華	愛知大学現代中国学部教授
加治宏基	愛知大学現代中国学部助教

アシスタント

江亦舟	上海外国語大学科研処職員
楊玉竹	上海外国語大学大学院生
李　穎	上海外国語大学大学院生

●中国学生

龍　泓宇	中国労働関係学院
祝　乾伸	中国労働関係学院
張　濤	中国労働関係学院
博　鈺崗	中国労働関係学院
費　敬一	中国労働関係学院
任　特	中国労働関係学院
趙　晴	中国労働関係学院
張　弘弦	中国労働関係学院
李　美諾	中国労働関係学院
黄　鈺琳	中国労働関係学院
楊　澤鑫	中国労働関係学院
余　程瑶	中国労働関係学院

III 各班発表内容と総評

農村班
太湖的農民和漁民

东山镇组：桥本华　田中绿　石田彩花
　　　　　吉田美波

西山镇组：吉冈侑太郎　五藤优美　河出真希
　　　　　大桥里佳子

目录
　I　调查地点、目的与方法
　II　东山镇的农民和渔民
　III　西山镇的农民和渔民
　IV　总结

I　调查地点、目的与方法

大家好，我们是本次调查团农村班的学生。这次苏州现地实习农村之行，我们的调查范围包括吴中区下属的东山镇和西山镇两地。

此次调查目的：东山镇和西山镇原本同属洞庭镇，坐落于太湖国家重点风景名胜区，均以美景和洞庭碧螺春名闻天下。然而，近年来两地的发展趋势却截然不同。对此，我们想通过此次调查，分别了解两镇各自的发展特色及面临的问题，并尝试分析这一变化及其影响。

东山镇和西山镇的发展各有千秋，虽都盛产碧螺春和各种水果，但是近年来经济发展显示了很多不同之处：首先，从整体规模来看，东山的总生产值是西山的两倍，且产业结构差异明显；不仅如此，人们的纯收入也有差距。另外，两地拥有的旅游资源也迥然不同。东山镇因其历史底蕴深厚，古迹众多，以此为卖点大力发展旅游。而西山岛四面环水，自然生态优美，主打生态旅游这一招牌。

研究方法：此次调查主要采用访谈、实地考察、生活体验三种调查方法。在东山、西山两地，我们分别走访调查了14户和20户当地的农民和渔民。当地村民构成的主体为农民和渔民，我们之所以这样选取调查对象，主要也是基于这点考虑。本次报告中使用的绝大部分图片资料，均是此次调查中，成员亲自拍摄（农J4～农J6）。

东山镇组
东山镇的农民和渔民

桥本华　田中绿　石田彩花　吉田美波

　一、东山镇概况
　二、茶农果农
　三、渔民
　四、旅游开发
　五、高龄化
　六、现状及课题

＊ 口頭報告は中国語で行われたので原文のまま掲載した。またシンポジウム当日に配布された資料中の図表については、153頁以降にまとめて掲載し、その図表番号を併記した。

II 东山镇的农民和渔民

我们此次报告的题目是：东山镇的农民和渔民。这是我们的目录。本次报告分为五个版块，分别是：1．东山镇概况、2．果农茶农、3．渔民、4．旅游开发、5．高龄化。

一、东山镇概况

根据2006年数据显示，东山镇有五万三千常住人口，和约三千左右的外来人口。

本次调查实施范围包括镇中心、三个农村和一个传统渔村。东山镇特色鲜明，最大特色便是毗邻太湖，不仅坐拥了美好的湖光山色，茶叶水果种植也十分发达，尤其是碧螺春久负盛名。此外，东山也盛产被称为"太湖三白"的银鱼、白鱼和白虾等水产品。2008年环太湖大道修成通车，它贯穿了当地主要旅游景点，同时也进一步促进了东山旅游资源的开发。

东山的另一大特色是其悠久的历史文化。自宋元时代起，中原地区的达官显贵就常避乱迁居至此，他们建造了大量亭台楼阁，至今东山仍完整保存着九个明清古建筑群，拥有雨花台、雕花楼等22处文化遗产。除了这些美轮美奂的建筑，一并保留下来的还有中原传来的文化传统。最明显的典例之一是信仰猛将。东山猛将是纪念南宋时抗金名将刘锜。东山镇几乎每村都有一座寺庙，人们在此祈祷风调雨顺，家人平安。建国后历经文革，这一传统曾一度衰退，2000年左右逐步恢复，村民们出资重修了寺庙，并保留了庙会传统。春节期间，几个村子联合起来，人们抬着神轿，从庙里出发，挨个把村子绕个遍。村民们家家户户在门口设桌摆满水果糕点迎接。另外，还可以看到孩子们表演的高难度节目——抬轿，题材多由古典戏剧改编而来。

接下来，我将就东山镇的产业概况进行简要的说明。

图（6）各产业的产值方面，东山镇总产值中，第二产业的比例占一半以上，第三产业约占30%，而第一产业仅占40%。另一方面，从图（7）的各产业从业者比例来看，约80%的人口从事的是第一产业中的渔、农业，从业主为40岁以上人口；另有20%的人口从事第二产业，这部分主要为二三十岁的年轻人，他们在苏州或者集镇的工厂、企业工作。以本次调研对象之一的杨湾村为例，该村40岁以上村民主要务农，而村里的年轻人基本都在镇上的工业区或是苏州工作。

关于第二产业，自2002年在镇的东北部设立了工业区后，镇里的企业都集中迁到这里。这项举措是为了防止工厂造成的环境污染，以保护太湖的生态环境。这也使东山镇获得了全国环境优美镇的美誉。第三产业方面，东山镇作为太湖风景区自古名声远扬，并于2010年获得了中国历史文化名镇的荣誉称号（农J14）。

接下来，由我介绍一下东山镇的就业构造，请看一下图表，不同年龄层有显著的差异。接下来的这张图显示，四十岁以上人口主要从事农业，他们中的大多数在改革开放后，都有过短期打工的经验，部分人现在农闲时也会打短工，或做些小买卖（农J15）。

接下来，这张图反映的是东山集贸市场经营户的情况。这里的经营户多是五六十年代出生，主要靠农业维持生计。她们由于拥有的耕地较少，仅靠这些收入无法生活，为了增加收入，在这里从事蔬菜销售。虽然去工厂打工也是一个选择，但蔬菜销售工作的时间更加自由，因此她们更喜欢在这里工作（农J16）。

请看一下表三。80后及更年轻的一代多数拥有高中及以上学历，并在镇上和苏州工作。不少人还在那里买了自己的房子。只有周末会回到乡下看看父母。年轻人都不愿意继承父业务农，父母自身也不希望子女们务农。将来，随着农村人口老龄化进一步加重，老年人可以通过将自己土地租赁，靠租金收入生活。此外，我们还可以推测，将来土地流转速度会加快，大规模土地的集约生产是未来的趋势所向（农J15）。

二、茶农果农（碧螺春）

1．农户ZX（49）碧螺村

接下来，作为传统茶果农的典例，介绍受访者碧螺村的ZX一家的情况。

ZX家的主要收入来源是碧螺春的种植销售。在他自己开发的5·6亩的土地上，精心种植着上万棵茶树。去年茶叶产量为150斤，最贵的可以卖到1,200元一斤。大部分茶叶和收获的水果都用来销售。ZX家去年的家庭毛收入约10万元，扣除农业成本、子女的教育费，和一些礼尚往来的人情开支等，年纯收入约5万元左右。

这张图反映的是该农户一年的农业活动情况。从该图我们可以知道，该受访者上半年以种茶为主，而下半年的重心则是果树栽培，一年四季都很忙碌。首先，在每年秋天，挑选良品进行剪枝、嫁接。次年春天，移栽至山上的梯田，直到第三年才能长出优质的茶叶。今年采茶最忙的时候，该农户还雇了5位外地女性短工来帮忙。作为茶叶生产最重要的一环，ZX家炒茶也一直是户主自己亲力亲为，每年采茶时节，常常每天要忙到深夜11点，十分辛苦（农J18）。

东山镇的碧螺春栽培主要可分为两类：第一类在山腰梯田中进行规模化种植，另一类在山麓附近零散栽培。前者是清明之前采摘的，由于采摘周期短暂，且产量稀少，因此价格非常昂贵。山脚的茶叶，由于零散种植于果树下，产出的茶叶能沾上芬芳的果香。东山人不仅不砍伐山上生长多年的果树，还精心修剪，嫁接培育，改良果实品种。

受访者ZX的经历在当地60年代出生的人们中很有代表性。他在1989年高中毕业后，曾在当地玩具厂工作了八年，后又跳槽到另一家刺绣厂工作了八年左右。他家世代务农，岳父上了年纪后，希望他继承自己的事业，因此他40岁时辞职开始务农。但受访者自身并不希望自己的子女将来务农，而是希望孩子们将来大学毕业后去大企业工作。主要是出于农业体力劳动繁重，不仅辛苦且收入不高这一方面的考虑。待他年纪大后，无法继续务农，农业将后继无人，而将自己的土地出租给那些种植大户不失为一种方法。而这也将客观上促进当地农业合作化和规模化的进程。

2．东山永财农副产品经营部

接下来我将简单介绍一下东山永财农副产品经营部的一些情况。该受访经营部是一种新型的个体农户发展模式。这种模式不仅从事最基本的水果茶叶栽培，同时也把重心放在产品的推广销售上。XY一家拥有10亩良田，除茶叶之外，还种植了枇杷、杨梅、板栗、白果等。雇佣了约40人从事农产品种植，而他自己则主要负责管理员工，拓宽销售市场。采访中，我们了解到受访者父辈也是农民，种了一辈子茶叶水果。2008年起，他开了这家经营部，实现了种植、加工、销售的流程完整化。经营部发展至今，不仅拥有了自己的品牌，还进行了碧螺春红茶等新产品的开发，以满足日益变化的市场需求。受访的经营者表示，今后将致力于进一步开拓销售市场，扩大规模化生产。

三、渔民（太湖村）

东山镇第一产业的另一个特色是水产养殖。尤其是银鱼、白鱼、白虾的太湖三白以及太湖大闸蟹最为著名。政府于1996年和2008年出台了旨在保护太湖生态环境的政策，并由江苏省太湖渔业管理委员会严格管理。这两项政策的分别出台使东山的渔民受到了很大的影响（农J22）。

东山镇一直以来发展传统渔业，即使在人民公社时期也没有太大变化。1996年政府开始提倡从传统渔业向养殖业的转变，以保护太湖生态环境，并提升渔民收入。但是，由于养殖业的过度扩张，投放的饵料导致水质富营养化，造成了太湖水质污染，2008年起政府限制了养殖面积，每户上限为15亩。并以每亩3,500元的标准给予赔偿。这张图表示的是九十年代起螃蟹养殖面积和产量的变化。由于这些政策的实施，使养殖面积已恢复到1996年以前的水平（农J23）。

这些政策虽然保护了太湖的生态环境，但也客观上导致渔民数量的减少，养殖规模两极分化严重。在这里，我介绍一下太湖村光明组这个典例，就相关情况进行说明。光明组三分之一的养殖水域是大规模养殖，其余三分之二是15亩左右的零散养殖，这些个体养殖户同时也打工。由于东山镇限制了养殖业的规模，如今，不少原来东山的养殖大户们在西山镇和浙江等地也租地养殖（农J22）。

下面我简单介绍一下传统渔业捕捞和养殖的流程。

一直以来，政府规定一到五月为传统的渔业休渔期，并要求渔民每年缴纳4,000元的捕鱼证费用，以限制捕捞规模，维持太湖生态平衡。养殖业虽需四季劳动，全年无休，但收入也相对稳定（农J24）。

接下来，介绍一下太湖村的养殖大户渔民ZL的受访案例。

ZL家原本世世代代捕鱼，1996年在政府鼓励养殖的政策影响下开始了养殖。到2007年为止，其养殖面积已达200亩，年收入近50万。但2008年起，政府开始限制太湖水域的养殖。受这一政策影响，该受访者在获得每亩3,500元的赔偿后，终止了太湖水域的水产养殖，继而转投至浙江，和哥哥重新开始螃蟹养殖。现在租赁了300亩水域，并

雇用了5、6位贵州籍员工。这些工人都是从他在太湖养殖时起，就跟着他一起干的老员工。收成好的年份，受访者的年纯收入可达百万。

如上所述，传统渔业虽然收入有限且不稳定，但却尽量保护着太湖原生态环境。与此相对，养殖业虽然满足了城市的大量消费需求，并给渔民带来了不菲的收入，却也成为太湖环境污染的重要原因。今后如何在保护太湖生态的同时，提高渔民收入已成为急待解决的重要课题。

四、旅游开发

接下来介绍东山镇的特色旅游资源。东山的旅游资源主要可以归纳为三类：太湖自然旅游资源，古村落等历史文化遗产，太湖湖鲜和碧螺春等丰富的农产品。东山人民是如何开发利用自己的旅游资源，这些变化又对人们的生活和思维方式带来了怎样的影响呢？

自1984年被规划为太湖国家重点名胜区后，东山镇的旅游业开始腾飞。特别是在2008年环太湖大道的建成通车，苏州和上海等周边城市的自驾游者慕名前来，也带动了当地农家乐的发展。2010年以后，东山镇又相继被评为国家5A级风景区、国家级历史文化名镇、全国环境优美镇（农J28）。

接下来，我们以本次调研住宿的陆巷村KX一家为例，为大家介绍农家乐的发展现状。这户农家乐坐落在美丽的太湖边，整个村庄被绿树环抱。受访者KX几年前嫁到这里，现在主要是她负责经营这家农家乐。一年前，在朋友的建议下，她投资了约五十万对自家的宅地装修，开办了这家农家乐。

东山的农家乐主要有三大特色。首先，在这里，游客能就近体验采摘茶果的乐趣。不仅如此，客人们还能吃到原汁原味的新鲜当季食材，并同时近距离感受乐趣无穷的农村传统民俗文化。水果收获时节，主要是每年的三月到六月，以及九月到十二月。这期间，大量游客慕名前来，农家乐每天需要接待一百人以上的客人。KX一家原本就是茶叶水果种植户，自家种了枇杷、枣子、杨梅、石榴等等，这些水果不仅销售，也供农家乐客人采摘。加上由于服务热情，价格合理，吸引了不少回头客（农J30）。

政府对农家乐的设立也有着诸多详细规定。比如房屋必须是粉墙黛瓦，且限制在三层以下，厨房需设立两个以上清洁水池，将餐具和食物分开清洗，每层放置两个消防灭火器等。农家乐开业前，镇政府会对经营者进行相关培训。2011年起，政府为了进一步规范农家乐发展，防止过度开发，规定单户建筑面积不得超过135平米。

这里农家乐的第三个特色是，可以零距离体验陆巷村传统的民俗文化。村里不少老人一直生活在此地。我们还能看到他们当年作为嫁妆带来的雕花大床，精美的梳妆台等。这里的老人过完六十大寿后，还有习惯给自己叠元宝，在辞世后的葬礼上使用。

东山政府顺应时节举办各式各样的旅游节，以推介东山旅游产品，打响品牌。同时，也会举办诸如茶叶评比等各种比赛。不过参赛对象以较大的企业及组织为主，个人不能参加，一定程度上限制了其影响力。

五、高龄化

现在的东山镇务农的基本都是40岁以上的农民。年轻人大多拥有高中及以上学历，毕业后倾向于在城市里工作生活，农村的老龄化很严重。对上了年纪的农民来说，面临的最大问题是患重病后高额的医疗费，和养老金等等。

以前，中国城乡间社会保障差距很大。改革开放后，城市实行企业职工基本养老保险和城市居民基本医疗保险。而在农村，由人民公社主导的医疗养老保险制度随着公社解体而瓦解，农民的医疗负担大大增加。因此，政府于2003年实行了新型农村合作医疗保险制度，如今农民大病的自费比例已锐减到30%。同时，在此制度下，农民每月需支付养老和医疗保险两项合计600元左右。2009年新农保的养老保险金被进一步细分成四个等级。但由于现行的社会保障制度仍在过渡期，各地模式也呈现多样化（农J35）。

下面介绍一下，东山镇新农保的实施现状。新农保体系下，医疗保险方面，小病原则上个人承担，大病近几年自费比例为30%左右。养老方面，男性60周岁，女性55周岁起，可以领取最低340元的养老金。但农民须连续缴纳15年以上一定金额的养老保险费。根据东山镇受访者的调查情况，一到四号受访者均已到达领取年龄，每月可以领取至少340元的养老金。其中，一号和二号受访者由于是退役军人，可以获得额外津贴，每月可领取约1,000元左右的养老金。而五号女性受访者虽到达领取年龄，但未按规定交满15年，需在一次性补

齐二万元后，才能领取养老金。

50岁以下农民均已参保，并需按时缴纳保费。缴纳时，有年费7,200元和12,000元两档标准可供选择。根据不同的缴纳标准，农民可获得相应的医疗养老保障：个人大病自费比例最高为30%，个人可领取每年至少4,080元的养老金。今年统一了城乡户口后，农民的养老金也有望随之提高，但提升幅度尚不清楚（农J36）。

六、现状及课题

最后，总结此次调查中观察到的东山镇的现状，以及尚待解决的课题。具体包括农民、渔民、旅游开发、和人口老龄化这四个方面。

通过此次调查，我们了解到东山镇农民主要以零散种植的形式生产茶叶和水果。最近，也出现了农产品经营部和农家乐等新型农业发展模式。现阶段农产品销路仍不稳定，如何进一步增加销售渠道，拓宽市场是农业发展的最大课题。

其次，渔业方面，受08年太湖环境保护政策影响，个体养殖户规模被限制在15亩以下，东山镇的养殖业规模呈现两极分化。一部分通过大量租赁零散养殖池，成功实现规模养殖；另一部分个体户退出养殖行业。

接下来，旅游开发方面，由于文物古迹修缮到位，东山古镇风貌被很好保存，尤其在环太湖大道建成后，对周边城市的游客吸引力进一步增加，东山旅游业的发展也更加顺利。但值得注意的是，我们在调研中也发现，部分私有古建存在保护不力，修缮不到位的现象。

最后，人口老龄化方面，东山镇年轻人如今都离开农村，在大城市工作，东山农村的养老问题形势严峻，完善该地区的养老保险制度可谓迫在眉睫。

以上是东山部分的调查报告，下面有请其他调查团成员介绍西山镇的调研情况。

西山镇组
西山镇的农民和渔民

吉冈侑太郎　五藤优美　河出真希　大桥里佳子

一、西山镇概况
二、黄家堡（农村）
三、震荣村（鱼村）
四、生态旅游
五、农业专业合作社
六、创业

Ⅲ　西山镇的农民和渔民

一、西山镇概况

我们此次西山调查报告的题目是"西山镇的农民和渔民"。目录如下，本次报告分成五个模块，分别是：一、西山镇概况；二、黄家堡农村；三、震荣渔村；四、农业专业合作社；五、青年的创业。

首先，由我整体介绍一下西山镇的概况。西山镇是中国淡水湖泊中最大的岛屿，自然资源丰富，风景秀丽。从前，这里对外往来全靠汽轮。但是在1994年太湖大桥开通以后这一情况发生了极大的改变，旅游也随之迅速发展。西山镇总人口约四万三千人。主要盛产碧螺春和品种繁多的水果，并于2005年被评为国家级现代农业示范区。小岛四面环湖，依山傍水，不仅有美不胜收的自然风景，还完整保留了不少古老的村落，历史悠久。2007年，正式更名为金庭镇（农J40～农J42）。

下面，由我简单介绍一下西山镇的产业概况。2013年的总产值中，第三产业占到整体的70%，近年来，旅游业取得了令人瞩目的发展。与此相对的是，第一产业的产值比例仅有不到10%。

另一方面，从就业人口的产业分布情况来看，西山镇绝大多数人从事的是农渔业的第一产业，尤其以40岁以上人口居多。他们中的大多数只有初中及以下学历，祖祖辈辈种植茶果，或以捕鱼为生。但是，仅靠农业种植和捕鱼的收入，很难维持生计。因此，也有不少人去建筑工地，或是附近的工厂打短工（农J43）。

此外，还有不少人在镇上的东蔡农贸市场销售蔬菜和茶叶。与此相对，年轻人因本地工作机会有限，多数选择了去城里打工，只在周末时回乡。本次调查中，我们采访了东蔡村的东蔡农贸市场。采访中我们了解到，该东蔡农贸市场很多经营户不少都是从90年代后期到2000年之间，开始贩卖蔬菜（农J44）。

同时在采访中，很多受访的经营户表示，当初从事蔬菜销售主要是了增加收入。但是，我们还了解到一个重要信息：镇上的采石厂从90年代中期

开始缩减生产规模，并于2008年正式停产。在此背景下，我们可以推测采石厂里工人的解雇也是销售蔬菜个体户增加的理由之一。经营户以40到60岁的人群为主体，学历多为小学或初中毕业，他们即使想外出打工，也只能从事体力劳动，或其他低收入的工作。因此，在权衡之下，选择个体经营。

旅游业方面，1994年太湖大桥开通以后，岛和城市之间交通便利。随着酒店和农家乐等娱乐休闲设施日益完善，旅游业取得了飞跃式发展，特别是周末及节假日游客络绎不绝。第三产业已成为主要的经济来源。

二、黄家堡（农村）

1．黄家堡的概况

黄家堡有50多户农民，总人口约200余人。其中蒋姓和黄姓人口多为700年前从湖南迁居而来。黄家堡的村民中，40%从事茶叶和水果的种植，40%外出打工，剩下的20%为仍在读书的学生。从事农业和短期打工的主要是1970年前出生的中老年人，80后·90后倾向于在苏州就业。

2．茶农果农

下面介绍黄家堡的果农和茶农的情况，并以此作为西山农村的典例。黄家堡大多是果农和茶农。主要种植碧螺春、枇杷、杨梅等水果。这里的茶叶种植有一大特色，茶农把碧螺春和果树一起种植，使茶叶带上果树香味。碧螺春作为高档绿茶名闻天下。尤以产量稀少的明前茶最为珍贵，常常能卖到1斤1,200元的高价。

请大家看一下表十三。表十三总结了受访的三户茶农果农的信息。1983年人民公社解体时，农民仅分到人均3亩的荒地、几棵树和为数不多的水田。由于仅靠务农无法维持生计，农民一边务农一边打工。例如，黄Z从1980年代到2000年一直在镇上食堂打工。后来，从2001年到2008年在木材厂工作。农民朱某从1980年到1989年的9年间，一直在石灰厂工作。也有不少人像黄Z一样，开垦荒地，扩大碧螺春的种植面积。茶农自己炒茶，并托朋友熟人销售。近年来为了扩大茶叶销售，也成立了一些合作社。零散销售价格便宜，而卖给合作社不仅价格合理，而且销售稳定。得益于合作社的发展，茶叶销售日渐步入正轨（农J50）。

接下来简单介绍专门从事农业的黄某家的情况。

黄某丈夫已经过世，她独自一人务农。表四主要描述了碧螺春一年栽培的流程，以及各种水果收获的时期。通过询问其一年的劳动情况，可以知道农民一年四季都非常忙碌。特别是茶叶收获季节非常忙，夜以继日，需要雇佣两名短工。农忙时，在镇上农家乐打工的女儿和在工厂打工的女婿也会来帮忙。黄家堡的农业人口老龄化严重，农忙时常常需要雇佣从贵州、兰州来的短工。年轻一代大多拥有高中以上的学历，大家都倾向于在苏州等大城市工作生活，只有周末才回乡帮忙。虽然现在黄家堡村民仍以茶农果农为主，但年轻人不愿意种地，父母也不愿意让孩子种地，将来有可能由几个大农户主导，通过租赁零散土地，实现规模化种植茶叶水果（农J51）。

三、震荣村（渔村）

1．渔业发展

刚刚介绍完西山的农业情况，我们再将视线转移到渔业，看看那里的渔民如何应对改革的浪潮，又面临着怎样的问题。太湖现在发展着各种各样的养殖业。不仅养殖淡水珍珠和螃蟹，还养殖被称为太湖三白的白鱼、白虾、银鱼等。螃蟹的养殖开始于1991年。2007年发生了严重的蓝藻污染后，养殖面积有所减少。

以前，西山的渔民过着传统的船上生活。由于他们收入微薄，父母没有经济能力供孩子上学。2004年为了保护太湖水质，政府开始限制捕捞，并给予渔民一定的土地补偿。渔民们第一次盖了房子，开始在陆地上生活。孩子们也能上学了。2008年，在政府提倡下，渔民们进一步减少捕捞，发展养殖业，生活更加稳定。并且每户分到了约15亩的养殖池。比如正荣村的ZY（47）家三十年前的年收入只有一千元，08年才到一万元左右。由于获得了更多的教育机会，渔民的孩子们也拥有高中、中专等文凭，能够在城市就业，自力更生。但如今，渔业从业者和年轻人都不愿意从事渔业，也有不少人将自己分得的15亩养殖池租给外地人。也有很多东山镇的渔民过来租地养殖。西山的养殖业有由外地人主导，实现大规模经营的趋势。

2．渔业的发展

ZY（47）从事捕鱼、养蟹已有七年。除了一月到四月禁渔期以外，五月到十二月捕捞白虾白鱼。捕鱼的时候晚上七点睡，十点起，只睡三小时，一

直捕到早上三点，然后到市场上销售。养殖则从四月起，两天投放一次饲料。养殖户需早上三点起床，一直喂到中午十二点。渔业捕捞，养殖都很辛苦，所以渔民们并不希望自己的子女将来从事渔业（农J54）。

四、生态旅游

1．西山镇的旅游开发

西山镇自1994年太湖大桥开通后发生了巨大的变化。开通前，西山只是太湖中的一座小岛，主要盛产碧螺春和水果。与外界的沟通全靠水路运输。太湖大桥开通后，西山镇与苏州太湖国家旅游度假区共同被开发，旅游业发展迅速。2013年，共迎接了约350万人的游客，为了缓解交通堵塞，并进一步促进旅游业发展，规划中的第二座太湖大桥正在建设中。

西山镇的旅游开发主打生态旅游这一品牌。西山镇已被指定为国家级现代农业示范园区，在大规模的生态农园中，游客可以一年四季体验采摘碧螺春、枇杷、葡萄的乐趣。此外，西山镇建立了绿色农产品的蔬菜生产基地，沿路的各种各样农家乐也像雨后春笋般迅速发展起来。镇政府对于建设农家乐制定了各种各样的规定。比如，房屋外观必须是白墙黑瓦，建筑面积必须100平米以下等等。此外，对厨房和洗手间的卫生条件也作了详细的要求。但是，我们同时也发现，有不少农家乐的经营者并没有遵守这些规定，政府监管力度不够（农J56）。

2．农家乐

西山镇农家乐的最大特色是，可以体验各种农业采摘的乐趣，并吃到原汁原味的当地食材。以受访者XY家为例，该户以49岁的户主为主种植茶叶和水果。同时，在水果收获的时节，也接待来体验农家乐的客人。如今，茶叶和水果的收入占总收入的绝大部分。农家乐的客人们主要是被各种当季水果和新鲜上市的碧螺春吸引而来。客源主要是苏州市区及上海等周边地区，而且很多都是利用周末时间过来的回头客。虽然本地农家乐有不少优势，但也有很多不足之处，比如：提供的住宿主要是由私宅改造，因此部分房屋老旧严重，条件较差等。如何改善农家乐的住宿条件，提高服务水平是今后的重大课题之一（农J57）。

五、农业专业合作社

1．西山镇的合作社

现在西山镇政府致力于发展现代农业，现代农业旨在通过将分散的小农经济集约化·效率化，从而实现大规模的现代农业生产。为此，政府大力推进农业的合作化改革，推广设立合作社。并于2007年制定了《农民专业合作社法》。本次调研重点关注了西山镇分散经营的合作现状，及合作社设立的普及情况，围绕这两点全面展开。

西山镇合作社主要有3个类型。第一类，生产基地型合作社。以本山村和香山街墅里社区联合设立的蔬果专业合作社为典型代表。该合作社投入资金500万人民币，种植规模为200亩。实现了水果蔬菜的规模化生产。通过大规模生产，削减了劳动成本和农药·肥料的费用，从而提高了生产效率增加了收益。第二类，股份制合作社。它将传统的农业生产和农家乐的旅游业相结合，做了有益的尝试。在分配利益时，由传统的福利性分配，转变为投资性分配。

2．吴门碧螺春茶业农业专业合作社

第三类是数量最多的销售型小规模合作社。在这里，我们举隶属于第三类的吴门碧螺春茶业农业专业合作社这一典例，对合作社进行详细的说明。该合作社于2011年成立，参加农户有35户。由26岁的黄女士负责经营，主要业务是在客户和农民间建立起沟通渠道，帮助农民拓展碧螺春销售市场。对农民来说，将产品卖给合作社销路稳定，而对于合作社来说，可以通过收取3％的手续费而实现盈利。但是这种仅有销售职能的合作社，随着农民收入的增加，不能满足农民的需求，可能会淡出市场。为了提高收益、满足日益变化的市场需求，将来的合作社必须提供多样化服务，并逐步实现正规化、企业化。

3．日本的农协JA

这里，我们简单与日本的农协进行对比分析。日本的农协和合作社有很多不同之处，农民基本全部参加，其主要特色之一是服务功能多样化，并且通过共同购买肥料、农药等手段，大大削减了成本。其次，农协还设立了自己专门的银行，农民如果遭遇了自然灾害，或欲扩大农业规模时，可以向农协的银行请求经济支援。

六、青年创业

1．苏州葛家坞生物科技有限公司

接下来介绍一位新型农民的创业。他种植的是可以提高免疫力的西山特产灵芝。2011年设立仙草园公司，并取得苏芝堂这一商标，2012年年纯收入高达30到40万。这位年轻的总经理年仅30岁，叫蔡军峰。大学毕业以后曾在松下电器工作过1年，由于不习惯城市生活和对工资不满意，回到老家西山。西山自古生产灵芝，但近年过度采摘，产量急剧下降，他决定种植灵芝，将家乡这一特产发扬光大。在政府的支持下，他获得了免费的土地，设立了自己的公司，也增加了当地的就业机会。现雇佣的9位职员均为55岁左右的失业人员。2014年蔡军峰获得"吴中青春榜样—创新创业好青年"的荣誉称号。他表示将来会继续扩大企业规模，成立合作社，并开设灵芝专卖店。另外，扩大本地就业，吸引在城里工作的年轻人回乡工作。

从合作社的黄经理和灵芝厂的蔡经理身上，我们可以感受到年轻人立足本地大显身手的热情和理想。他们如今的事业也关乎着西山发展的未来。

七、现状及课题

最后由我总结西山镇的现状及课题，主要从农民、渔民、旅游开发、高龄化等四个方面进行总结。首先，农民面临的问题主要是种植规模零散，农产品价格不稳定，因此收入微薄且不稳定。其次，渔民们以前一直在水上生活，生活很艰苦。2004年政府给渔民土地补偿后，渔民们第一次盖了房子，开始在陆地上生活，孩子也能上学。但现在的渔民和年轻人都不愿意从事渔业，渔业后继无人。第三，旅游业方面，虽然当地政府制定了农家乐的相关规定，但不少经营者并不遵守规定，存在一定程度的过度开发。最后是人口老龄化问题，村里绝大多数是老人和小孩，平均年龄越来越大，人口老龄化严重。养老金和老人的照料日渐成为难题，养老制度的健全完善迫在眉睫。

Ⅳ 总结

最后，由我对此次东山和西山两地的调研报告做整体总结。具体从农民、渔民、旅游开发、高龄化四个方面，概括两地发展现状及面临的共同课题，并简要分析异同和原因。

首先，农民和渔民方面，两地面临的问题较相似。为早日实现农业现代化，两地均通过建立合作社，经营部的方式，在农业规模化、合作化方面做了有益的尝试。其中，西山镇较东山而言，农户规模更零散，但近年来也出现了许多生态农园，绿色蔬菜生产基地，逐渐显示出走向规模化和合作化的趋势。渔业方面，为保护太湖的环境，捕捞养殖被严格限制。受此影响，两地养殖规模呈现两极化，一部分养殖户通过大量租赁零散水域，规模越来越大，另一方面，不少小规模的养殖户租出自己的养殖池，干脆放弃了养殖。

旅游开发方面，两地发展截然不同。东山镇政府对旅游业管理严格，在保护太湖的生态环境的前提下，制定规范细则，以促进农家乐行业发展。但是在西山镇，我们观察到不少经营户并没有遵守规定，存在一定的过度开发现象。这一现象产生，可能与当地政府理念相关：西山镇由于农家乐起步较晚，现阶段政府更加重视发展的速度，因此对农家乐管理相对宽松。

最后是两地人口结构老龄化问题。不仅是中国，今天的日本也面临着这个困局。在本次的两个调查地，无论是农业还是渔业，现在的从业者和年轻人一代都不愿意继续从事农渔业，发展后继无人。农村人口老龄化形势严峻，如何健全养老制度已成为两地共同课题（农 J63，农 J64）。

综上，我们基于两地农村调查的实况，并结合所学知识，进行了简单的对比，并尝试分析了原因，最终汇总成本次调查报告。农村班的报告结束了，谢谢大家！

农村班
苏州市农村产业结构发展特点及原因
——以东山镇、西山镇为例

祝乾坤　张涛　傅钰苘　费敬一

摘要：农村产业结构发展是农村发展新阶段的现实需要，苏州市的农村具有资源、环境方面的优势，也有地域、产业基础等方面的劣势，本文以苏州市东山镇、西山镇为例，基于走访记录数据及政府数据，就苏州农村产业结构发展的现状、特点、存在问题以及原因作分析探讨，以期能对苏州市农村产

业结构发展提出参考。

关键词：苏州市　东山镇　西山镇　农村产业结构发展

　　苏州地处长江三角洲中部，东接上海、西望南京、北临长江、南抱太湖，区位优势明显，自古物华天宝，是著名的鱼米之乡，同时也是改革开放的排头兵，乡镇企业的发祥地，是全国发展最快、最具活力的地区之一。苏州从上世纪八十年代开始，紧紧围绕农村经济体制改革这一目标，首先进行了乡镇企业的民营化改革，创造了乡镇企业超常规、跳跃式的发展速度，打造了闻名全国的"苏南模式"；进入新世纪以来，苏州又按照统筹城乡发展的要求，坚持"三农"与"三化"（工业化、城市化、国际化）互动并进，全面深化农村改革，整体推进现代农业发展，扎实推进新农村建设步伐，加快构建城乡一体化发展新格局，形成了农业稳定发展、农民持续增收、农村繁荣和谐的态势。2009年，在国际金融危机严重冲击的大背景下，人均国内生产总值超过1.1万美元；城镇居民人均可支配收入26,320元，农民人均纯收入12,987元；5个县级市全部进入全国百强前十位[1]。本文以苏州市的东山镇、西山镇为切口，探索江苏地区经济发展的模式。

　　产业结构是一定历史条件与特定环境的产物，它总是随着科技进步和生产社会化程度的提高、社会分工和市场经济的深化而不断演变。世界各国的产业结构演变呈现出产业结构的中心按第一产业（农、林、牧、渔业）、第二产业（采矿业，制造业，电力、燃气及水的生产和供应业，建筑业）、第三产业（一、二产业外的其他行业）的顺序转移的一般趋势。具体说来就是，第一产业产值占GDP比重存在不断下降的趋势；第二产业产值占GDP比重则首先是迅速增长，然后趋于稳定；服务业增加值占GDP比重则趋于不断增长。

　　而对于苏州市的东山镇来说，第一产业主要为种植业、渔业；第二产业为制造业；第三产业为住宿和餐饮业、批发和零售业，以旅游度假、休闲观光为主。西山镇第一产业主要为种植业、渔业；基本未发展第二产业；第三产业与东山镇相同。下面我们将对苏州市东山镇与西山镇两镇从三大产业结构方面的发展进行简要分析。

一、代表地区现状分析

东山镇

1. 第一产业

1.1 产业综述

　　东山镇东山山区有花果，平原出产蔬菜，滨湖低地种植桑树、养殖水产。盛产大佛手银杏、白毛板栗、柑橘、三山岛马眼枣等名特优花果，出产白切羊肉、太湖莼菜、牛舌头饼、藕粉、藕丝饼、绿豆饺等传统土特产品。尤以出产花果、茶叶、太湖大闸蟹和"太湖三白"（白鱼、白虾、银鱼）著名。

　　截至2012年统计数据可知，全镇水稻面积1,200亩，亩产550公斤，总产660吨；果品面积3万亩，总产30万担，其中夏果10万担，秋果20万担，总产值5,000万元；茶树面积1万亩，茶叶总产100吨，其中碧螺春60吨，炒青40吨，总产值5,000万元；水产养殖面积60,000亩，水产品总产量4,000吨，总产值40,000万元[1)]。

1.2 种植业

　　自80年代初期家庭联产承包责任制的开展，镇政府将茶树、果树、耕地承包到户，各户开始依靠农业走发展之路，80年代主要种植的作物有茶叶、枇杷、杨梅、银杏、板栗、柑橘，而在农业发展过程中主要种植作物在时代发展中也发生了变化（农C7）。

　　从访谈情况可得知，碧螺春作为苏州名气最大的茶品，在农业发展过程中呈现出有增无减的趋势，枇杷、杨梅在当地山中也都有着百年之久的历史，种植茶叶、枇杷、杨梅也成为了当地农业的主要发展形式；而银杏、板栗、柑橘等作物对地域、环境要求很小，在经济效益的趋势下逐渐从主要作物中消失。

　　在我们走访的所有农户中，无一不种植茶叶，大部分的农户都还保留着炒茶的手艺，碧螺春按照芽尖长度的不同分为七个等级，越小的芽尖品质也越好，按照采摘时间区分也可分为三类如图1：清明前采摘的特级（占2%）；清明后采摘的中等（占40%）；以及5月1日前采摘的低品（占58%）。生长时间越长茶的品质也越差。近两年来由于人们不单单满足于碧螺春绿茶的口感，而促使了早期农民自己喝的碧螺春红茶开始走向市场，碧螺春红茶在普通碧螺春的炒制过程中加入了发酵的步骤，其作为碧螺春新上市的品种价格也要比普通碧螺春稍

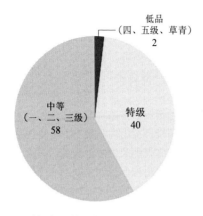

碧螺春各等级产量比例（%）

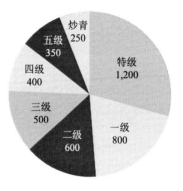

碧螺春各等级价格（元）

贵一些，但其需求量也远低于碧螺春。

由于本地区茶叶产量较大，每到茶叶采摘的时间，农户大多会从苏北地区以及安徽雇佣采茶、摘茶、炒茶的师傅，提供往返车费、包食宿及烟酒补贴，另外按照每日工作时间给予100-200元不等的薪酬。

枇杷、杨梅作为仅次于茶叶的经济作物，也是当地农户的主要收入来源。当地茶树、枇杷、杨梅种植的最大特点为交叉种植，所有的作物都没有成片的区域，大多都分散在山中的各处。

自1988年起到2005年，东山镇种植业所带来的人均年收入都呈现出正相关增长趋势，然而2005年～2012年却呈现出突进式增长趋势，这一点我们将在东山镇第三产业处进行原因分析（农C8）。

1.3　渔业

东山镇渔业全部集中于太湖村，太湖村由光明村、湖新村、光荣村三个村组成，这三个村落全部以捕鱼、养殖业为生，且仅有渔民。

现太湖村共有渔民880户，其中光明村280户，湖新村290户，光荣村310户，全村世代捕鱼，从90年代起开始兴起养殖业（农C10）。

东山镇太湖村村民85年以前以捕捞太湖岛大闸蟹和"太湖三白"（白鱼、白虾、银鱼）为生，1985年～1996年太湖村经济寻求新的发展，捕捞太湖中的蚬子（蛤蜊）出口至日本，使本地经济得到一定程度的发展；由于围绕太湖的渔民村对鱼类的过度捕捞，政府对太湖的过度开发，对太湖的生态链造成了破坏，1993年太湖全面富营养化，1996年苏州市政府出台相应政策，要求渔业由传统捕捞业向养殖业转型，并出台一定的鼓励政策，鼓励政策如下：

（1）为部分困难家庭提供无息贷款；
（2）对转型的渔民户进行农业补贴，每亩补贴20元。

1996年养殖螃蟹初期，政府鼓励渔户放弃捕鱼进行养殖，渔户可自行圈定太湖水域进行养殖业，较多的渔户甚至圈定水域面积达400亩，造成的经济效益十分客观。

然而养殖业的过度发展再次为太湖水域带来了极大的危害。渔民饲养螃蟹的饲料含有多种微量元素，造成太湖水域高锰酸盐指数、氨氮、总磷和总氮分别达到了Ⅴ类、Ⅲ类、Ⅳ类和Ⅴ类，造成整个太湖水域全面富营养话，蓝藻爆发，湖内的生态系统被严重破坏。

2008年由江苏省太湖渔业管理委员会统一收回96年渔民自行划定的太湖水域，使用GPS定位在太湖南部圈定一片水域为每户渔民分配15亩水域面积统一管理，且该水域面积可进行流转与租赁。并且给予每户3,500元／亩对损失水域面积进行赔偿（农C12）。

渔政部门除以上政策外，也对渔户进行统一培训，教授渔户螃蟹的科学养殖的理论方法，为渔户统一发放对太湖水质影响较小的肥料，同时由渔政部门出资，对太湖水域的水草进行清理。

自2005年后，苏州市按照"依法、自愿、有偿"的原则，组织农民以土地承包经营权入股，组建土地股份合作社，通过自我经营、合作经营、对外招租三种形式，实行适度规模经营。合作社采取企业

养殖业每年时间分配情况

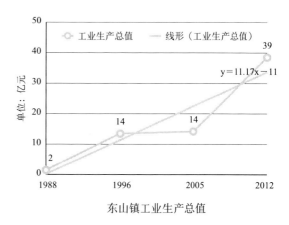

东山镇工业生产总值

化运作，规模化生产，集约化经营，股份化分配。太湖村养殖的螃蟹大部分都由合作社统一收购，小部分由个人或公司进行收购出售（农C13）。

2．第二产业

2.1 制造业

东山镇的工业主要为制造业，如电子制造、钣金加工制造等。

由于东山镇地处山区，且土地大多为耕地与居住用地，无大量建设用地来满足东山镇的工业发展，同时东山环绕太湖水域，太湖作为全国五大淡水湖之一，为江苏省最大湖泊，是江苏地区饮用水的重要来源地，在东山地区发展工业可能造成太湖的污染。

面对建设用地短缺和生态资源破坏的双重难题，东山镇在发展第二产业的过程中全面推进"集中"策略，以"集中"促"集约"，一方面缓解了土地供应不足的瓶颈制约，另一方面从根本上做到既发展了工业又保护了生态环境。

东山镇在工业发展过程中，将乡镇工业向开发园区和工业规划区集中，实现产业集聚。通过统一规划，政府投资建设基础设施，建立了企业高度集中的经济开发区。统一规划了乡镇工业开发区。所有招商引资项目，全部入驻开发园区，在开发园区和工业规划区以外的区域，一律不再新上工业项目，对不符合布局规划要求的原有工业区，结合结构调整和产业升级予以撤并整合。截至2014年，东山镇的工业集中度已达到100%。

3．第三产业

3.1 住宿餐饮业

东山镇在传统农业向现代农业的发展过程中紧抓绿色农业、休闲农业、特色农业三大方向，以茶叶、果树、螃蟹作为自身发展的基础，大力发展结合果树采摘、农家饭菜、山村湖景住宿为一体的农家乐，休闲观光农业成为农业服务业的最大亮点。

东山镇第三产业的发展紧紧围绕着第一产业，1999年东山镇修成了通往苏州的石子路，这条路成为了东山镇经济进一步发展的关键因素，2000年起，农户为寻求个体经济实力的进一步提升，家庭式农家乐开始出现，他们以农事活动为基础，利用农业，景观和农村自然环境，结合农村文化生活等内容，吸引城镇居民前来观赏、品尝、购物、习作、体验、休闲、度假。2008年环岛公路通车，交通更加便利，靠近公路的农户迎来了农家乐发展的契机。

经走访调查我们发现，东山镇农家乐的兴建是由家庭自身主导的，政府在其中的推进作用不明显，政府部门在农家乐发展过程中只起到了一个协助的作用。

政府的协助作用体现在

培訓	政府每年为農家樂経営戶提供3次培訓，内容围繞如何服務
監督	1．衛生監督　　2．消防安全監督

现如今东山镇三山岛和杨湾片区的农家乐有近100家，家庭式农家乐为农户带来的经济效益也极可观，年营业额近2,000万元（农C15）。

3.2 旅游业

东山是一个半岛，虽然近年来交通条件已有极大的改善，但因其特殊的地理位置，交通方面仍有诸多不便。东山丰富的资源中旅游资源占了很大的比例，但是由于开发力度不够，是使得东山旅游资源没能够给人们带来较高的收入。甚至，在东山的年鉴中关于开发旅游所带来的经济收入都缺乏记载。东山镇面临碧波万顷的太湖，背靠洞庭山。三面环水、山青水秀、风景秀丽、气候宜人。由于这优美的自然环境，人们称之为"天堂中的天堂"。东山有三山岛、陆巷古村、雕刻大楼、紫金庵、启园、莫厘峰、雨花胜境、轩辕宫、明善堂、龙头山、杨湾、长圻等30多处景点。有碧螺春茶文化旅游节（3月上旬至4月上旬）、枇杷节（5月下旬）、杨梅节（6月下旬）、太湖大闸蟹文化旅游节（9月下旬至10月下旬）、民俗风情节（9月下旬至10月下旬）、橘子采摘节（10中旬至12月中旬）等旅游节庆活动。这众多的历史文化古迹，水乡的园林建筑及优越的自然环境构成了东山独特的旅游资源。

然而在如此多的资源可供利用的基础上，东山镇的旅游产业却未能带来等同的经济效益，东山镇政府对于旅游资源开发力度不够，由于宣传不够，不到位，基础设施不齐全，至今为止旅游收入在各项收入中所占的比例仍很低，年鉴、地方志中都没有明确的记载。2012年，全镇第三产业增加值仅7.05亿元。其他第三产业数据不详。

由图6我们可以看出，东山镇自1988年起，第一产业稳步发展，但是带来的经济效益却不高，而工业自1988年起便呈现出大力发展的趋势，在2002～2003年开始发展经济开发区后，更是在2005年起呈现出井喷式的增长趋势（农C17）。

以上为东山镇有关产业结构的调研数据，据调查显示东山镇人民的生活以及第三产业的发展是与传统农业紧密结合的，并且在很大程度上保持着原生态的农业特色。该地区政府以服务为主，农户的自主性较强个体经济发展较好。第三产业发展甚至于第一产业的进行过程中几乎没有宣传方式，通常由口口相传或者自身的交际圈消化。在该地区的经营者结构老龄化，基本没有年轻人可以继续从事第一产业。

西山镇

西山镇由于地理位置特殊，四面被太湖包围，在太湖大桥修建之前必须摆渡才能进入，故各产业结构均不同程度的受到一定的地域限制而无法大力发展。

4．第一产业

4.1 种植业

西山镇的种植业发展模式与东山镇并无较大差异，同样是以茶叶、枇杷、杨梅作为主要经济作物。此外西山镇由于地处更偏远的山区，经济的发展更加依托于第一产业的发展。

4.2 渔业

西山镇唯一的渔村为振荣村，作为太湖中的一个渔村，该村村民世代捕鱼为生，且对于渔业的依赖性也远远大于东山镇太湖村。

振荣村渔民以传统捕鱼为主要生存方式，全村现有100多户，仍然有近20户生活在渔船上，经济十分困难。除去在外上学、工作的孩子，及极少数外出打工的人，所有的人都从事渔业相关活动。在1996年政府政策要求传统捕鱼业向养殖业转型时，西山镇便由少量渔户开始进行螃蟹养殖，而2008年政府统一规划养殖区域后，由于规划区域地处东山镇南部，距离西山镇太过遥远，西山镇渔民只能以摆渡方式前去养殖螃蟹，因此一部分渔民在08年规划用水域面积后将15亩配置面积或租赁或出售，而继续从事传统渔业（捕鱼业）。

从图7、8中我们也可以看到，从事养殖业的人群比例在08年后下降迅速，且2006年以后经济增长速率与96年～2006年相比有所降低（农C20、农C21）。

与东山镇渔业不同的是，西山镇渔业现无合作

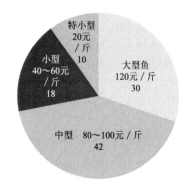

捕捞鱼类比例（%）

社，全部依靠渔民自己兜售。本地渔业发展的另一特点是陆地池塘养殖户较多，渔民租赁土地从太湖中引水养殖，养殖面积也仅仅与租赁面积有关。

4.3 现代农业

当地由于年轻人不在从事种植业与渔业，且农民也普遍不希望下一代从事农业，造成劳动力大量外流，同时加剧了西山镇老龄化的进程，2005年当地为了吸引本地外出的年轻人回乡创业，改善本地农业劳动力老年化的问题，投资建设了苏州金庭大成现代农业观光园。

例如苏州金庭大成现代农业园总面积为2,780亩，一期地块核心区570亩，辐射面积2,210亩，主要种植蔬菜瓜果、葡萄、草莓等经济作物，"金色成果"牌草莓、辣椒、茄子和番茄被认定为绿色食品A级产品。项目工投资301万元，其中省财政补助100万元，企业自筹201万元。

一、生态屏障工程：种植枇杷、杨梅、桃树、枣树、桔树等；

二、基础设施工程：建成农桥1座、水闸2座；

三、节水设施工程：建设喷、滴灌各380亩及相应配套设施工程；

四、废弃物循环利用工程：建设收集池、堆沤池各1座及相应设施；

五、农业化学投入品控制工程：添置太阳能杀虫灯、黄板、防虫网等；

六、全程质量控制：添置快速检测仪等；

污染物消减：每年可消减TN5.56t，TP0.56t，COD2.78t，有利于减少对太湖水质的污染（农C19）。

5．第二产业

西山镇由于地处偏僻山区，且太湖大桥未建成通车之前仅有水路可与外界连接，为了减少工业对环境的危害，故本地无第二产业的发展。

6．第三产业

同样由于交通的不便，西山地区旅游业发展缓慢，太湖大桥通车后，西山镇进行了一系列开发，建设了一部分原生态旅游区，并努力将现有4A级景区向5A级发展，带动当地的第三产业发展。地域偏僻是西山镇经济发展最大的阻碍，现如今西山镇的农家乐发展势头较慢，仅一家农家乐正在营业。

西山镇相较东山镇而言没有工业园区，第二产业几乎没有发展。年轻人基本都在苏州打工，生活水平较好。同时西山相较于东山建筑更加整齐，在一定程度上旅游业是在发展并且速度可观。西山由于靠山靠水所以主打以生态园为主。

二、东山镇与西山镇发展的异同点

相同点

1．产业结构的发展模式

东山镇与西山镇的两镇居民无一不是将传统农业作为主要的经济来源，居民大多以第一产业为主进行劳动生产，且其在从事其他产业时依旧会保留传统农业的继续发展。因此，东山镇与西山镇在发展二三产业的同时充分保留了第一产业及生态结构的完整，将生态农业、生态旅游的发展作为主要的发展方向，以原生态这一亮点作为吸引游客的主要手段。

也可以说，东山镇与西山镇是在充分保证第一产业的发展基础上，围绕第一产业展开第二产业与第三产业的稳步发展。

2．历史文化底蕴影响着经济的发展

东山镇与西山镇均带有明显的"江苏气息"，自古物华天宝，是"鱼米之乡"一称的代表地，文化底蕴极深。当地特产"碧螺春"就有1000多年历史，当地民间最早叫洞庭茶，又叫"吓煞人香"意为"香的吓人"，到了清代康熙年间，康熙皇帝视察时品尝了这种汤色碧绿、卷曲如螺的名茶，倍加赞赏，但觉得"吓煞人香"其名不雅，又因其色泽碧绿，卷曲如螺，春季采制，又采自碧螺峰，于是题名"碧螺春"。此茶有悠久历史，在清代康熙年间就已成为年年进贡的贡茶。此外，东山镇与西山镇保留有大量古宅古建筑，其已经申请的古建筑中部分可追溯至战国时期。

这些都成为了东山与西山两镇发展第一产业、第三产业的强大助力。

3．镇政府在各产业发展中所扮演的角色

在东山镇与西山镇的整体经济发展中，政府主要起到了引导、扶持及协助的作用。从根本上来说，东山镇与西山镇地区的政府应称为"服务性政府"，当地基层政府最大化家庭的选择，家庭的自主性强，基本不受政府干涉，而政府只在其发展过程中进行：①指引协助的作用，如协助评估、卫生检查、职业培训、安全检查等；

②扶持作用，如渔业养殖业的经济补助，以适当的价格回收已废弃的农药瓶、农药袋，为养殖户

发放低危害的饲料，渔政部门每年定期清除水草等；

镇政府将最主要的决策权全部交由家庭，其形成的主要原因还是由于当地农户个体经济发展较好。这也是江苏地区农村发展的特色。

4．地理位置促进农村经济的发展

苏州地处长江三角洲中部，东接上海、西望南京、北临长江、南抱太湖，区位优势明显，整个苏州地区被第二产业发展极佳的东部沿海城市所包围，有利于苏州第一第三产业的发展。

在走访中我们可以观察到，来自苏州周边地区的车辆很多，如无锡、常州、上海等地，他们都将苏州作为了自己休闲旅游的地点，在一定程度上刺激了苏州农村第一和第三产业的发展。

不同点

1．地理位置的不同限制了农村经济的发展

从图中我们可以看到，东山镇为一个半岛，由于交通便利第二产业发展较早，第三产业发展较为便利（农C25）。因此二三产业的发展带动了东山镇的经济发展，近年来交通条件有极大的改善，且出资建设工业园区都为本地带来了较高的收益。东山镇的种植业和养殖业发展比重较大，其原因主要是由于在太湖中养殖水域主要分布在东山沿岸，且耕地较为丰富，百年果树较多。同时东山镇的第三产业发展集中于农家乐与古镇风貌的休闲观光旅游，吸引人们前来体验农家生活，并且东山镇拥有大量的旅游资源，还有待开发。

而西山镇为环岛，在太湖大桥建成通车之前只能通过水路进入西山镇，因此交通极度不便，限制了西山镇的发展：

①难以开发，更多地保留了原生态环境。山区环境优美，风景秀丽，建设用地太少，交通不便捷，发展工业将会付出比其他地区更大的经济代价和环境代价，所以在西山镇几乎没有第二产业的发展；

②环境相对闭塞，耕地面积较小，因此岛上渔民较多，且部分渔民长期生活在渔船上，靠传统渔业维持生计。大部分村民，文化程度较低，无法从事其他行业以谋生计；

③地区整体经济水平低，第二产业发展有较大局限性，就业岗位稀少造成年轻人才大量流失，返乡极少，导致镇上老龄化严重也是影响经济发展的原因之一。

④在第三产业方面，西山镇主要依托于生态农业开展，以原生态的山林作为吸引游客的主要手段，但本地现有的旅游资源较少，在进行资源开发时也需要做好对环境的规划，限制较大。

这些异同点无一不是江苏地区农村经济为何腾飞的有力原因，同时也体现了整个江苏地区农村发展的特色。

然而在探索其发展模式的过程中，我们也发现了代表农村的一些问题：

①东山镇西山镇是碧螺春茶叶的原产地。由于地方政府对碧螺春的销售渠道缺乏管理，茶叶销售的正规渠道较少，基本都依托于农户的个人关系进行销售，茶叶销售的价格差太大，严重损害了茶农的利益。例如：2001年碧螺春一级品的市场销售价格为800元／斤，而当地同级碧螺春的的销售价格为300元／斤。东山并没有充分利用茶叶资源为农民创收。

②东山镇西山镇居民文化水平不高，文盲、半文盲人数较多。如下表：东山镇1964、1990、2000年文化程度统计数据[2]。

由表中人口文化程度构成比例的变化可知，东山镇的文盲、半文盲的比例虽然呈下降趋势，但是东山人口总体文化水平仍不高。

劳动者素质不高是困扰地方经济发展的一大难题。在我国经济发展中，由于人才外流而影响经济发展进程也不在是一个鲜见的例子。在东山也存在这种情况，如下表1981-2000年人口变动一览表。（单位：人）[2]

由表可知东山镇存在大量人口外流现象，且人口外流上升趋势。通常情况下外流人口都具有较高的文化素质，这对于地方经济的发展来说是非常不利的。例如：由于现有人口文化程度低，对市场信息不了解，盲目扩大某种农作物的规模，果树品种陈旧，产品深加工不足，负加值低，农民对农产品的品牌意识差等。都会使东山资源优势难以转化为经济优势。

③产品深加工不够，负加值太低，而且以果品资源为原料的大型食品工业较少。东山镇与西山镇的枇杷、杨梅、白果远近闻名，产量极高，但是当地农户文化水平较低（第②点中有分析到），无法对产品进行深加工，附加值太低。这一点有鲜明的例子：走访中东山镇果树种植户提到，东山镇的白

果有部分远销至日本，日本企业在对购回的白果进行深加工后再卖回给中国，然而中国白果出口日本的利润与日本加工后出口回中国的利润却相差上十倍（农 C29）。

各镇政府要强化科技兴农的意识，加大对农业的技术投入。一方面要积极支持技术与产品相挂钩，如名、优、特、新产品的培育；另外就是产品保鲜及产品深加工的研究；另一方面提高农民素质，要面向农户开展学技术，用技术的活动，促进农业科学技术的推广和应用[3]。要在生产实践中运用高科技手段，壮大发展名牌，创造更多的地区名牌，提高经济效益。这样才能提高综合经济实力，促进地区经济的可持续发展。

注释

1） http://www.dszrmzf.gov.cn/profile.php?columnid=7
　　2014.08.13

参考文献

[1]　苏州统计局苏州《年鉴》2009　中国统计出版社　2009
[2]　苏州统计局苏州《年鉴》2003　中国统计出版社　2003
[3]　王忠诚《重庆市特色经济发展初探》重庆师范学院报（自科版）

都市班
苏州市民生活的现状和变化

养老组：丰田友唯　菅原桃子　秋田翔　马场有沙
旅游组：饭田雅崇　槌冈笑帆　大泽德宏

目录
　I　苏州的养老生活
　II　经济发展对历史文化街区居民生活的影响

养老组
苏州的养老生活

丰田友唯　菅原桃子　秋田翔　马场有沙

一、调查目的
二、中国老人退休后的生活
三、苏州老人退休后的生活之一——社区
四、苏州老人退休后的生活之二——社会福利总院
五、小结

I　苏州的养老生活

一、调查目的
老师们、同学们，上午好。我是丰田友唯。
首先介绍一下我们养老组的调查目的。
退休意味着第二人生的开始，这是当前日本和中国老人的普遍认识。退休后他们还会有很长的路要走。如果把他们退休后的时间作为人生的又一起点，今后持续增长的中国以及苏州的老人们会度过怎样的第二人生呢？我们想通过观察日本所没有的各种设施、系统来回答这个问题。

二、中国老人退休后的生活
通过这次调查，我们了解到中国以及苏州老人的生活的特点。请大家回想一下自己身边的退休老人的生活。大家的爷爷奶奶平时在做什么呢？可能在家做家务，或者看电视，或者和家人或朋友一起去旅行，或者参加其它休闲娱乐活动，这是一般的老年生活。但是在调查中，我们发现除了上面介绍的老人退休后的生活以外，还有两个在日本不常见到的情况。

第一，退休后的中国老人每天接送孙子孙女上学，为已经成家的孩子及其家人买菜做饭等。而在日本，孩子们通常是集体上下学或各自与朋友一起上下学；至于吃饭，由于在日本很多老人与成家的孩子是分居的，因此平时吃饭也是分开的。当问到每天接送孙子孙女上学、为孩子做饭的原因时，大

多苏州老人都回答说，这是他们生活的乐趣，他们为能够照顾孩子而高兴，并有一种幸福感。

第二，退休后的中国老人与朋友或原来的同事保持着各种交流，有的甚至保持着非常密切的关系。在日本经常能看到老人们或相约在咖啡馆，或聚集在自己家，或交流于公民馆等公共设施。但中国的老人退休后常在政府建设的公共设施里举行各种活动。这次我们看到的工人文化宫就是其中之一，老人们在那里的茶馆里聊天，在体育馆里锻炼，为每周一次的演出练习舞蹈等。另外，为提高家庭生活质量，也有许多老人积极参加工人文化宫举办的免费家政从业资格培训课程等。

通过调查，我们了解到在日本许多闻所未闻的退休老人的生活方式。

下面，我们就分别从社区和社会福利院两个不同的生活场所，介绍一下苏州退休老人的生活特点。

三、苏州老人退休后的生活——社区

我是秋田翔。

我是菅原桃子。

这次我们调查访问了苏州市姑苏区的桂花社区和四季晶华社区。苏州市社区的服务和活动非常有特色，其目的就是要帮助老人更好地度过晚年生活。

首先，我向大家介绍一下桂花社区和四季晶华社区。

这是桂花社区。(都J14)这是四季晶华社区。(都J15) 四季晶华社区比桂花社区更大, 年轻人也更多。

下面介绍一下社区的活动和服务。

在体育设施上，这里既提供了健身、打乒乓球和跳舞等场所，也提供了免费体检的服务。在生活和教育上，这里既提供了免费开放的图书馆和电脑教室，还提供了午餐、免费上网和午休场所等。在兴趣爱好上，这里还开展了手工、草药栽培、盆栽等活动。另外，苏州市的社区还作为试点，提供了虚拟养老服务。老人只需在家拨打社区电话，社区便可提供生活相关的上门服务。

老人们参加这些活动的主要有以下三个原因：

第一，为了培养自己的爱好。有的老人是继续退休前的爱好，有的老人则是在退休后通过社区培养自己的爱好。有的老人不仅将草药的知识、做盆栽的方法教给别的老人，还传授给学生和残疾人。这些老人因为自己的兴趣爱好而参加社区活动。

第二，为了开展公益事业。在社区活动中，老人因为教授知识技能可以帮助别人而感到高兴，参加学习的人因为学习到了知识技能也同样感到满意。

第三，为了社区的发展。出售老人制作好的盆景和工艺品，并将所得收入用于更好地开展社区活动。这些收入有的用于帮助社区内的残疾人，有的用于完善孩子们的教育设施，有的则用于扩建老人的活动场地等，可谓用途广泛。

四、苏州老人退休后的生活——社会福利总院

我是马场有沙。下面由我介绍一下苏州市社会福利总院里老人们的生活。

社会福利总院于2013年9月搬迁到现在的地址。(都J25) 社会福利总院共有四大中心。这里仅介绍其中一个中心——老年福利中心。由于以前的老年福利院在入院条件上存在有不公平现象，所以去年制定了以下入院条件。

老年福利院又分为三个中心。

这是医院，医院提供优厚的服务，确保老人便利的生活。

这是照护中心，这里和日本一样，到处都安排有无障碍设施，护理需求较低的老人住在底层，护理需求较高的老人住在高层，实行分层护理。这里的面积远大于日本，这给我们留下了深刻的印象。

为使老人更愉快地生活，这里经常举行各种活动。居住在同一地区的其它中心的人也能来这里参加活动。

五、小结

在这次调查中，我们发现，在社区里，几乎所有的老人都对社区服务感到很满意，老人们也因为在社区活动中实现了自己的社会功能而感到满足，这也进一步促使老人们更加自立。日本的老人退休后大都封闭在家，所以我们认为，日本应该引进中国的这样的社区服务功能。

社会福利院的服务和机能与日本的养老院一样，满足了老人们在很多方面的诸多需求。尽管日本政府很难建设像苏州市社会福利总院这样的大规模并可以实现独立决策的设施，但我们认为在服务和管理上中国的福利院仍有日本可借鉴之处。

通过这次调查，我们了解到，随着中国的经济发展，人们的生活变得更加富裕，为老人提供的服务设施也在不断进步。令我们感到十分惊讶的是，老人退休后的生活比我们原来想象的更加充实。当

然，我们在调查过程中，也发现了以下问题。

目前在中国的现状是，高收入家庭完全能够独立承担起老人在家的护理费用，低收入家庭也能获得政府提供的最低生活保障，如果符合条件，还可以免费入住到社会福利机构中。但是，中等收入家庭需要自己负担费用，如果没有足够的经济基础，就很难保障老人在家的护理，所以，中等收入家庭的老人及其子女，对晚年的生活就会感到非常不安。他们即使想入住社会福利机构，也会由于床位不足而难以如愿，因此，社区养老的重要性在今后就会愈发明显。我们认为，应该大力推广具有苏州市特色的虚拟养老服务。苏州市政府也应该广泛深入地向每个家庭宣传虚拟养老的意义，让虚拟养老服务的利用更加方便。这既能减轻子女的负担，又能满足老人对亲情的需求。

老师们、同学们：通过这次调查，我们看到了日本所没有的养老设施和系统，也了解到了中国以及苏州老人的第二人生的生活方式。当然，我们无法想象，当我们变成老爷爷、老奶奶的时候，中国以及日本的社会将会变成什么样子呢？是一个比现在更关注也更发达的老人社会呢？还是一个比现在更艰辛的老人社会呢？退休后的老人通过参加各种活动实现自己的社会功能，可以获得生存的满足感和价值感，日本等国也都在进行着这种尝试。中国的苏州因为政府拥有决策权，并能承担起责任，在居民觉得放心安心的同时，居民的经济负担也在逐渐减轻。在中国这样的社会福利设施和组织是作为城市规划的一环而设置的。日本也是由政府主导，努力保证老人们的身体健康，这样也可以减少老人医疗费的支出。我们认为这同样是应对今后持续发展的老龄化社会的有效方法。

因此，我们日中两国应该互相学习，希望两国能够共同发展，共创老人健康幸福的美好生活！

养老组的报告到此结束。

谢谢各位。

旅游组
经济发展对历史文化街区居民生活的影响

饭田雅崇　槌冈笑帆　大泽德宏

一、调查目的

二、调查地介绍

三、调查结果

四、考察

五、小结

II 经济发展对历史文化街区居民生活的影响

一、调查目的

大家好！我是饭田雅崇。

我们旅游组的调查主题是从经济发展看历史文化街区居民的生活变化。

首先介绍一下我们的调查目的。苏州的经济正在高速发展，主要原因是第二产业的发展。改革开放后引入了外资，带来了经济的高速发展。苏州是2013年中国国内GDP前十位城市之一，是中国经济发展速度最快的城市。

一提到苏州，人们一般都会想到苏州是著名的旅游胜地。的确如此，苏州的第三产业——旅游业十分发达。作为苏州特色的第三产业的旅游业和苏州的第二产业是共同发展的。通过分析苏州的经济结构，我们发现，第二产业所占GDP比重近年来急速上升。但是第三产业服务业仍然保持着稳定的发展趋势。近年来，第三产业所占GDP比重正在上升，发展势头也正在接近第二产业。(都J44)

中国有句古话叫"上有天堂，下有苏杭"，因此每年都有很多游客来苏州旅游。国内游客数量从2008年到2013年的5年间增长了近两倍。2013年接待国内游客数量达到9,416万人次，同比增长9%，国内游客旅游收入达到1,419亿元。

现在苏州在进行许多旅游开发工作，改善旅游地的环境，例如，在许多旅游胜地开设商铺，把公交车站设计成传统风格的建筑等。同时也在尝试逐步改变保护历史文化街区的意识。由中国政府划定历史文化街区，并积极地保护历史文化遗产和景观。从2000年起，苏州的第三产业迅速发展起来。那时正好也是政府重视文化遗产修复的时期。现在历史文化的保护政策正在持续提高苏州的品牌力。也就是说，历史文化保护政策给旅游业带来了巨大的影响。

经济增长下的历史文化街区居民的生活比以前更加丰富了。我们的调查希望了解的是，当地居民怎样看待和接纳众多的游客，游客给他们的生活带

来了怎样的影响，当地居民怎样看待这些影响。在此基础上，我们从跨国比较的观点，进一步考察经济发展对居民生活的影响。

本次我们调查的历史文化街区是苏州市姑苏区的平江路和山塘街。我们以40岁到90岁之间的苏州市民为对象进行了访问调查，希望了解到山塘街和平江路历史文化街区居民生活的变化。

下面介绍一下我们的调查地点。（都J52）

二、调查地介绍

首先分别介绍一下它们各自的特色。

平江路全长约1,600米，山塘街全长约2,800米。两条街道都是不太长的历史文化街区。它们在格局上的共同的特点是：一河两街、小桥流水、粉墙黛瓦。2002年中国政府公布了《中华人民共和国文物保护法》条例，苏州市政府根据该条例，在2002年对两条街进行了再开发。平江路和山塘街在2009年、2010年分别获得了"中国历史文化名街"的称号，对苏州的旅游业做出了很大的贡献。

三、调查结果

大家好！

我是槌冈笑帆。

我是大泽德宏。

下面我们向大家汇报一下这次调查结果、考察内容和调查总结。（都J59）

我们对山塘街、平江路两个历史文化街区的居民进行了访问调查。主题是"经济发展给您的生活带来了什么变化？"受访居民的生活环境各不相同，有的居民在历史文化街区外的公司上班，有的居民从事街道重要河流的保护工作，有的居民在商业街附近的地方经营露天摊位。我们从这些居民的意见中总结出了两个共同点。

第一，"生活变得现代化，变得丰富了"

居民们的家里都有了电视、洗衣机、吸尘器等家电产品，生活变得十分方便。街道及其附近陆续建设了许多生活上所必需的设施，如医院、宠物医院、邮局等，另外公交路线网的扩大和地铁的开发等使交通方式变得多样化。因为生活圈的急剧变化，大多数居民都认为"生活比以前丰富多了"。

第二，"以前那样的悠闲的生活消失了"

正如前面所介绍的一样，历史文化街区对旅游业的发展做出了巨大的贡献，但是，街道上商店林立，满是游客。街道各处传统的东西遭到破坏，取而代之的多是现代化的物品，古时的水井在不知不觉中消失了，街灯不知道在什么时候出现了。很多居民都认为，"以前悠闲的生活"离现在的生活越来越远了。

居民认为"因为经济的发展，自己的生活确实变得富裕了，但是和以前相比失去了内心的从容"。虽然很方便，但总觉得少了一些什么。这种不协调感到底是什么呢？

四、考察

我们由此提出了一个假设——在现代生活中，我们之所以失去了内心的从容，是因为"传统的生活"正在从现在历史文化街区的生活中逐渐衰退。

下面我们就从给"传统生活的衰退"带来巨大影响的两个因素着手，即从"生活的现代化"和"旅游业的发展"这两个方面进行考察。

首先，以苏州市的魅力——水乡为例，考察"生活的现代化带来的影响"。以前，山塘街和平江路的居民在家旁边的河里洗衣服，使用街道上的水井作为生活用水的来源。但是随着生活的现代化，各家都有了洗衣机，也配备了自来水管等设施。生活在经济增长期的居民成了见证这种民俗逐渐衰退的一代人。

第二，"旅游业的发展带来的影响"。

这里我们以山塘街为例进行考察。随着旅游业的发展，商店和游客都增多了，街道也变得热闹了。但是，只有一直居住在那里的居民们才能知道，以前人们是可以在山塘街上悠闲散步的，他们记忆中的山塘街，并不是如今灯火通明、车水马龙般的山塘街，山塘街的居民们看到的如今的山塘街，他们觉得是"被时代抛弃了"的山塘街，这是与经济发展相呼应的"旅游业"这种特定的行业带来的影响，也可以说这是历史文化街区所独有的问题。因此，调查中发现的"生活的现代化"和"对生活的焦虑"这两个共同点并不是毫无关系，而是经济发展给居民生活带来变化的正反两面。

五、小结

这次在苏州市历史文化街区的调查，使我们深刻地认识到，经济的高速发展确实给居民带来了丰富的物质生活。但这种物质不断丰富的反面却是，以前的宁静生活、体感速度、人际交流等传统正在随着生活的现代化而逐渐地衰退。

当然，这一现象并非苏州独有，而是全世界共

同面对的问题。以日本为例，以前购物大都去本地的商业街，一边在蔬菜店或肉店买东西，一边可以与店员愉快地聊天，这在当时是一个很普通的日常风景。但随着经济发展，街上出现了大型超市，也就逐渐看不到商店街上那种边购物边聊天的日常风景了。

历史文化街区居民生活发生的这种变化，不只是因为受到了一般的经济发展的影响，也是因为同时也受到了旅游业发展这种外部因素的影响。因为历史文化街区商店增多，所以才导致他们失去了生活的安静。

既要使居民过上现代化的生活，又要使居民保持传统的宁静生活，二者可以说是相矛盾的，重视其中一个，另一个就很容易被忽视。通过这次调查，我们深刻地感受到，平衡经济发展带来的现代化生活和传统生活，这是十分困难的。

苏州现在正处于经济高度增长期，作为GDP名列前茅的十大城市之一，它是一个十分富裕的城市。大量外资的引入，以电子行业为首的工业的扩大，这些都给苏州增添了更多的"现代化"气息。

随着生活的现代化，人们容易忘记传统的生活。人们被工作和时间追赶着，也逐渐失去了从容的心态。但是历史文化街区的居民在享受丰富的生活的同时，仍然抱有对传统生活即将消失的危机感，这也正是苏州2500年历史孕育的"保护传统文化"的精神的表现。

就像历史文化街区的居民一样，我们每个人都应该理解自己的街道的历史和传统，并能勇敢地承担起传承这种精神的重大责任。

谢谢大家！

都市班
苏州市养老方式现地考察报告

龙泓宇　余程瑶　黄钰琳　杨泽鑫

摘要：改革开放后我国国民经济高速发展，与此同时我国人口老龄化程度也在不断加深。传统的"养儿防老"理念已不适用，新的、健全的养老方式尚处于探索阶段。绝大多数的家庭在养老方式的选择上仍深受着传统观念的影响。本文以苏州市养老方式的现地考察为基础，旨在探讨在老龄化不断加深的背景下如何更新养老理念，探索实现"以老人为本"，老有所养、老有所乐的新型养老方式。

关键词：养老方式；机构养老；精神养老；启示

20世纪70年代后期，随着国民经济的快速发展和社会的不断进步，我国人口老龄化的问题逐渐凸显。尤其是随着农村城市化、家庭小型化以及消费多样化的推进，老年人口规模迅速膨胀。这不仅对传统的家庭养老模式提出了严峻挑战，也使得各类养老服务需求呈增长势头。例如，"4+2+1"家庭结构的增加，使得独生子女照料父母晚年生活的负担更重；老龄化程度的加深对家庭医疗设施与护理条件也提出了更高的要求。因此，养老成为当下突出的社会问题之一，受到了广泛关注并引发了人们关于养老方式选择的讨论。

根据苏州市民政部门的数据统计，苏州市早在1982年就已经进入了老龄化社会。作为一个提前全国其他省市十八年进入老龄化的城市。他所面临的养老问题更加的艰巨和严峻。本文将从苏州老龄化的现状入手，针对苏州养老方式的分类，通过对苏州市两所社区、苏州市社会福利总院以及具有代表性的家庭的访问及实地考察。来阐述如何以老人为本，老有所养、老有所乐。

一、苏州老龄化现状及分析

根据苏州市公安局最新统计数据，2013年度苏州市户籍人口653.84万人，比2012年增加6万多，增幅9.3‰。60周岁及以上老年人口150.95万人，占户籍总人口的23.09%；老年人口增加6.6万多人，增幅46‰。老年人口增长较快的主要集中在60–69周岁和80–89周岁两个年龄段上，其中60至69周岁的老年人数增加了4.9万人，共84.6万人，占市老年人口总数的56%；80至89周岁的老年人数增加了1.1万人，共20.3万人，占市老年人口总数的13.4%。相对来说，其它年龄段的增加人数较少，其中70–79周岁的只增加了3,904人，现共计43.6万人，占老年人口数的28.9%；90–99周岁的只增加了2,396人，达到2.5万人，占老年人口数的3.8‰；百岁以上老年增了加48人，达到420人，占老年人口数的0.1‰。（都C9）

江苏人口以省内流动为主，相对较为稳定。在老龄化排名靠前的城市里，江苏10年前是全国第三"老"，截止2012年仍排第三。而省内城市之间，也仍大致遵循了"越富越年轻"的规律。其中经济

最发达的苏州市，老龄化水平排最末位，苏北各市老龄化水平靠前。

综合分析看，苏州市老年人口呈现以下几个特点：一是老年人口继续保持超常增长。2011年以前，全市老年人数年均增加在5万人左右，从2012年开始，年增加在7万人左右，其中2012年增加7万人，2013年增加6.6万人；二是低龄老人基数大增幅快。从上面数据可以看出，全市60-69周岁的老年人占苏州全市老年人总数一半以上，且74%的老年人增加量集中在低龄老人上；三是高龄老人数量继续增加。苏州市80周岁以上的高龄老人继续保持在20万以上，且各个年龄段各有不同程度的增长，特别是80-89周岁的老年人也首次突破20万人（2012年为19.2万人）。

二、苏州养老方式的分类

1、家庭养老，探索虚拟养老服务模式

家庭养老是一种环环相扣的反馈模式。在经济供养上，家庭养老是代际之间的经济转移，以家庭为载体，自然实现保障功能，自然完成保障过程。父母养育儿女，儿女赡养父母，这种下一代对上一代予以反馈的模式在每两代之间的取予是互惠均衡的，在家庭单位内形成一个天然的养老基金的缴纳、积累、增值以及给付过程。虽然家庭养老有着能够促进代际交流、给老年人带来更强的归属感、并将养老的压力由政府转向单个的家庭等优点，但是随着我国老年人的快速增长以及计划生育政策的负面效应的初步显现，很多"4+2+1"的家庭在"上有老，下有小"的困境中艰难前行，很难在经济和精力上给予老年人足够的关注。同时在传统"孝义"理念的影响下，大部分中国家庭也不愿意将自己的父母送到养老机构中去。在这样的大环境下，苏州开始探索虚拟养老模式。虚拟养老服务模式立足家庭、依托社区，以上门服务为主要形式，为老年人提供日间照料、生活护理、家政服务及精神慰藉等综合服务，让老人们在自己熟悉的生活环境中实现养老。以苏州市桂花社区为例，桂花社区通过整合资源，以社区为依托建立起助老、医疗、家政等社区服务队伍，通过上门照料的形式，为老年人提供助餐、助洁、助急、助浴、助行、助医等各类服务。该项服务重点聚焦困难老人，例如，对上述老人实行养老补贴、定期组织体检。在调查中笔者发现，大多数的受访家庭或被访问者了较倾向于以家庭养老为基础的虚拟养老模式。家庭养老既可以不改变老年人原有的生活环境，也可以相对减轻上班族子女照顾年老父母的负担。

2、社区养老，完善"以老助老"方式

社区养老是一种介于家庭养老与机构养老之间的新型养老模式，是通过政府的扶持、社会志愿者的参与、以市场运作为先导，建立家庭养老为主，社区机构养老为辅的养老模式。社区养老将老人的主要活动区域分为家庭的私人区域和社区的公共区域。在家庭的私人区域中，社区为老人提供志愿者上门服务，定期为老人提供打扫房间、和老人聊天读报以及代买日用品的日常服务。在社区的公共区域中，社区为老人提供了文娱活动的场地、设施、餐饮服务以及必要的休息场所，老人通过参与社区活动丰富了晚年生活，愉悦了身心。

社区养老的的特点在于：让老人住在自己家里，在得到家人照顾的同时，由社区的有关服务机构和人员为老人提供上门服务或托老服务，而老人的日常活动范围也不再仅仅局限于家中或是养老院等相对封闭的环境之中，而是可以根据自己的意愿进行选择。社区养老的承担者不再仅仅是以家庭为单位，而是以一个社区为单位进行养老服务。社区养老这种模式对志愿者队伍提出了更高的要求，因为依靠数量有限的志愿者或是有偿的社会服务，不仅加重了社区和家庭的经济支出，而且也容易让志愿服务落入形式主义的窠臼，我们认为可以在现有的社区养老的基础上，引入"以老助老"这一模式，即为社区中老人的身体状况进行评估，鼓励社区中身体状况符合标准的老年人在本社区内进行力所能及的志愿服务，并为他们的志愿服务建立"志愿服务积分档案"，他们的志愿服务积分可以减免自己在社区中获得服务时的金钱消耗，从而形成一种老年人互帮互助的良性循环。"以老助老"的模式，一方面，可以让老年人的生活更有意义，同时能够获得一种身体的锻炼和精神的愉悦；另一方面，将自己的劳动换做社区服务积分，这样一来也有效地减少了老年人在社区中的服务支出。在参访四季晶华社区的过程中，笔者发现这个有着4,712户、18,200人的社区中，仅有9位社区工作者，相当于一名社区工作者要面对2,000位居民，工作难度显而易见。为了解决这一社区服务人员严重不足的突出问题，四季晶华社区提出了名为"社区是居民放

大的家"这一理念。在这一理念的推动下，由社区居民推举了80名居民小组长并招募了近700位社区志愿者，在他们当中，大部分是老年人，他们在社区具体的服务中发挥了重要的作用。不仅为社区的管理降低了成本、活跃了邻里关系、同时丰富了自己的晚年生活，在"以老助老"的实践中，体现了自身价值。

  3、机构养老，完善护理工作，提出"精神养老"的新理念

机构养老是社会养老的专有名词，是指相关的养老机构为老年人提供饮食起居、清洁卫生、生活护理、健康管理和文体娱乐活动等综合性全方位、多角度的服务机构。我国现有的养老机构有：敬老院、福利院、养老院等。苏州市的财政支出与财政收入从1990年起都呈上升趋势，尤其是2000年到2010年这十年间的上升幅度明显（都C21）。在财政支出中，涉及养老保障支出比例较大。

以苏州市社会福利总院为例，其占地面积6万平方米，总建筑面积8.36万平方米，设计总床位1,500张，提供（育）护、康复、医疗、教育、学习、技能培训等服务，也是目前全国范围内唯一一所收养收治政府供养的无家可归、无依无靠、无生活来源的孤老、残幼、精障等"三无"人员的现代化、综合性社会福利服务机构。在拥有较强的财力支持下，苏州市社会福利总院配备了先进的硬件设施和人性化的设计，为老人提供了舒适的生活环境以及周到的服务。例如：配备专用电梯、人性化的楼道设计、提供进行书画、手工制作场地、每周对老人进行手脑协调训练以及全天候的医疗服务等。通过对老人的访问，笔者了解到：在福利院中居住的老人虽然很满足现在的物质生活条件，由于远离自己的家人和熟悉的生活环境，有相当一部分老年人在较长的一段时间内难以适应陌生的环境，容易产生负面的情绪。究其根源，家庭养老及由子女照料的观念对老人影响甚深。因此笔者认为，对于养老机构而言，相比物质条件，精神层面的关怀同样是养老机构应该着重加强的工作。苏州市社会福利总院中充分调动老年人的主观能动性使其积极参与到各项文化活动和日常的生活服务工作中，例如：为老年人举办书画展、鼓励老年人制作手工艺品，注重通过志愿者与老年人的交流，及时对老年人的心理问题进行发现和疏导，定期举办文娱活动，丰富老年人的日常生活。

  三、苏州养老现地考察的启示

通过对苏州养老方式的现地考察，笔者发现苏州老龄化程度较高，属于老年人的活动形式也多姿多彩。走访中遇到的老人们积极寻找属于自己的兴趣爱好，他们通过定期组织同学聚会，到广场参加唱歌跳舞表演，学习一门新的手艺，写毛笔字，画国画等活动丰富自己的晚年生活。终身学习、老有所乐的晚年生活形式为政府探索新型养老方式提供了宝贵的经验。

  （一）家庭养老依然是未来养老方式的主要选择

在苏州市走访的6户家庭中，只有一户人家将老人送入养老机构。其余五户人家除去老人本身身体条件允许在家养老外，家庭养老的传统观念也起到一定的影响作用。若假设十年后，平均每个家庭中有两名80周岁以上的老年人，按平均每户人家需要一名专职护理人员计算，2013年苏州市60周岁及以上老年人口达150.95万人，则需专职护理人员至少75.475万人；2013年全国65周岁及以上老年人口占总人口（136,072万人）的9.7%，则至少需要6,599.492万名专职护理人员才能基本满足老年人家庭养老的护理需要。而2013年我国普通专科毕业人数为638.7210万人。这也就意味着短时间内解决如此庞大的专职护理人员缺口问题是不现实的。另外，现今绝大多数居家养老方式的经济来源主要依靠老年人自身的退休金、养老金和子女给予的赡养费。2012年农村居民家庭人均生活消费支出14,381元，农村居民家庭恩格尔系数33.9%；2012年市区居民家庭人均生活消费支出23,092元，市区居民家庭恩格尔系数36.8%。如让个人完全承担聘请专职护理人员的高额费用显然也是不现实的。

2012年苏州市社会福利院共有7个，比2010年减少2个，床位增加109个，在院人数减少233人，职工人数减少65人。相对而言，养老机构情况较为乐观，其中床位数目较2010年增加1.8倍，在院人数增加2倍，职工人数增加2倍（都C23）。但相对于150.95万的老龄人口来说，机构养老的床位数显然不能满足实际的养老需求。

以上两点表明，在短期内家庭养老依旧是主要的养老选择的方式。公众对社会养老保障制度顶层设计的出台将更为迫切，期待建立健全养老金制度，为家庭养老提供可靠的制度、资金保证。另一方面，

政府新型养老模式的探索工作将有助于缓解家庭养老的压力，向真正的老有所养、老有所乐的和谐社会迈进。

（二）立足家庭养老方式，加强志愿者队伍建设

因为家庭养老依旧是未来主要的养老方式，笔者认为社区需立足居家养老方式，加强志愿者服务队伍建设，打造拥有专业化、职业化的社工服务。以苏州桂花社区为例，目前街道社工总计133名，平均年龄38.5岁，其中党员49人，占比36.8%；大专以上学历88人，占比66%；助理社工师57人、社工师9人，持证社工占比50%，45岁以下43人，占45岁以下社工45.3%。这为社区养老模式提供了人力资源保障，也使得桂花社区在社区养老模式的探索中走在前沿。

志愿者队伍建设包括老年人互助、青少年帮助等方式。老年人互助主要是发挥年纪较轻的老年人帮助高龄老人进行日常基本生活的作用，让年纪较轻的老年人发挥余热为社会做贡献，也让高龄老人在家就能享受免费的基本服务。青少年的帮助主要是依托社区平台，让老年人与青年人结对子，青少年除了为老年人提供定期的日常生活协助外，还在精神上给予老年人关怀。使得志愿者队伍承接精神养老的理念，更好的为老年人服务。

（三）满足不同老年阶段对养老的需求

第一个阶段，老人刚从工作领域退休闲赋在家，在心理上需要经历一个过渡期，从以前工作所带给他们的存在感中走出来，重新在家庭、社区或是老年文化圈中找到自己新的定位。但此阶段也很容易滋生一种"无用感"，产生消极心理。此时需要社会、家庭给予老人更多的精神关怀，舒缓心情，让其意识到年老是一个自然的状态，就像新生黑发一样的自然。第二阶段，开始适应老年慢节奏的生活。老人已经退休了一段时间，大部分闲暇的时间需要自己去支配。对于企事业单位的退休员工，他们更多的是维持之前的朋友圈子，退休前的同事变为老年娱乐生活的同伴，有一定条件的企事业机构会为这些退休员工提供老年活动的场所以及定期的娱乐活动。而没有固定工作单位的老人更多的需要依托社区来展开老年人的精神文化活动，或是通过参与例如苏州市工人文化宫等单位的活动来丰富老年活动。第三阶段，当老人出现半自理或不能自理时，需要更多专业的医疗护理人员和更完善的养老机构，以实现老有所养，老有所依。

四、总结

历经8月4日至11日为期8天的苏州现地集体考察，无论是走入家庭还是走进社区，亦或是前往苏州市社会福利总院，我们始终围绕着"养老"的话题。当老龄化不再是遥远的新闻标题而是一位位环绕身旁的银发老人，我们第一次开始思考"老人"的相关问题，第一次意识到身旁的亲人在慢慢老去，自己也有老去的那一天，老人的今天会是我们的明天吗？

走进社会福利总院，最害怕碰见墙上时钟与老人手拄拐杖出现在同一画面，连秒钟的旋转似乎都重如千斤。尽管插花室、声乐室、书画室总有一件又一件精美作品的诞生，但总害怕下一秒比自然规律迟了一步。好在在返回住宿处的路上，无意间看见的一段话使自己释然——"人生在世，不过暂将肉身寄居红尘，演几场离合悲欢，走几段大路小路，听几场雨落雪落，看几度朝阳夕阳。"最美不过夕阳红，沉淀的岁月、从容的心态让老年人的身上多了一份历史的味道。从老年的位置回望曾经走过的路程，别有滋味，就足以欢喜。

接受、承认年老是一个自然现象。把年老当作一个必将会到来节日去准备，提早为自己晚年生活做思想上和物质上的双重准备。晚年就把自己的兴趣爱好放在首要位置，工作了一辈子、操劳了一辈子，年纪大了就痛痛快快的活出属于自己的、精彩的晚年生活。另一方面，给予老人人格的尊重，为老人打造体面的生活，创新"以老人为本"的新型养老模式。

老龄化不可怕，不过是社会发展的一个必经阶段。

参考文献

[1] 刘学员，赵蕾，谢岳云，唐慧明，李静，廖立，卢水焕《老年人日常生活能力与心理健康的相互影响》[J].《中国健康心理学》2009（2）

[2] 张裕来《苏州市养老服务模式运行现状、存在问题及对策研究》[D]. 苏州大学．2013

[3] 程伟《居家养老服务的实践与思索》[J].《中国民政》2007（4）

[4] 侯志阳《困境与出路：管窥居家养老》[J].《市场与人口分析》2005（11）

[5] 穆光宗《中国传统养老方式的变革与展望》[J].《中国人民大学学报》2000（5）

[6] 王虹《从公共产品理论视角探析公共教育改革》[J].《华

北电力大学学报（社会科学版）》2011（12）

[7] 黄润龙《江苏人口老龄化趋势及社会养老保险研究》[J].《河海大学学报（哲学社会科学版）》2009（6）

企業班
在华企业的人力资源管理

白木英香　柴田优季　诺贝拉沙织　森有里花
伊藤栞　后藤牙香　神尾龙

目录
Ⅰ　调查概要、目的与方法
Ⅱ　调查内容
　一、人才培训
　二、人才雇用
Ⅲ　总结

Ⅰ　调查概要、目的与方法

白木英香

尊敬的各位来宾、各位老师，亲爱的同学们，大家好。我是企业班班长白木英香。

现在开始由我们企业班向大家汇报此次调研的结果。企业班共有七位同学，分成两个主题进行调查研究。

第一个题目是关于人才培训，第二个题目是关于人才雇用。我们企业班希望通过此次调研，能够清楚地了解适合中国的人力资源管理方式是怎样的。

苏州吸引了数以万计的企业在此发展，其中也包括众多的世界500强企业，这也推动着苏州经济的高速发展。2011年苏州的GDP高达10,500亿元，按可比价计算比上年度增长12%。目前苏州市的经济实力堪比上海、北京、深圳等直辖市和一线城市。此次我们主要走访的是苏州高新区的多家企业。在此，我谨代表企业组全体成员对苏州市总工会、高新区工会、接受我们访问的12家企业，以及在此次调查研究中给予我们帮助的各位表示衷心的感谢！谢谢大家！

首先请允许我介绍一下此次为期一周多时间调查走访的各企业的概况。

这些是我们这次调查走访的企业（企J7）。其中5家是中国企业。

国有企业华能苏州热电有限责任公司。华能是一家能源型发电企业，国有集团控股，区域性集中供热供电的企业（企J9）。

民营企业苏州路之遥科技股份有限公司。这是一家集微电脑控制器、线数连接器的研发、制造和销售为一体，2013年生产能力超过82亿元人民币的企业（企J10）。

民营企业苏州科达科技有限公司。科达是领先的视讯与安防产品及解决方案的提供商，致力于视频会议、视频监控以及丰富的视频应用解决方案。在2008年北京奥运会，2010年上海世博会中都有运用到科达的产品（企J11）。

民营企业纽威数控装备苏州有限公司。纽威采用先进的ERP管理系统，致力于追求产品的零缺陷，为客户提供高质量的数控装备（企J12）。

民营企业易程（苏州）电子科技股份有限公司。易程是清华大学整合所属企业优势资源组建成立的。该技术中心主要为我国乃至全球高铁市场提供客运信息集成系统和物质技术与设备专业服务（企J13）。

其次我们调查走访的企业有5家是日资企业。

住友电工光电子器件有限公司。该企业主要生产辐射电子线、高性能超细同轴电缆及相关产品，以及柔性线路板等新型电子材料（企J15）。

佳能苏州有限公司。该企业主要生产彩色数码复合机、复印机、打印机及周边设备（企J16）。

苏州福田金属有限公司。福田金属是一家生产销售印制线路板用高精度电解铜箔的现代化高新技

术企业。该企业发展至今已经历了20年，获得了三项ISO质量体系认证（企J17）。

NGK（苏州）环保陶瓷有限公司。该企业主要生产汽车、柴油汽车、大型汽车等净化用触媒载体（企J18）。

永旺梦乐城吴中店。这是一家超大型综合性购物中心，规模属华东地区最大。永旺梦乐城也传承了日本永旺的优良文化（企J19）。

还有一家欧美企业和一家港资企业。

苏州西门子电器有限公司。该企业主要生产接触器、热过载继电器、断路器等产品。西门子始终把员工作为业务成功的关键因素，尊重人的价值（企J21）。

苏州协鑫光伏科技有限公司。该企业是香港上市公司保利协鑫能源控股有限公司全资控股的外资企业。公司从事高纯多晶硅切片、单晶硅切片生产，致力于全球光伏产业的发展，为国内外一流太阳能组件企业提供优质的硅片产品（企J22）。

以上是各企业的概况，接下来由人才培训组进行汇报。

II 调查内容

人才培养组
苏州企业的人才培养

白木英香　柴田优季　诺贝拉沙织　森有里花

一、调查目的
二、先行研究
三、假设
四、调查结果
五、小结

接下来由我们人才培养小组进行汇报。首先请看目录（企J24）。

一、调查目的

我们小组主要关注企业的人才培训情况。企业有四大资源，分别是"人"、"物"、"资金"、"信息"，因此人才是企业的四大资源之一。

大量生产、大量消费的时代已经结束，企业提供的商品和服务受到顾客严格的选择，也被时代严格地追问。随着经营环境的变化，人才资源得到强化，也就是说人才培训越来越重要。

我们常常听到"企业应该以人为本"，"通过经营培养人才"，"人才是财富"这些话，这些都说明人才培训是企业发展不可缺少的重要部分。

随着人才培训的重要性不断高涨，人才培训的目标也从单纯的"培养人才"这一模糊概念向着"提高生产力"、"提高竞争力"的经营战略这一课题的方向转变。

总之，人才培训是经营战略的一环，也是为了维持并提高企业的竞争力的重要举措。另外，我们在求职活动时作为选择企业的判断标准关注的是人才培训。因为在进公司后自己能怎样成长，能积累什么样的工作经验，进入某家公司并不是意味着结束，进入公司后更应重视的是自己的能力能得到多大程度的提高。

二、先行研究

人才培养是企业经营的主要课题。

1．日本的人才培养

企业进行的人才培训的结构有三个：OJT、Off-JT、自我启发。对日本企业来说，OJT特别重要。2013年厚生劳动省的《能力开发基本调查》的数据显示，企业对正式职员重视OJT的比例是20.7%，对不正式职员重视OJT的比例是29.4%，都比Off-JT高（企J32）。

其次，日本受终身雇佣制度的影响，觉得在一个公司长期工作非常好。因为日本比较重视稳定，所以想归属于某一个公司。对日本企业来说应届毕业生并不是已经造就好的人才，而只是素材，所以希望通过新人培训渗透本企业的特色。优秀员工在稳定的工作环境中更能发挥他们的能力。企业把人才培训当作投资，因此为获得投资的利润，日本企业不断完善人才培训制度。

而且如果离职率过高，花了大量时间和经费培养的人才跳槽去了别的公司，这对企业来说是巨大的损失。但因为日本企业采用的是年功序列制度，是按照业绩和工作年限来晋升，因此在同一企业连续工作很重要，所以日本员工和其它国家的相比，并不那么频繁地换工作，也正因为如此，公司可以制定长期的人才培训计划（企J34）。

2．其他国家的人才培养

欧美企业要求工作人员具有职业意识和专业意识。比如企业需要工程师等具有一技之长的专业技术人才。因此，与日本企业相比，欧美企业没有"一般职，综合职"的想法，而是对工作人员明确职责范围。欧美的想法是企业本身不是教育机构，承担教育培训的应该是大学等高等教育机构以及专业学校等专门的职业教育机构。

所以欧美企业没有对应届毕业生进行培训的制度。欧美企业想要能立刻发挥作用的人才。所以如果新人没有表现出积极学习的态度的话，企业方面也不会提供进修制度。

3．中国的人才培训

因行业不同可能会有差异，但大部分的流水线上的工作几天就可以学会，因此没必要给长期从事轻松工作的职工支付高工资，不拘泥于现有职工，这便是中国企业的特点。如果是优秀的人才的话，他不拘泥于一个行业，只要他足够优秀，也会有其他行业的人来挖墙脚，因此比起长期在一个公司工作，那些优秀的人才可能更偏向于不断跳槽来获取更高的收益和更多的发展机会。

同时，军训也经常作为人才培养的一种方式被采用，意在强化集体意识，遵守规则的意识和忍耐力。新人培训是为了培养员工，但同时新人培训也是发现有能力的人才的方法之一。总之培训内容是企业需要的培训，新人培训是从企业角度出发的培训。

三、假设

根据我们小组的先行研究，日企在中国虽然早就致力于本地化，但这一本地化过程却没能顺利推进。本地化如果不能把当地员工的能力、热情激发出来的话，反而会引起员工的离职，员工一旦离职，企业就必须重新录用新员工并再次对他们进行培训，那么企业就会被带入这么一个循环往复的怪圈中。

此外，我们认为有着专家志向的中国人可能不喜欢日本式的培养通才的人才培养方式。有着相同人才培养方式的欧美企业可能更受中国人的青睐。并且，在跳槽现象非常频繁的中国社会，制定长期的人才培养计划是否不可行，比起花时间培养人才，企业是否更偏向于从外部招聘有用之人呢？

因此，我们认为在中国合适的人才培养方式是像欧美企业一样以专家志向为主，重视成果，通过培训使得员工在短期内在职业发展上更进一步的培养方针。并且，因为离职率高，是否人才培训会因为无法发挥它应有的效果而得不到重视呢？

四、调查结果

在中国走访了多家企业，我们主要针对人才培养进行调查研究。

1．各公司人才培养的方法

A公司的情况是这样的，新员工进公司后都需要在军事园接受军训。在培训结束后会有测试，如果测试合格的话，费用将由企业方承担，这也是A公司独特的人才培养方式。通过人才培养，公司希望员工能够成为更优秀的人，希望培养其良好的性格，使其理解企业文化、对企业忠实、有团队意识等。

B公司对录用的应届毕业生有关于心理素质、安全技能、人际交往、团队意识等方面的培训项目。对录用的非应届毕业生有企业文化、规章秩序等方面的培训。希望通过人才培训，培养德才兼备、认真工作、有高度进取心的优秀人才。对普通员工的要求是希望他们能够基本认同企业文化，而对管理层的要求是希望他们能够高度认同企业文化。

C公司的情况如下：公司的培训分为新员工培训、老员工培训、针对不同项目制定的培训等。对新员工还要进行轮岗培训，让其在生产第一线学习生产、设计、品质管理等各项基础技能。并且C公司为了打消新员工的疑虑，还会进行入职前的实习等培训项目。

而日企D是希望通过培训使员工能够爱惜物资，养成排队的好习惯。E公司设有专门针对班长、科长的培训。主要培养团队意识。根据各部门的推荐也会派遣员工赴日研修。

各企业共通的是都会进行基本素养、礼仪等的培训，都有新员工培训和管理层培训。E公司希望通过人才培训，能够使员工对所从事的工作高度熟悉的同时能够指导其他员工。F公司追求的是集良好性格、丰富的知识、丰富的经验为一体的人才。并且希望员工能够在当地稳定下来。

另外，欧美企业I公司会在每年9月末开展上司与员工的面谈，听取员工关于希望接受何种培训的想法，公司会基于此次面谈来制定下一年度的培训计划。从来年10月开始便会按照计划开展各类培训。

2．OJT 和 Off-JT 和岗位轮换的比较

在中国普遍比较重视 OJT。近来公司也偏向于培养多面手，希望在某岗位人员离职的时候马上就能有可以迅速接上这项工作的人。同时也重视工作中人与人之间的交流，因此企业重视岗位轮换的倾向也越发明显。

另外，F 公司正实行着轮岗制度，但是并不强求。公司把轮岗制度实施的目的对员工进行说明，对能够理解和接受的员工会进行岗位轮换，而专业志向较强的中国员工并非都能够理解这一制度，如果不能理解那公司也不会勉强，会让员工还是固定在之前的岗位工作。在 H 公司，轮岗制度仅在管理层和品质管理部门实施。这是考虑到管理层需要的是综合能力强的人才，品质管理部门需要的是多面手。

3．人才培训费用

关于人才培训的费用问题，苏州市的企业平均占经费的 2% 左右（其中1.5%由企业负担，0.5%由政府负担）。E 公司投入在人才培养上的费用在 2%～5% 之间，很明显是高于平均水平的。相反，F 公司投在人才培养上的费用仅占 1%，略微偏低。此外，J 公司虽然没有明确告知所占比例，但 J 公司每年投入 500 万元进行人才培训（企J58）。

4．成功案例

F 公司独特的培训方式是进行 JIT。这是关于学习丰田生产方式的培训课程。JIT 的讲师来自日本，每个月进行一次生产现场巡视，找出可以改善的地方。这个方法作为有效的培训案例，各类公司都希望能够来 F 公司参观、学习。

同时 G 公司有每年两次的 QC 小组活动的评价制度。所谓 QC 小组活动，即以车间班组为单位，自发地致力于产品的品质管理、安全对策和改善机制。在 G 公司采取的 QC 小组活动评价中得分最高的组将会得到去总公司发表的机会。各类外资企业也都采用这种方式，这种培训方式在提高全组的能力和自主性、活跃职场氛围等方面都发挥着重要的作用。

关于今后的人才培训，无论是中国企业还是日资企业，都认为基本的素养、礼仪、创造性等的培训该由学校承担，而关于企业文化、专业技能等的培训应该由企业方承担。学校与企业的相互协作是极为重要的。

五、小结

综上所述，调查结果和我们的假设有较大差异。在中国，岗位轮换正逐步被重视。日资企业的人才培训是基于日本总公司的人才培训方针，并结合当地特色作出了略微的调整，因此它发挥了很好的效果。岗位轮换也是顺应离职率高这一趋势产生的，正因为在中国离职率较高，所以企业希望通过轮岗培训制度能够培养多面手，能够在某岗位出现人员离职，缺乏人手的时候立刻有别的岗位的员工能够补上。因此充分调动和培养员工各方面的能力，促使其不断成长是某些企业采取轮岗制度的目的所在。

另外，在中国来自偏远地区的外来务工人员较多，很多员工在进行短期打工积攒一定资金后就想要回老家工作了，这一现象尤其集中在流水线的操作工身上，因此企业对蓝领工人的培养相对不够重视。但是正因为离职率高，企业更应该加大培养力度，培养一批稳定的、踏实工作的员工。

日资企业遇到的困难是：如果培养的人才跳槽到别的企业，日企必须从待人接物等基本素养开始培养新人。中国企业遇到的困难是：资金不足，这会影响到长期培训，也会对工作带来影响。日企和中国企业面对的共同困难是分析、评估人才培养的具体效果，因为这并不是能够立竿见影的。也就是说通过培训能否取得证书，在测试中合格不合格这是能够立刻显现的，但是培训成果能否具体化、实践化是较难评估的。

在中国进行有效的人才培训，不断更新培训内容和不断教授员工新知识，对提高员工工作热情是很有帮助的。但是如果采取一年以上等长期培训的话，必定会花费大量的财力和人力，就有可能会影响到生产，所以短期的培训会更适合。企业必须要平衡好培训和工作。并且，为真实地感受到培训的效果，培训后进行问卷调查，组织员工参加考试是必要的。我们认为让培训效果具体化、实践化是提高公司和员工双方信心的一种方式。

我们小组的汇报到此为止，接下来，请听人才雇用小组的汇报。

人才雇用组
苏州企业的人才雇用

后藤牙香　伊藤栞　神尾龙

一、调查目的
二、录用
三、待遇
四、晋升
五、小结

一、调查目的

中国在加入世界贸易组织后，从世界工厂变成了世界市场，世界各国的企业都争先恐后地进军中国。因此，导致了中国市场人才竞争的激化，要留住优秀的人才变得更加困难。并且，在中国很多年轻人即使就职以后还是会希望在职业发展中更进一步，因此跳槽的现象也很多，这也导致了在中国离职率偏高这一现状（企J77）。我们此次调查的苏州企业数量十分庞大，截至2012年在苏的外资企业有1万5千家左右。在苏州工业园区的日企的平均离职率达49.46％，派遣员工的流动率高达187.59％。那么，在面对如此现状，企业方采取了怎样的措施来留住优秀的人才呢（企J78）？

我们在先行研究的基础上，得出了以下假说：我们认为大多数企业都追求进入职场能够立刻发挥作用的人才，因此企业采取的用人方式是能力主义优先，人员离职率高可能是因为福利制度不完善导致的。结合这个假说，我们打算从录用、待遇、晋升这三个方面进行调查研究。

二、录用

1．想要的人才

首先企业想要的是怎样的人才？日企的回答有一共同点，他们都重视"人性"，而中国企业和欧美企业都更重视"专业性"。此外，当然无论是日企，还是欧美企业、中国企业，都很重视人性和专业技能，只是程度不同。对于录用应届毕业生，企业方更偏向于专业知识扎实，对待工作认真踏实、积极进取，并且能够不断创新，给企业灌入新鲜思想的人才（企J83）。

而对录用非应届毕业生，企业方在重视人性的同时，更期待的是经验丰富，进入职场能够立刻发光发热的人才。

2．应届毕业生和有经验的人

那么，实际上企业更希望录用应届毕业生还是有经验的人呢？日企的回答大致分为两类，一类更希望录用应届毕业生，一类应届毕业生和有经验的人都希望录用（企J85）。C企业和N企业的回答有着如下共通之处：在企业高速发展、扩张时期，希望录用更多的经验丰富的员工，而当企业进入稳定期后，会因为企业的长远发展而考虑录用更多的应届毕业生。而在中国企业中，偏向于录用应届毕业生的有1家，应届毕业生和有经验者结合录用的有2家，偏向于录用有经验者的有一家。在欧美企业中，应届毕业生和有经验者两者都想要录用的有1家，偏向于录用有经验者的有1家。从以上调查结果来看，在人才录用方面，中国企业处在日企和欧美企业中间这一位置（企J86）。

此外，我还明白了为了在白热化的中国市场竞争中占据有利地位，大多数企业都不仅仅是追求立刻能够发挥作用的经验丰富的人才，随着市场经济体系的不断变化，企业追求的人才模式也在不断地发生变化。

3．离职率和离职理由

在面对中国离职率普遍较高的这一现状，此次调查走访的这些较为优秀的企业的离职率又是怎样的呢？我们分成应届毕业生和有经验者两部分来进行讨论。

总体来看，白领的稳定性较高，离职率较低。给予我们回答的5家企业中，在过去三年间的离职率大多不到5％，这与整个中国市场的离职率相比是一个相当低的数字（企J87）。另外，在应届毕业生和有经验者的离职率现状方面，大多数企业都回答说有经验者离职的情况更多（企J88）。

应届毕业生离职的主要原因是自己和公司的整体氛围不和，理想和现实的差距较大等。而有经验者的离职原因大多是希望自己的能力能够得到进一步提升，职业发展更上一层楼。另外，日企给出最多的回答是员工想要回老家所以离职；中国企业中有3家都回答说因为想要在职业发展中更进一步所以离职；欧美企业的回答主要集中在希望自己在职业发展中更进一步和难以平衡理想与现实的差距这两点上。我们认为无论是应届毕业生还是有经验的人才的流失，最重要的原因还是在于晋升制度方面

（企 J89）。

4．留住人才，企业方采取的措施

从回答的整体情况来看，完善福利制度、提高工资薪酬、加强人才培训是防止人才流失的三点有效措施（企 J90）。

此次走访的日企都回答说通过不断完善福利制度来防止人才流失；中国企业回答说在完善福利制度的同时不断加强人才培训，给予员工更多提升能力的机会，希望以此来留住人才。但是，两家欧美企业采取的措施可以分成两类：一类是通过提高薪资、奖金等来留住人才，另一类是通过加强培训、给予更大晋升空间和完善福利制度来留住人才。

综上所述，通过此次调查走访，我们了解到：在离职率较高的中国，通过不断完善福利制度、提高工资薪酬对于降低离职率是极为重要的，但同时，通过加强人才培训使得员工自身能力不断提高，以此获得更多的晋升机会也是留住优秀人才的一项重要举措。

三、待遇

如上所述，离职率低的企业的共同点是：有着完善的福利制度和稳定的工资体系。接下来，请允许我介绍一下此次走访的 12 家企业的福利制度和工资体系。

1．工会的作用

首先，对企业员工来说工会是一个非常重要的存在。工会的工作目标是改善员工的劳动条件和稳定员工队伍。工会是基于共同利益而组织的社会团体，工会站在企业的对立面，能够为员工与雇主谈判工资薪水、工作时限、工作条件等各种问题。构建和谐的劳资关系，满足员工的多方要求，创造良好的工作环境，促进企业健全发展等都是工会应承担的责任。有着完善的福利制度和工资体系的各企业都有工会，并且对员工来说，工会发挥着不可替代的作用。

2．福利制度

此次访问的各企业在福利制度方面有着很多的相似点。具体来说，12 家企业都有着如下完善的福利制度：设有员工食堂、员工宿舍，此外为充实员工业余时间设有多种娱乐健身设施(例如：篮球、乒乓球馆、阅览室等)、给员工发放住房补贴，保证一年 13 个国定节假日的休息等。

其中，离职率仅 2%～3% 的日企 F 公司在完善福利制度方面尤为努力。企业在法定福利制度之外还为员工购买了补充医疗保险，每人每年给予 500 元的保险补贴。此外，还为职工购买意外伤害保险，因发生意外受伤的情况下医疗费全额由保险公司负担，还有针对员工子女的保险，员工子女生病的情况医疗费的 25% 由员工自己承担，75% 由企业方承担。F 日企的员工平均年龄仅为 35 岁，非常年轻。F 日企认为给员工购入此类保险是非常重要的。F 日企秉承"大家庭"这一企业理念，从结果上来看，这的确对降低离职率有着深远的影响。为了使员工能够过上稳定的生活，保障其福利制度是非常重要的，这与其离职率低是紧密相连的。

外来务工人员的离职率高是苏州企业的共同特点。而完善员工食堂、员工宿舍对留住这类员工来说是极为重要的。此外，因为外来务工人员远离家乡、亲人，独自在苏工作、生活，业余时间会比较无聊，因此，让这些员工之间能够彼此多相处，多一起参加各类活动，丰富其业余生活是留住他们的一项很重要的福利制度。

3．工资体系

我们认为高度照搬的日本式的年功序列制度是影响日企离职率的主要原因，经过实地调查走访，我们发现很多日资企业意识到了这一点。他们在运用日本式的年功序列制度的基础上结合了按能力高低分配工资的这一方式。日企 C 认为结合日本和中国各自的优点来制定工资体系是极为重要的。

请大家看 PPT 上所示各企业的工资体系一览表。此次走访的各企业工资基本都高于苏州的平均收入，但是我们重点关注的是工资体系而非收入高低。其中日企大多主要采取日本式的年功序列制度，国有企业、民营企业等大多采取按能力高低分配的制度，一般都首先按职位高低分成多个级别，并且结合能力高低每个级别再细分成多个档次。

中国企业 R 采取的晋升制度值得关注，该企业员工随着能力的提高和取得的阶段性成果能得到相对应的晋升机会，但是同时，该企业还采取降级制度，甚至有末位淘汰的情况。在该企业采取的工资和晋升体系下，能力强的员工可能会在较短时间内获得较高报酬，这对想在职业发展中更进一步的年轻人来说是具有很大吸引力的，但是反之，随着年龄的上升员工都成家了，越来越多的人会追求像日企那样采用更为稳定的年功序列制的企业，这也是

一个不容忽略的现状。

以日企为例来分析工资体系，日本式的年功序列制度作为稳定的工资体系是非常有效的，但是更重要的是要适应中国市场及员工需求，要结合按能力高低分配工资的方式，并且明确职业发展路径，我们认为这是企业离职率保持低下的重要原因。工资会随着每一次加薪不断增长，所以加薪制度当然是保持、甚至是提高员工积极性的有效措施。那么，接下来让我们来关注一下与晋升相关的问题。

四、晋升

1．确保人才的方法

为了确保优秀人才，企业大多同时采用内部晋升和外聘两种方式。在必要时候会考虑外聘，但是大部分企业更重视内部晋升。

2．晋升体系

与待遇（薪酬）密切相关的体系便是晋升体系。此次，关于企业采用了怎样的晋升方法，我们进行了调研。

晋升体系被分成"日本式能力主义"和"成果主义"这两种方法。日资企业基本上采用"日式能力主义"这一方法。

例如，H公司认为只要认真工作的员工就有晋升的可能性。比如说班长，因为流水线是24小时作业的，所以作为班长要对周围的事情高度关注，要无微不至，这些都是晋升的条件。这家企业关于晋升采用推荐制度，也就是说晋升时需要由上司来推荐。

G公司采用目标管理体系。企业每年对员工进行两次评价，采用得分制。当员工得分满10分以上时可能有机会晋升。人事部门会综合评价各部门的情况，如某员工各方面符合要求，则来年4月将会得到晋升。

中国企业、外资企业实施成果主义。企业采用透明的"公司内部招聘制度"，即员工可以自己报名参加的平等的竞聘体系。

E公司，进行人才培训时把员工分成"技能员"、"管理者"、"技术员"这三类，并且设定培训目标，培训结束时组织员工参加考试。特别是针对管理者，将其分成10个等级，严格把关，细致评估。另外，C公司采取末位淘汰制，业绩最差的5%的员工将会被淘汰。

F公司的晋升体系，针对管理部门和技术部门有所不同。技术部门重视职称、工作年限、对公司的贡献。管理部门重视业务知识、综合能力、管理的特殊性等。

综上所述，中国企业的晋升体系通常按照部门、员工等级进行分类。并且要结合考试的形式对员工进行考核，以及综合评价员工个人能力。值得一提的是降级制度也是中国特色的。

综上所述，此次调研走访的所有企业的共同点是"重视评价制度"。企业重视学习能力、进行笔试和面试等。采取这种评价体系的企业相当多。特别是在中国企业和欧美企业，针对管理者的降级制度、末位淘汰制度也是员工需直面的事实。

果然和我想的一样，企业根据员工能力高低对其采取明确的评价制度，是适合各类企业在中国市场下发展壮大的。

3．晋升速度

晋升速度也是调动员工的积极性的关键。此次我调查了各企业员工晋升大概需要的时间。

我了解到日资企业的晋升速度要比中国企业、欧美企业慢一点。

例如：I公司是最慢的。从科长升为部长的时间也有可能长达10年。H公司的管理者的晋升可能需要6、7年左右的时间。相对日企，中国企业的晋升速度略快。从这一点可以看出中国企业更重视员工个人能力，随着员工能力的提高，一旦岗位有空缺便有机会得到晋升。

在C公司，普通员工工作3年以上便有机会晋升。特别优秀的员工可能仅一年半时间就能晋升。D公司的话，岗位不同，晋升速度也不同。大概3到5年可能升成产品总监。研发部门、管理者、销售（2年后升成经理）这三个部门的晋升速度比较快（企J114）。

4．在工作中调动员工的积极性

（1）日企

关于调动员工的积极性，A公司认为不仅仅是要调动员工个人的积极性，而是要调动公司团队的积极性。拿技术员工为例，公司会不断导入新的技术、进行技术革新、给员工创造更多新的工作机会等。

在I公司，每个月会对操作工进行操作失误的统计，根据这项统计结果对其进行每月一次的评估。如果员工得到品质奖，将会得到奖金。并且他们将

有机会去日本参加发表 QC 的活动。

（2）中国企业

为了调动员工的积极性，D 公司采取"职位评估制度"这一晋升体系。

（3）欧美企业

B 公司采用提案制，跟总公司联动。员工的提案一旦被采用，他们就能获得奖金。而且，公司每年都会评出 10 名优秀员工，对其进行表彰。

J 公司，每半年有一次考试（及格的话有机会晋升，不及格的话会被降级），这也是提高员工积极性的一种方式。

五、小结

为了确保人材，完善的福利制度和充实的人才培训是各企业主要采取的方法。其中日资企业更偏向于重视福利制度，欧美企业更重视工资。

在参加实地调查前，我们认为"在中国，员工跳槽的情况很多，公司应该没有太多时间进行人才培训。"但实际上，企业的人才培训课程非常丰富，各企业都做得很扎实。

离职率低的主要因素我们认为是福利和工资。关于企业更希望录用怎样的人才这个问题，结论是日资企业更重视人才的人性，中国和欧美企业更追求人才的专业性。

通过这次的调查，我们了解到在日资企业、中国企业和欧美企业的全球化竞争中，欧美企业所贯彻的能力优先的策略更契合年轻人的追求。但是随着年龄的增长，员工的想法会变，会越来越追求稳定的工作。

而且公司氛围也不能一概而论。日资企业会给员工营造一个家的氛围，在员工生日的时候举办晚会，送生日蛋糕、送礼物等。企业非常重视每一个员工。中国企业重视员工的能力，对优秀的年轻员工来说是一个很好的发展平台。而欧美企业十分重视员工的提案，当提案被采用时就能获得奖金这一方式增强了员工的归属感。

Ⅲ 总结

如此充实的人才培训和完善的待遇机制是企业发展不可或缺的一个因素。我们认为这也是降低离职率的一项重要举措。完善待遇机制、重视个人能力、提高工资薪酬对于确保人才来说是非常重要的。

企业希望通过人才培训，不断扩展员工的发展空间，使其成为企业所需要的人才。

在苏州，各企业将采取怎样的人才培训方式来留住优秀人才，并与世界五百强企业竞争将作为我们今后的研究课题。确保人才对于保持企业发展活力是非常重要的，通过人才培训，企业和员工能够共享发展利益。仅仅单方面采用日资企业的人力资源管理方法或者欧美企业的人力资源管理方法是行不通的，这必会导致人才的流失日益加剧。所以，企业必须结合全球化的视点来进行人才培训，并结合当地员工的特点调整人力资源管理模式，以此确保优秀人才。此外，我们认为在抓好企业内部人力资源管理的同时，不断虚心向其他企业学习这一态度也是非常重要的。

企业班
"共生"视角下谈企业员工凝聚力发展新途经
——以苏州市高新区企业为例

赵晴　张弘弦　李美诺　任特

摘要："共生"这一理论首先出现在生物学领域，其后被广泛应用于经济学、社会学、人类学等领域。基于共生视角下谈企业凝聚力问题是一次全新的尝试。本文根据"共生"理论将企业与员工看作维持平衡且最终促进企业发展的共生单元，探讨在企业文化建设中提升员工凝聚力水平的新途径。本文根据调研访谈的十一家企业，分析各企业对于凝聚力建设的不同举措，得出"共生"理论对于企业员工凝聚力提升的重要意义。

关键词："共生"理论　企业文化　企业凝聚力　苏州市高新区

一、问题的提出

近年来，企业凝聚力问题在企业文化建设方面的影响日益突出。本小组针对苏州市高新区不同类型企业深入调研，观察到无论是国有企业、民营企业还是外资企业，在提升企业员工凝聚力方面都面临种种问题，归纳起来主要有以下三个方面：

（一）普遍面临员工离职率高的严峻问题

在本小组调研访谈的十一家企业中，有三家劳动密集型企业明确表示存在员工离职率过高的问题，苏州市高新区工会也表示离职率高是整个高新

区所面临的严峻问题。高新区企业2013年整体离职率平均值为26.9%，同比降低了四个百分点，但仍然处于高位[1]。大部分企业都存在员工期待较高的薪酬和企业希望降低人力资源成本之间的矛盾。针对一些劳动密集型产业而言，人力资源成本管控十分重要。因此企业离职率高的现实问题已经成为制约企业发展的瓶颈。这反映出企业在凝聚力建设方面有所缺失。

（二）普遍提出团队建设的重要命题

调研的十一家企业普遍提出团队建设的重要命题，企业均表示已投入大量精力建设理想团队。各企业团队建设方式不同但各具特色，可以看出团队建设对于现代企业的重要意义。现代制造类企业的流水型生产模式和自动化生产工艺决定着企业需要高效的团队来保证产品的可靠性，在生产线上团队成员的配合程度直接决定着生产效率与效益。除了最基础的生产线，产品研发、生产销售、售后保障等方面也都离不开高质量的团队。培养员工的凝聚力能促使每个成员的个人价值转换为最大的团队价值，才能推动一个企业高效有序的发展。因此团队建设已成为企业员工凝聚力发展的重要体现。

（三）普遍存在90后员工的管理难题

面对大批90后新生代员工涌入企业，并普遍存在90后员工管理难问题，本小组实地调研访谈的企业均表示正在积极研究相应对策。针对90后员工的共同点，有学者归纳为：个性张扬、追求独立、自尊心强、喜欢表扬、叛逆心理、利己主义、浮躁心态、脆弱情感、任性随意、缺少未来明确的人生观和价值观[2]。源自国家政策的调整，大部分90后是独生子女，加之张扬的个性使得这批新生代员工团队概念意识薄弱。在实地调研访谈中我们也发现，大部分企业都表示针对90后员工的管理，特别是员工凝聚力建设方面普遍存在问题。尤其部分90后员工还存在旅游打工、创业打工的新鲜想法，如果企业依旧采用原有管理模式，不积极研究提升凝聚力的创新方式，将阻碍整个企业的未来发展。

从调研访谈的十一家企业中，本小组得出各企业提升员工凝聚力的方式都具有共同点，本文将其归纳为企业与员工的"共生"关系。因此，本文从"共生"视角下阐释企业员工凝聚力的发展途径，以为高新区企业提供一种提升企业凝聚力新方式。

二、概念的界定

（一）"凝聚力"相关概念界定

1．物理学范畴：指同物质内部相邻各个分子之间的吸引力，也是能使物质凝聚成一个整体的作用力。

2．心理学范畴：群体动力派心理学家科特·利文（Kurt Lewin）指的是个体与群体的某种特定关系以及个体愿意留在群体中的程度[3]。

3．管理学范畴：指的是它作用给群体成员的一些影响，使成员在群体内积极活动并且拒绝离开群体。

4．社会学范畴：指社会共同体及成员在观念，行动方面显示出来的一致性和协同性。

5．群体和组织学范畴：詹宁斯（Janis）提出"成员看重群体成员身份和想继续保留这种身份的程度"的概念，突出了群体这个概念的重要性[4]。莫伦（Mullen）和库珀（Copper）把凝聚力比喻成为系统中能将人与人之间的摩擦降低到最低程度的"润滑剂"[5]。

6．企业文化范畴：指企业规模、管理、效益、文化等方面对企业成员所形成的各种影响，并对企业各成员产生的吸引力和向心力。它含有"向心力"和"内部团结"的双重含义，分为两种类型：主动凝聚力和被动凝聚力。主动凝聚力以利益共生为基础，分为血缘关系、整体利益两部分，着重点在于核心成员能否将个人与集体的发展和利益相结合。被动凝聚力主要是个体受到外部因素的影响而产生的一种凝聚力，包括文化引导和制度强化[6]。

本小组基于以上概念提出：企业凝聚力是使员工以企业的发展为己任，将个人的前途与企业的发展相结合，甘愿付出，团结协作的一种作用力，是企业内部人与人、人与企业之间相互关联的内在力量。企业凝聚力是一家企业文化的重要所在。

（二）"共生"相关概念界定

"共生"最初是从生物学范畴衍生的概念，同时在哲学范畴也有相关界定。

1．生物学范畴："共生"作为生物学概念，最早由德国真菌学家德贝里（Anton de Bary）于1879年提出，他认为共生就是不同种属共同生活在一起，是一种普遍存在的生物现象。后有生物学家斯哥特（Scott）明确提出"共生"是两个或多个生物在生理上相互依存程度达到平衡的状态[7]。

2．哲学范畴："共生"理论的核心是双赢与共存。中国学者袁纯清提出"共生理论"的三个基本概念是共生单元、共生环境及共生模式。并且归纳出一些本质的特征——共生现象是一种自组织现象，共生过程是一种自组织过程。因此共生系统具有开放性、非线性、非平衡性；共生现象的本质之一是合作。同时共生不排除竞争；共生过程是共生单元共同进化的过程，也是特定时空条件下的必然进化过程；共生能量获得的途径是共生单元之间的合理分工；共生进化过程中，共生单元具有充分的独立性和自主性，同时，共生进化过程可能产生新的单元形态，以及产生新的共生形态[8]。

3．企业文化范畴："共生"赋予企业精神文化中合作、共享、双赢的理念，提出了竞争性合作。同时在制度文化方面要求共同适应、共同发展，员工要适应企业的制度，企业也需要采用员工合理的意见。"共生"理论对企业内在机制的制定和健全也起着很大的作用。共生的机制是系统各个要素相互依存、相互制约的关系，即系统的自组织功能[9]。

本文认为"共生"是双向概念，从多种方面影响企业和员工，对于企业自身和企业员工具有纽带性的作用。"共生"理论很好地连接了纽带两端的企业和员工，能够促进企业协调、稳定发展，在提升企业凝聚力方面更是发挥重要作用。从根本上说"共生"可以促进企业与员工和谐发展。

（三）"共生"与企业凝聚力的关系

"共生"哲学理念的核心是双赢和共存。"**双赢**"是指员工的个人发展要和企业发展共融。这就指导企业应制定远大的战略目标，并在实现目标过程的同时关注员工的发展，将员工的发展融入到企业的发展战略中，实现荣辱同体。"**共存**"是指既要员工与企业共存，又要企业员工之间相容。员工与企业共存即员工通过一些渠道接受企业的文化和发展理念，同时企业可以认同员工对企业的奉献并且接受员工对企业发展提出的合理化建议。企业在"共生"理论下须做到"以人为本"，除了在企业价值观、经营思想、经营理念、员工行为规范方面提点员工，还需要向员工传达一种正能量，带给员工主人翁意识和责任感，从而让员工在心理上与企业共存，自觉维护企业利益，提升企业的凝聚力。企业成员相容即要成员相互接纳，表现在员工之间的爱好、兴趣、目标、信念等方面具有同质性，在性格、知识、人生阅历方面具有互补性。

三、"共生"对提升企业员工凝聚力的意义

（一）"共生"理论对于企业发展的意义

1．降低人力资源成本。在共生视角之下，企业与员工能有机地结合在一起，相互依存、共同发展。本小组调研访谈过程中，大多数企业面临着员工离职率高的现状，为应对这一问题，大多数企业以多种形式表现出"家文化"的概念。"家文化"是指企业为员工打造家庭般的环境和氛围，希望员工以企业为家。员工在这种文化背景的渲染下，凝聚力将潜移默化的建立。这项措施可以有效降低员工离职率，节约招工费用，减少培训支出，从而降低人力资源成本。从实际调研访谈中本小组了解到，苏州福田金属有限公司、苏州科达科技有限公司等多家企业均建立新员工辅导员制度，从工作生活各方面渗透"家文化"概念，使新员工更快融入企业文化，增加企业员工凝聚力。使企业与员工更快的在"共生"的理念下达到和谐统一。

2．提高企业生产效益。在"共生"理论下，员工获得企业优厚的待遇，免除生活所忧，会全心投入工作，提高企业生产效益。当企业打造的"家"的形象深入人心后，员工作为个体将回报公司，而众多个体组成了企业大的整体，这样就加强了企业的凝聚力，提高了企业的生产效益。苏州路之遥科技有限公司、苏州协鑫光伏科技有限公司等提高员工餐饮标准，提供免费住宿，为员工提供全方位的衣食住行保障，保证员工全身心投入工作，最终提高企业生产效益。

（二）"共生"理论对于员工个人的意义

1．"共生"有利于提高员工自身修养。在"共生"文化之下，企业给员工提供了优良温馨的工作环境、丰厚的福利待遇、温暖的"企业家庭"。而这样的外部环境也会反作用于员工，使员工提高自身素养。调研访谈过程中，本小组了解到佳能（苏州）有限公司"靠右行走"、"吃饭后将椅子放回原位"的口号；华能苏州热电厂"爱心＋1"活动；纽威数控装备苏州有限公司在员工学历提升方面给予的优惠和补贴政策；苏州协鑫光伏科技公司"幸福不换手"等活动。这些活动都有效提高了员工自身修养，规范了员工意识作风，长期培养，员工将被打造为有礼貌、有爱心、有修养、有气量、有学识、有眼界。从而提高了员工自身修养水平。企业

文化作为一种核心价值观，依据人的文化属性，是"镶嵌"到员工的思想意识当中，通过人的无意识、意识、心理、以及外化的约束、激励机制进而调控人的行为，使员工实际工作中实现企业意志向行为自觉的转变[10]。这在"共生"的视角下尤显突出。

2．"共生"有利于促进员工技能提升。在"共生"的理论指导下，一些企业不仅为员工提供了丰富的物质保障，而且开设了众多的业余生活丰富职工精神生活。如佳能（苏州）有限公司为基层员工开设了咖啡俱乐部、插花俱乐部、彩妆俱乐部等培训社团，通过这些社团不仅增进员工友谊、增加团队的凝聚力，从而使员工掌握新技能，有效促进员工能力提升。如佳能（苏州）有限公司、苏州路之遥科技有限公司、华能苏州热电厂等企业实行的岗位轮换制度，使员工在职业技能方面更全面性，进一步拓宽了员工的发展空间。

3．"共生"有利于提高员工创新意识。在"共生"理论下，企业致力为员工打造"天时、地利、人和"的工作环境。在这样一个适合创造的环境下，能激发员工的创造性。部分企业通过员工激励制度来激发员工的创造性思维，如纽威数控装备苏州有限公司十分注重员工专利技术保护。苏州西门子电器有限公司每年评选优秀员工，为优秀员工提供德国进修机会等。这些措施将有效激发员工创新意识，充分发挥员工的创造力。

（三）"共生"理论促进企业凝聚力的提升

"共生"理论的提出对于企业凝聚力的发展有着很大的影响。在"共生"的企业文化之下，企业效益与员工个人的利益紧密地结合。企业通过给员工提供良好的工作环境、人性化的职工政策、优厚的福利待遇来增强员工对于公司的信任、认同和归属。而员工对企业的信任、认同、归属将转化为员工对企业的忠诚、热爱和创造，从而提升员工凝聚力，从根本上促进企业的长效发展。目前，这种"共生"的理论被世界许多企业以多种形式所采纳。钟渊纺织公司的武藤山治，借鉴德国克虏伯钢铁公司的互助会制度，在公司内创立了由公司和员工共同出资的"钟纺共济组合"，其目的在于改善职工生活和工作条件，密切劳资关系。对于这一做法，武藤认为"把一家族内每个人之亲密关系推广于社会，任何人都能感到满足……对双方都极其有益"[11]。在调研访谈中也有公司为了激励员工，提高公司的凝聚力，提出了含有共生理论的企业文化标语：如纽威数控装备苏州有限公司提出的"全程相伴、全面共赢"，苏州协鑫光伏科技公司提出的"以人为本，追求卓越，和谐发展，创造价值"。由此得出，"共生"理论对于促进企业凝聚力的提升起到了重要作用。

四、"共生"理论是企业员工凝聚力发展的新途径

企业和员工的关系不是简单的雇员与雇主关系，而是维持二者平衡关系并保障企业健康发展的共生单元，因此在"共生"视角下探讨提升企业员工凝聚力问题具有十分重要的意义。

（一）加强制度建设，员工即是主人翁

1．制定企业发展战略，关注员工职业规划。在"共生"理论指导下企业可以建立"利益共享，风险共担"的经营机制，指定企业发展战略，关注员工未来规划。尤其对于新一代90后员工群体来说，更需提供未来的发展机会和长远的培训计划。因此，具有明确职业发展前景，不断提高员工能力的企业，才是视野开阔，长线发展的魅力企业。

2．鼓励参与企业管理，增强员工主人翁意识。华能苏州热电厂的职工代表大会制度和苏州科达科技有限公司定期征集员工合理化建议制度可以有效激励员工的积极性，增强员工的存在感，是"共生"模式的良性表现。员工通过参与公司的管理，对公司产生强烈的归属感，进而提升凝聚力。公司也可利用自己的内部网站，及时发布公司重大决策，设立车间内部看板，实行公司管理透明化，同时使每一位员工感受到"企业为我，我为企业"的共生意识。

3．加强班组制度规范，增强团队协作能力。在班组建设方面应强化规章制度，制定团队奖惩机制，以增加班组的"共生"意识，进而促进企业凝聚力的提升。班组作为企业的基层单位，应将个人激励与团队激励制度相结合，如果企业只注重团队中的个人激励，而缺少团队激励则易出现一些内部矛盾，阻碍团队凝聚力的提升。因此在班组制度方面也应秉承"共生"的理念，从而促使员工工作的自觉性、积极性和创造性。

（二）加强物质激励，人才培养是根本

1．建立有效的激励机制。企业和员工作为"共生"环境中的两个主体，企业在自身发展的同时一定要建立健全福利保障制度，对于员工的关爱要落

到实处。如将工资集体协商制度落到实处；发放十年员工补贴，对于十年以上员工进行集中式、递进型补助；推出家庭宿舍套房计划，解决已婚无房员工居住问题；建立伙食委员会，制定"我最喜爱的餐饮"计划等，为员工的衣食住行提供全方位的物质保障。

2．提供优质的培训机会。为适应科技进步，企业需提供更多的支持企业核心竞争力的培训环境和开发系统，如 GCLPV 工作方法等。通过培训与教育，不仅增强员工的竞争优势，提高员工的素质和工作效率，而且还能使其感受到企业的重视与关爱，这将是企业吸引人才、留住人才的重要条件。同时企业还可以为员工提供更多的轮岗、换岗的机会，使员工可以熟练掌握多项工作技能，这样的多技能人才可以为企业的发展做出更大的贡献。

3．发展人性化保障措施。"共生"理论所包含的"以人为本"精神，是要在充分尊重和满足个人生活和发展需要的同时，也关注家属的利益需求。制定亲子"1＋1"计划，发放亲子摄影券、亲子游乐套票、亲子旅游基金；家属大病救助计划，对于家属的身体检查、大病救治给予适当补贴；红白关爱计划，对于家属的"婚丧嫁娶"给予适当关注及补贴。以对亲属的关怀，增强员工对企业的感恩意识。

（三）加强精神培养，人文关怀落实处

1．树立"以人为本"观念。"共生"理论要求的是企业与员工共同发展，企业主要的组成部分是员工，所以建立健全以人为本的管理理念是管理工作的核心和动力。如在车间摆放家庭照片、对车间进行温馨装饰等。这些浓重的人文关怀可以使得企业的员工更好地为企业服务，进而促进企业在日益激烈的市场竞争中处于不败之地。只有尊重员工、相信员工、关心员工，才能提高员工满意度，提高员工的工作积极性。

2．提高管理团队水平。这要求管理团队重视效率，不搞形式主义，企业领导人要有博大的胸怀。对企业的中高层管理人员进行业务培训、国内外考察、基层实践等提高管理者的水平。企业管理者既要有合作的诚意，又要有让利的雅量，也要有吃得起亏的勇气。对员工的让利、放权，可以看成是一种换位思考，想员工之所想，急员工之所急。这种人性化管理措施，富有开拓精神。同时管理团队在企业精神或信条的制定上可以充分考虑员工感受，避免其过于僵硬和刻板，有助于企业保持一定的活力。

3．加强员工心理辅导。一些企业不注重员工心理健康的发展，这种状况在新的发展时期急需改变。心里的认同度决定了团队的凝聚力，更决定了员工个人未来的发展状况。如开设团体辅导、完形治疗、心理沙盘等课程。调整员工的工作心态。来让员工从心中爱上公司，爱上企业。这将有效降低离职率，降低人力资源成本，进而提高企业的整体效益。

注释

1）张欣，赵倩《苏州市高新区2013年度薪酬调研报告》中智薪酬数据发展中心，2014.4
2）李露，天津泰达建设集团有限公司《浅谈企业90后员工特点及其管理方法》《人力资源管理》2014年 第3期
3）雒永信，聂锐《凝聚力的科学表达式及其对管理的启示》[J].《领导科学》2006, (20)
4）Carrie, R Leana A partial test of Janis group think model: effects of group cohesiveness and leader behavior on defensive decision making. *Journal of Management*, 1985, 11 (1): 5–17
5）Mullen B, Cooper, C. The relation between group cohesiveness and performance: an integration. *Psychological Buletin*, 1994, (115): pp. 210–222
6）程永明《共生理念与日本的企业经营》《理论与现代化》2009年1期
7）同6
8）王珍珍等《产业共生理论发展现状及应用研究》《华东经济管理》2012年10期
9）周金貴《基于共生理论的高校独立学院演变研究——以浙江省为例》浙江大学管理学院博士学位论文，2007
10）包立峰《以人为本企业文化的价值生态与建构》《东北师范大学博士学位论文》2012, 10
11）程永明《共生理念与日本的企业经营》《理论与现代化》2009年1期

参考文献

[1] 忻榕，徐淑英《国有企业的企业文化：对其维度和影响的归纳性分析》[M]// 徐淑英，刘忠明．《中国企业管理的前沿研究》北京大学出版社，2004
[2] 松本厚治《企业主义》[M]// 企业管理出版社，2007
[3] Pettigrew. A. M. On Studying Organizational Cultures [J]. *Administrative Science Quarterly*. 1979, 24(4): 570–581
[4] 阿伦·肯尼迪，特伦斯·迪尔：《西方企业文化》[M] 中国对外翻译出版公司，1981
[5] 李萍《日本现代社会中的共生伦理》《湘潭师范学院学报（社会科学版）》2009年第2期
[6] 卢俊美等《迎接90后员工你准备好了吗——90后新生代职业观调查报告》[J]《经管管理者》2012 (10)

総評

桂花千里苏州路，雏凤清于老凤声
中国劳动关系学院文化传播学院教授、院长
李 双

认识中国，对日本学生而言是认识他国，对中国学生而言是认识自己。认识中国，存在媒体传播信息变异而带来的困惑；认识自己，存在当局者迷的盲目。但我欣喜地看到，在这次首次由中国劳动关系学院学生与爱大现代中国学部的学生共同参与完成的苏州现地研究实习，两国学生都交出了优秀的研究报告。这既是认真求知精神的体现，也是能力与学养的展示。认识对象和认识自己，小而言之是专业的要求，大而言之有利于中日友善。爱知大学现代中国学部的师生考察中国的教学实践活动，每年一次，一直坚持到今天，相当不易。虽然比起上个世纪80年代胡耀邦先生邀三千日本青年访华的国家行为不可同日而语，但细水长流，坚持下去，无疑极富建设性价值。就像著名的斯芬克斯之问一样，认识自己艰难，认识他人也艰难，但日中两国，只有不断深入认识对方，才能更好地认识自己。越是两国关系出现障碍，越需要彼此的认识、沟通、了解进而理解。

总体而言，本次实地调研分农村、城市、企业三个方面开展，皆取得了令人高兴的成绩，体现出如下特点：

其一：充分重视调查方法的恰当运用。在三个方面的实地调查中，个别采访、数据收集、比较分析三种方法运用得较多。尤其是比较分析的方法使用得当，不但注意到了日中之间的比较，还注意到了考察地历史与现状的比较、此考察地与彼考察地的比较（如东山镇与西山镇），以及日中与欧美等三方国的比较。学生做到了在比较中发现问题，分析问题，寻求解决之道，这在学术路径上是值得肯定的。

其二：学生在实地现场调查前，显然做足了功课，查询了大量资料，预设的问题非常精彩、准确，切中诸多现实积弊。考察前大胆的预设，与田野考察中严谨的实证结合起来，目的明确，虚实结合，具有重要意义。比如，农村组调查预设的问题就颇为精当，针对性提出了"旅游开发"、"老龄化"、"旅游生态"和"农业合作化"问题，以及目前农村所面临的"创业"、农业产业结构发展的问题等。再比如，都市组从养老生活、经济发展对历史文化街区生活的影响这两个具有现实积极意义的切入点展开调查，系统调研了养老方式等。还有企业组的同学，设置调查议题（主题）的能力也相当强，从企业人才培养、雇工制度等方面入手，考察中国企业在人力资源上存在的疑难障碍，抓住了中国企业当下管理困难的核心。

其三：日中学生的调查报告也表现出各自的特点。日本学生重田野调查，重个人采访细节，重问题的具体性。日本学生的每一个问题都紧紧围绕调查的事实，几乎每一个结论，都来源于调查的事实。这更像中国实证主义思想家胡适所欣赏的，"有一分事实说一分话"。中国学生则较擅长或注重对调查的概括与引申，甚至在调查报告里远远超过了调查的事实细节本身，而偏重在相对少量的事实基础上，完成较庞大的逻辑判断与建构。如企业组的《"共生"视角下谈企业员工凝聚力发展新途径??以苏州市高新区企业为例》，就明显呈现出论大于据的特点。相对而言，日方学生重细节，重事实，重量化，重微观；中方学生重理论建构，重质化判断，重宏观总结。总体来看，日中双方学生，都具有沉下去（调查）与升起来（通过调查得出结论）的学术规范及能力，都具备能基本做到从微观到宏观，从具体事实到实质问题的判断与分析的逻辑能力，这是相当令人欣慰的。

其四：本次实地考察报告，也存在一些不足，虽然瑕不掩瑜，但我还是要直率指出一些需要改进或深化的地方。

第一，数据的时效性在个别地方出现了瑕疵，有些数据的引用，过于陈旧，不具备时效性，这会影响判断结论的有效性。田野考察的数据，应该尽可能采用第一时间的最新数据。第二，学生在考察中，抓住老龄社会和都市养老的问题，无疑相当准确。但在探索解决之道时，却忽略了一个至关重要的源头，那就是在中国施行40多年的计划生育"国策"。正因为计划生育的政策没有得到及时的分地域的调整，才导致了目前中国不同地域在养老难题上的恶化，形成当下中国"未富先老"的现状。忽略"计生"政策对养老的影响，是对中国的历史了

解不够全面，也难以在养老问题上做出正确全面的根源性判断。第三，中国的农村、城市、企业存在的诸多积弊，分析这些弊端或难题时，要注意结合当代中国特定历史形态去考察。这个特定历史形态，从大的视角看，简单讲就是自1911年中国建立亚洲第一个共和国以来，大陆始终没有完成真正现代国家政体的建构。这个历史形态带来一系列的各个领域各种错综复杂的矛盾，所以，考察今日之中国，要特别注意100年来的历史形态在解决当今中国宏观、微观问题上的巨大不确定性，以及由此导致的许多体制、机制障碍。最近中国国家主席习近平提出，中国目前的改革进入攻坚阶段，改革的目的是要实现国家行政、治理、文化体系等诸方面的"现代化"，就是针对这样一个百年历史形态所言的。文化与历史形态是无形之手，会深刻影响我们看得见的具体的东西。比如，本次学生的报告里，谈及苏州城市里诸多老人为何送孙辈上学并在生活上照顾孙辈，采用了老人们自己的解释，说这是他们的生活乐趣，他们乐于这样做。其实，老人们的说法不足为据。这个现象，基本上从一个维度反映出普通中国大众"啃老"的生存状态，其真正的原因是值得去认真探究的。

2014年度蘇州現地調査報告に関するコメント
高明潔

首先是关于农村实习班的报告。中日同学的实习地点同是东山镇和西山镇，但从题目来看，实习的出发点和方法有所不同。日方同学的调查资料很详细，包括家庭结构，产业构成，以及农村旅游业和农业合作社的现状等。中国现在处于社会转型，也就是由过去的农业为主的产业结构社会向产业多元化社会转变的时期，所以，如果能将《太湖的农民和渔民》这个主题，和当前中国社会的产业转型结合起来，比如太湖的农民和渔民们以什么样的心态，并且采用什么样的方式在应对社会的转型话，实习的成果可能就不会只停留在资料介绍的水平上了。与此相反，中方同学的实习内容有主题，内容也与主题有逻辑性的关联。但使用的地方年鉴是10年前的，如果能够将现状和10年前进行比较研究的话，对中国农村的社会变化会进行一个实证性的说明。

其次是关于城市实习班的报告。日方同学的实习报告值得肯定之处有四点。第一，主题明确，有重点；第二，从居民的角度考察的城市旅游开发和养老状况，符合社会调查的需要。第三，报告没有过多的铺垫，直接进入主题的报告方式也符合研讨会的原则。第四，有效地使用了较新的地方年鉴。可能也出于同样理由，劳动关系学院李德齐院长也认为日方城市班同学的报告不错。但是汉语应该再努力。途中PPT的中断也很遗憾。中方同学有效地使用了地方统计年鉴，但如果报告不停留在空泛的议论，而是对养老这个抽象的定义，做出你们自身的关于什么是养老？如何养？老人如何对待被养等的结论，可能会进一步掌握实证性的方法，也会更好的体现现地实习的意义。希望你们能对日本社会的养老方式进行考察。

最后是关于企业实习班的报告。日方同学的报告有主题，用比较的方法对日中企业的人才培养和人才雇佣进行了考察。如果能与企业经营理念相关，即人才培育和雇佣的原则与企业经营理念相关联进行说明的话，同时，再多一些具体事例的话，报告也许会更生动更有说服力。中方同学的报告内容和问题点和日方同学很接近，其实是有关企业经营理念的问题。如果有员工的具体的事例的话，报告内容就更会充实。

農 J1

農 J2

農 J3

農 J4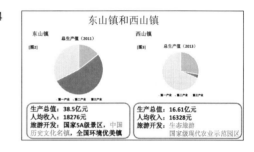

農 J5

農 J6

農 J7

農 J8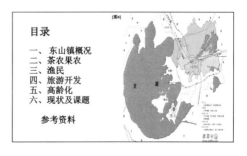

農 J9

農 J10

農 J11

農 J12

農 J13

農 J14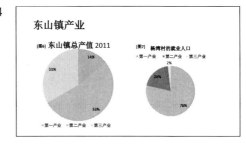

農 J15

農 J16

農J17

農J18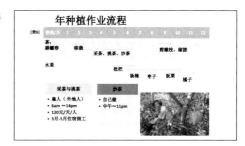

農J19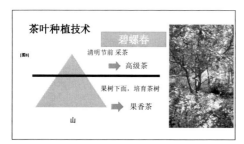

農J20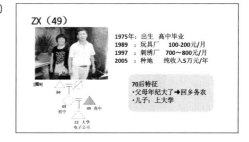

農J21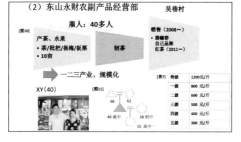

農J22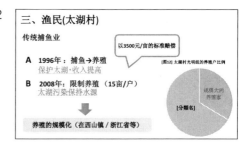

農J23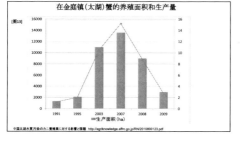

農J24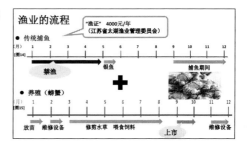

農 J25

農 J26

農 J27

農 J28

農 J29

農 J30

農 J31

農 J32

農 J33

農 J34

農 J35

農 J36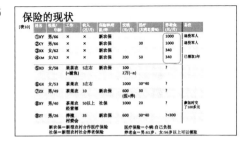

農 J37

農 J38

農 J39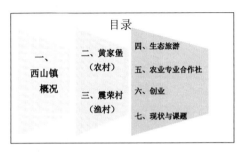

農 J40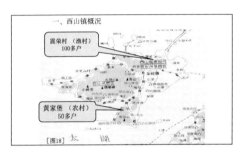

農J41

農J42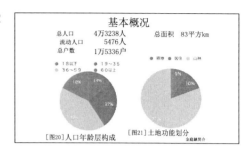

農J43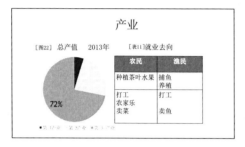

農J44

農J45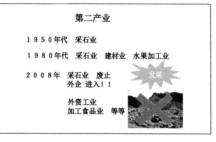

農J46

農J47

農J48

農 J49

農 J50

農 J51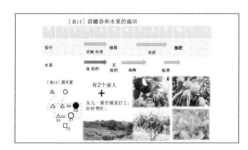

農 J52

農 J53

農 J54

農 J55

農 J56

農J57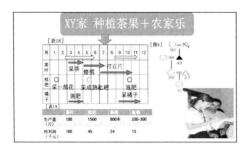
農J58
農J59
農J60
農J61
農J62
農J63
農J64

農 J65

農 J66

農 J67

農 C1

農 C2

農 C3

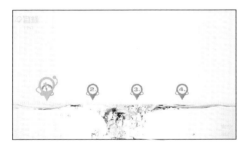
農 C4

農 C5

農 C6

農 C7

農 C8

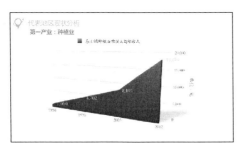

農 C9

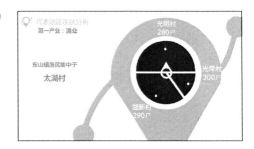

農 C10

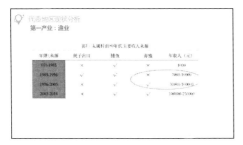

農 C11

農 C12

農 C13

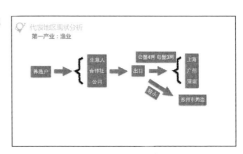

農 C14

農 C15

農 C16

農 C17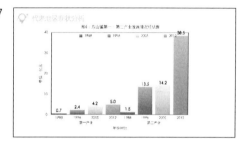

農 C18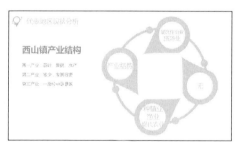

農 C19

農 C20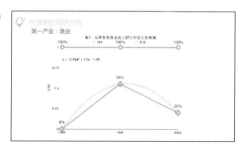

農 C21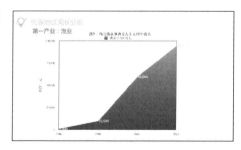

農 C22
農 C23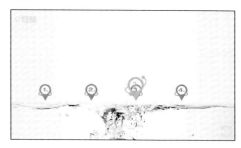
農 C24
農 C25
農 C26
農 C27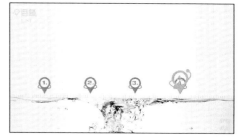
農 C28
農 C29

農 C30

農 C31

都J1

都J2

都J3

都J4

都J5

都J6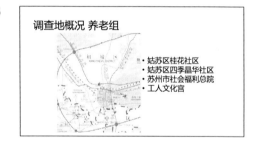

都J7

都J8

都 J9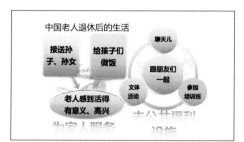
都 J10
都 J11
都 J12
都 J13
都 J14
都 J15
都 J16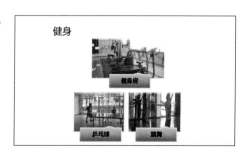

都 J17

都 J18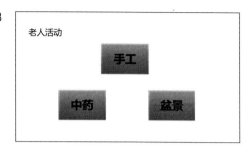

都 J19

都 J20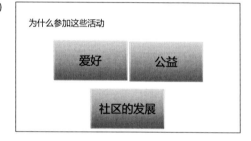

都 J21

都 J22

都 J23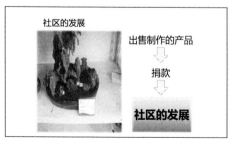

都 J24

都J25

都J26

都J27

都J28

都J29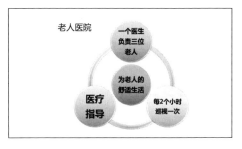

都J30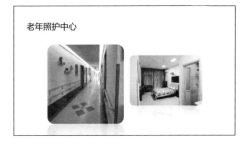

都J31

都J32

都J33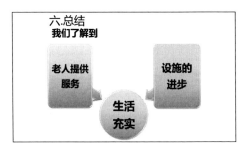

都J34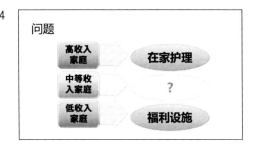

都J35

都J36

都J37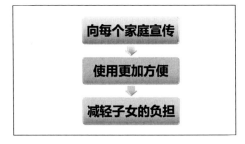

都J38

都J39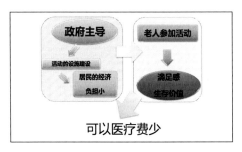

都J40 老龄化社会的有效方法

都 J41

都 J42

都 J43

都 J44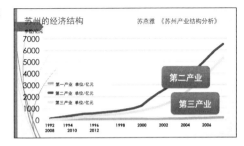

都 J45

都 J46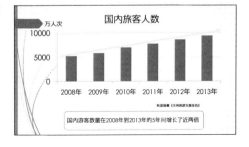

都 J47

都 J48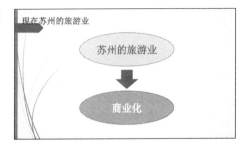

都J49
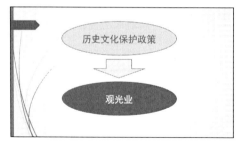

都J50
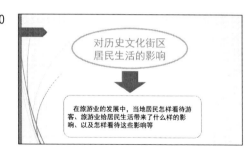

都J51

调查地介绍

都J52
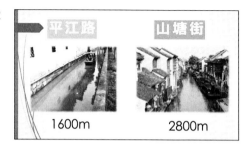

都J53

一河两街

都J54

小桥流水

都J55

粉墙黛瓦

都J56

2002年
在开发开始

都 J57
都 J58
都 J59
都 J60
都 J61
都 J62
都 J63
都 J64

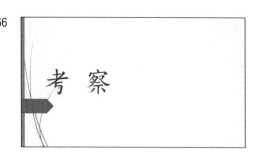
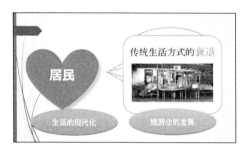
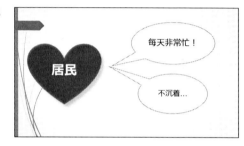

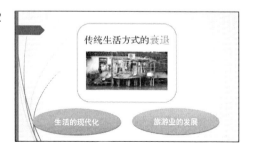

各班発表内容と総評…175

都 J73

都 J74

都 J75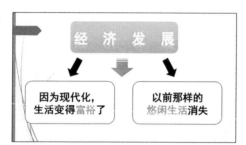

都 J76

都 J77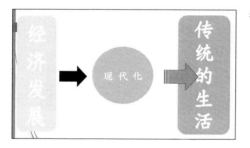

都 J78

都 J79

都 J80

都J81

都J82

都J83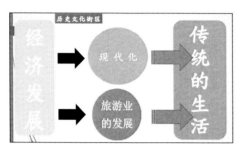

都J84

都J85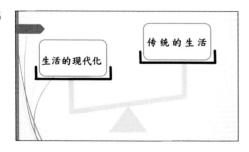

都J86

都J87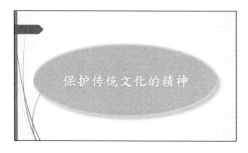

都J88

都 J89

都 C1

都 C2

都 C3

都 C4

都 C5

都 C6

都 C7
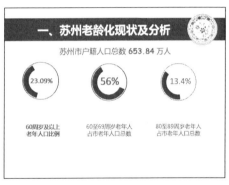

都C8
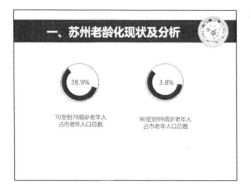

都C9
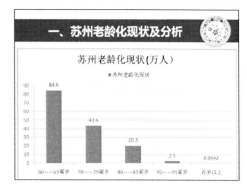

都C10

都C11

都C12

都C13
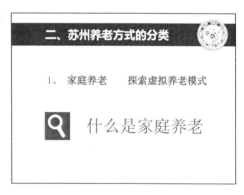

都C14

都C15
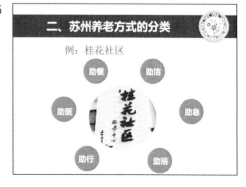

都 C16

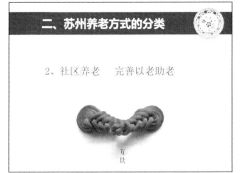

都 C17

都 C18

都 C19

3、机构养老　完善护理工作　提出精神养老新理念

机构养老是社会养老的专有名词，是指相关的养老机构为老年人提供饮食起居、清洁卫生、生活护理、健康管理和文体娱乐活动等综合性全方位、多角度的服务机构。

都 C20

都 C21

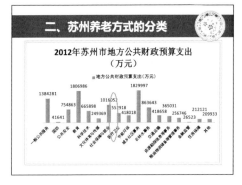

都 C22

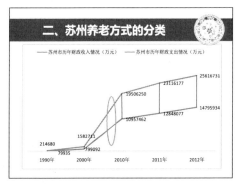

都 C23

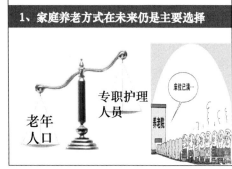

都 C32

企J1

企业班：在华企业的人力资源管理

白木英香　柴田优季　诺贝拉沙织
森有里花　伊藤栞　后藤牙香　神尾龙

企J2

目录

I. 调查概要、目的与方法
II. 调查内容
　一．人才培训
　二．人才雇用
III. 总结

企J3
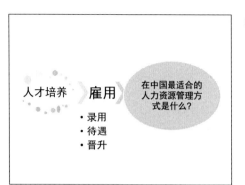

企J4

企J5

企J6
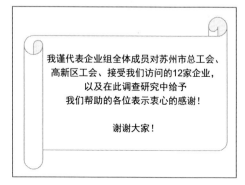

企J7
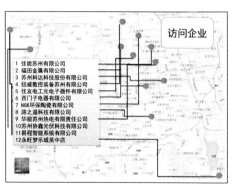

企J8

企 J9

华能苏州热电有限责任公司

成立于	1990年〈国有公司〉
公司位于	高新区长江路
注册资本	200亿元
占地总面积	约70亩
主要生产	电源开发、投资、建设、经营和管理，电力生产和销售

加热发电

年发电能力10.5亿千瓦时，年供气能力160万吨

发电机24小时全速开动

企 J10

苏州路之遥科技有限公司

成立于	1986年〈民营企业〉
公司位于	浙江省温州市
注册资本	20亿人民币
公司现有雇员	约3000名
占地总面积	约30万平方米
主要生产	集微电脑控制器、线数连接器的研发

中国首创触摸式料理机、冷热直饮机 世界首创铝制冰模制冰机

2013年生产能力超过82亿元人民币

企 J11

苏州科达科技股份有限公司

成立于	1995年〈民营企业〉
公司位于	新区金山路
注册资本	2亿元
公司现有雇员	约2,500名
主要生产	安防产品、提供解决方案

产品用于2008年北京奥运会

2010年上海世博会

企 J12

纽威数控装备苏州有限公司

成立于	2001年〈民营企业〉
公司位于	高新区湘江路
注册资本	8亿元
占地总面积	33,000平方米
主要生产	数控车床、立式数控车床、车削中心

纽威采用先进的ERP管理系统

致力于追求产品的零缺陷，为客户提供高质量的数控装备

企 J13

易程（苏州）电子科技股份有限公司

成立于	2006年〈总公司〉，2010年〈苏州分公司〉〈民营企业〉
公司位于	高新区 科技城
注册资本	6,000万元
公司现有雇员	约500名
占地总面积	132,000平方米
主要生产	自动检票系统、车载旅客服务系统、众多软硬件产品

易程是清华大学整合所属企业优势资源组建成立的。

企 J14

日资企业

企 J15

住友电工（苏州）光电子器件有限公司

成立于	2001年〈独资企业〉
公司位于	虎丘区金枫路
注册资本	3,400万美金
占地面积	60,000平方米
公司现有雇员	约2,500名
主要生产	环保电线、照射电线聚乙烯

激光芯片排名世界第3位、日本第1位

女性员工很多

企 J16

佳能苏州有限公司

成立于	1994年〈独资企业〉
公司位于	新区珠江路
注册资本	1.5亿250万美金
公司现有雇员	约560名
主要生产	彩色数码复合机、复印机

从苏州直接出口到世界各地

佳能的复印机大部分由该企业生产

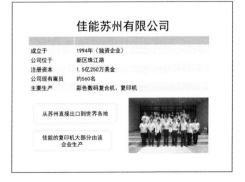

企 J17

企 J18

企 J19

企 J20

企 J21
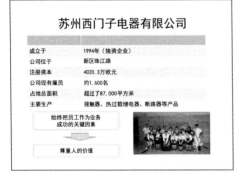

企 J22

企 J23

人才培养组

白木英香　柴田优季
诺贝拉沙织　森有里花

企 J24

目录
一、人才培养组
I. 动机
II. 先行研究
III. 调查结果
IV. 结论
V. 参考文献

企J25

1、调查目的

企J26

企J27

企J28

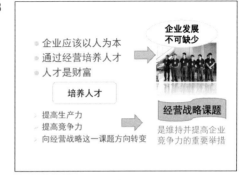

企J29

企J30

2、先行研究

企J31

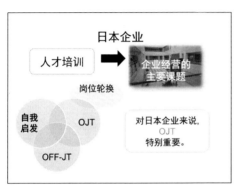

企J32

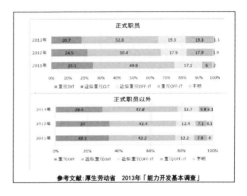

企J33

- 日本受终身雇用制度的影响

论资排辈　终身雇用　✓在一个公司长期工作非常好

应届毕业生≠人才
应届毕业生＝素材

→日本比较重视稳定 想归属于某一个公司

日本企业不断完善人才培训制度

企J34

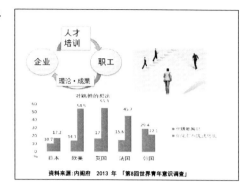

企J35

欧美企业的人才培训

企业需要工程师等具有一技之长的专业技术人才

没有"普通职综合职位"的想法

・要求职业的、专业的意识

欧美企业　　岗位分工明确、专家化

企J36

欧美企业的人才培训

▸ 欧美企业要求工作人员具有职业意识和专业意识。

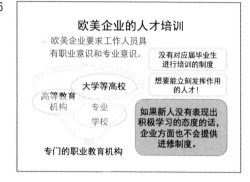

没有对应届毕业生进行培训的制度

想要能立刻发挥作用的人才！

如果新人没有表现出积极学习的态度的话，企业方面也不会提供进修制度。

专门的职业教育机构

企J37

中国的人才培训

▸ 行业不同可能会有差异

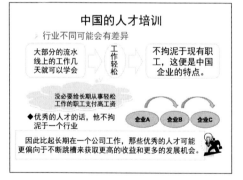

企J38

军训　集体意识　遵守规则　忍耐力　→　强化！

新人培训是为了培养员工　　发现有能力的人才的方法之一

总之培训内容是企业需要的培训，新人培训是从企业角度出发的培训。

企J39

3、假设

企J40

日企在中国虽然早就致力于本地化

日本　　　　中国

通才　　　专家

企 J41

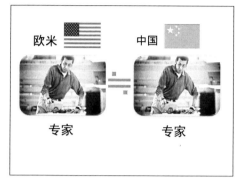

企 J42

- 欧美企业一样以专家意向为主，重视成果
- 采用满足员工在短期内在职业发展上更进一步的培养方针。
- 在中国离职率高，人才培训是否会因为无法发挥它应有的效果而得不到重视呢？

企 J43

4、在中国得出的调查结果

企 J44

(1) 各公司的人才培训方法

企 J45

企 J46

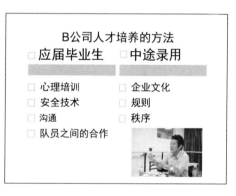

企 J47

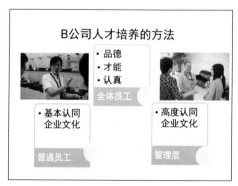

企 J48

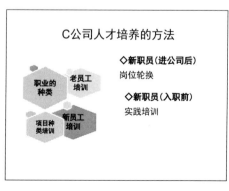

企J49

企J50
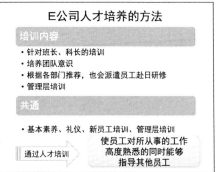

企J51
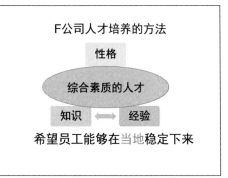

企J52

企J53

企J54
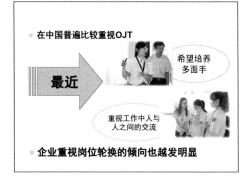

企J55
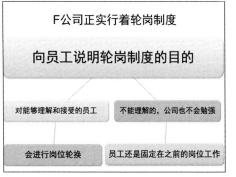

企J56

企J57

企J58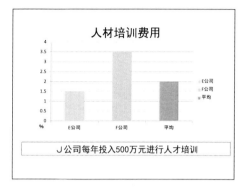

企J59

企J60

企J61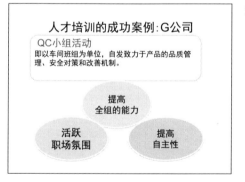

企J62

企J63

5、结论

企J64

企J65

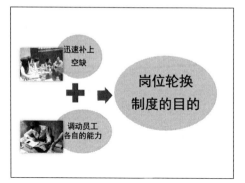

企J66

企J67

企J68

有效的人才培训

- 不断更新培训内容和不断教授员工新知识
- 平衡好培训和工作短期的培训
- 让培训效果具体化

企J69

参考文献

★書籍・論文
- 田園著者（2011）『中国日系企業の人材育成』
- 鈴木岩行（2002）『中国における日系企業のコア人材育成—2002年調査との比較を中心に』
- 石井徹・田野『中国の日系企業における労務管理の変化』
- 葛西和恵『中国進出日系企業の採用・人材育成—キャリア形成の実態と課題』
- 服部治・谷内篤博 編著（2000）『人的資源管理要論』（晃洋書房）
- （財）中小企業総合研究機構訳 編著（2009）『アメリカ中小企業白書〈2008・2009〉』（同友館）
- 清家彰敏・馬淑萍（2005）

企J70

- 『中国企業と経営』（角川書店）
- 古田秋太郎（2004）『中国における日系企業の経営現地化』（税務経理協会）
- 奥林康司・平野光俊 編（2004）『キャリア開発と人事戦略』（中央経済社）
- 二宮書店編集部 編著（2013）『データブックオブ・ザ・ワールド 世界各国要覧と最新統計 2014(Vol. 26)』（二宮書店）
- 趙暁霞（2002）『中国における日系企業の人的資源管理についての分析』（白桃書房）

企J71

★网点
- 日本の人事部 （2014年4月30日閲覧）
  https://jinjibu.jp/f_training_and_development/article/detl/outline/782/
- 厚生労働省 （2014年4月30日閲覧）
  http://www.mhlw.go.jp/
  https://www.jetro.go.jp/recruit/info/career-path
- Canon （2014年4月30日閲覧）
  http://canon.jp/
- 路之遥 （2014年4月30日閲覧）
  http://www.lzy.cn/jpindex.aspx
- 日本経済団体連合会 （2014年4月30日閲覧）
  http://www.keidanren.or.jp/
- NTT経営データ研究所 （2014年5月15日閲覧）
  http://www.keieiken.co.jp/monthly/2011/0221/
- インソース （2014年5月4日閲覧）
  http://www.webinsource.com/archive/100119001145.html

企J72

- JETRO （2014年5月1日閲覧）
- 易程科技 （2014年6月23日閲覧）
  http://www.easyway.net.cn/
- 纽威阀门 （2014年6月23日閲覧）
  http://www.newayvalve.com/cn/
- 上海ビジネスフォーラム異業種交流会 （2014年6月23日閲覧）
  http://www.sbfnet.cn/useful/management/19.html
- NGK（苏州）环保陶瓷有限公司 （2014年6月23日閲覧）
  http://www.ngk.com.cn/acc/company/
- 第8章 中国の職業教育と教員の養成・訓練 （2014年6月23日閲覧）
  http://www.uitec.jeed.or.jp/images/fiftyyear/50th_04/15.pdf
- Universum「中国人大学生の人気就職先」
  http://diamond.jp/articles/-/42763
- 厚生労働省HP
  http://www.mhlw.go.jp/stf/houdou/2r985200000135nu.html

企 J73

雇用管理

伊藤朵　后藤牙香　神尾龙

企 J74

目录

二、雇用组
i. 调查目的
ii. 假说
iii. 调查结果
　* 录用
　* 待遇
　* 晋升
iv. 小结
v. 企业班的总结
vi. 参考文献

企 J75

1、调查目的

企 J76

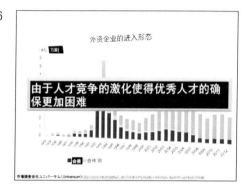

企 J77

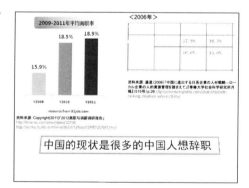

企 J78

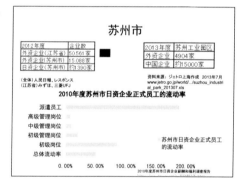

企 J79

2、假设

企 J80

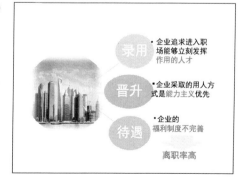

企J81

3、在中国得出的调查结果

企J82

1) 录用

企J83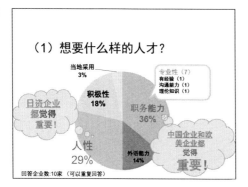

企J84

企J85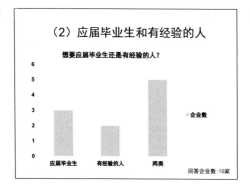

企J86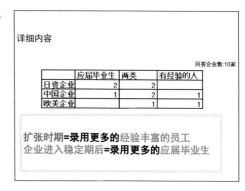

企J87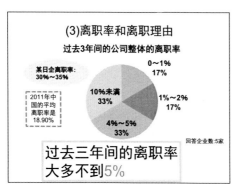

企J88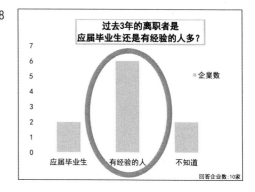

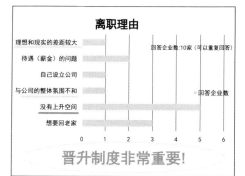
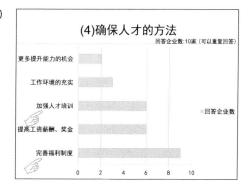

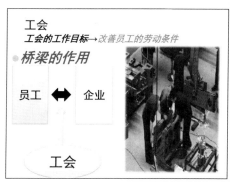

企J97
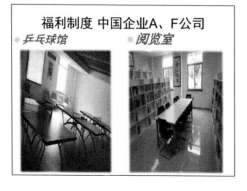

企J98

企J99
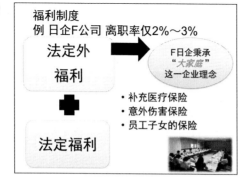

企J100

企J101
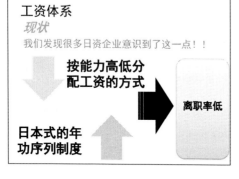

企J102

企J103

企J104

企 J105

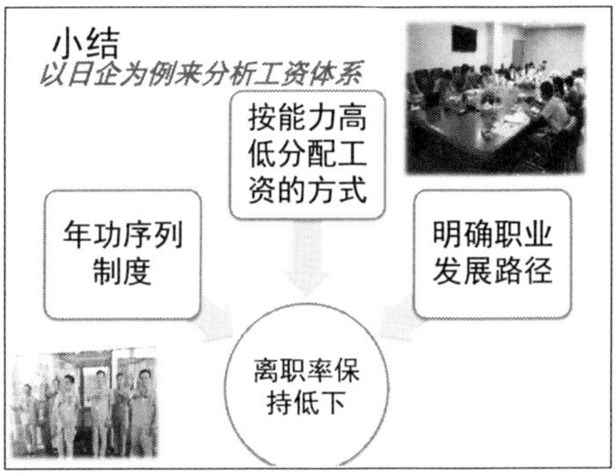

小结
以日企为例来分析工资体系

- 年功序列制度
- 按能力高低分配工资的方式
- 明确职业发展路径
- 离职率保持低下

企 J106

3) 晋升

企 J107

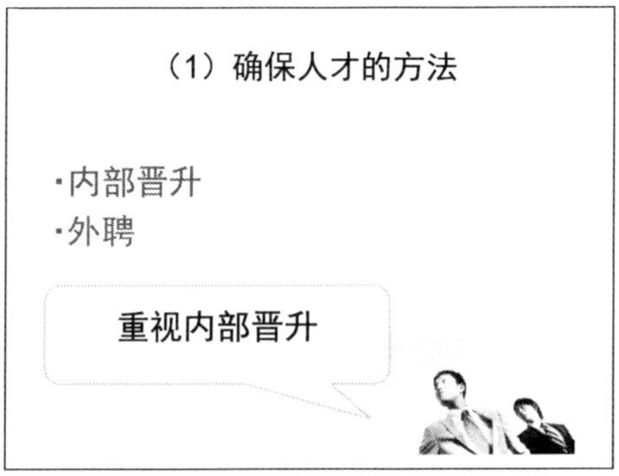

（1）确保人才的方法

・内部晋升
・外聘

重视内部晋升

企 J108

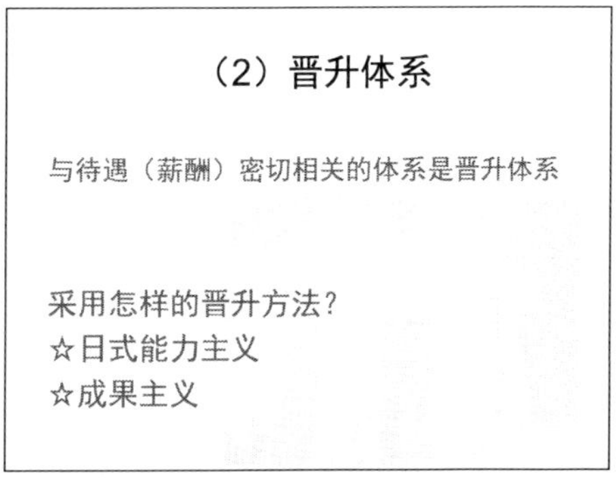

（2）晋升体系

与待遇（薪酬）密切相关的体系是晋升体系

采用怎样的晋升方法？
☆日式能力主义
☆成果主义

企 J109

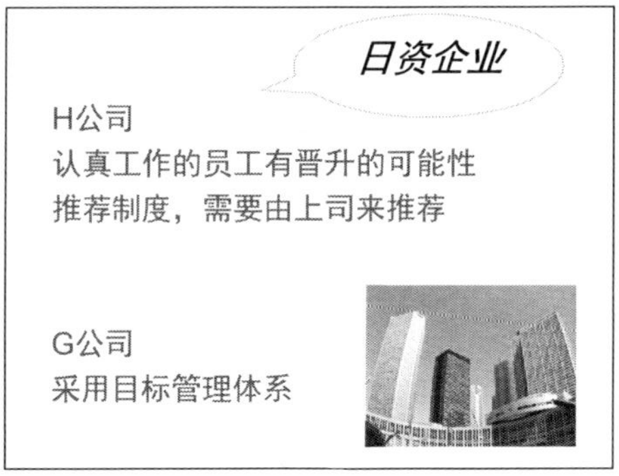

日资企业

H公司
认真工作的员工有晋升的可能性
推荐制度，需要由上司来推荐

G公司
采用目标管理体系

企 J110

中国企业、欧美企业

成果主义

透明的"公司内部招聘制度"

企 J111

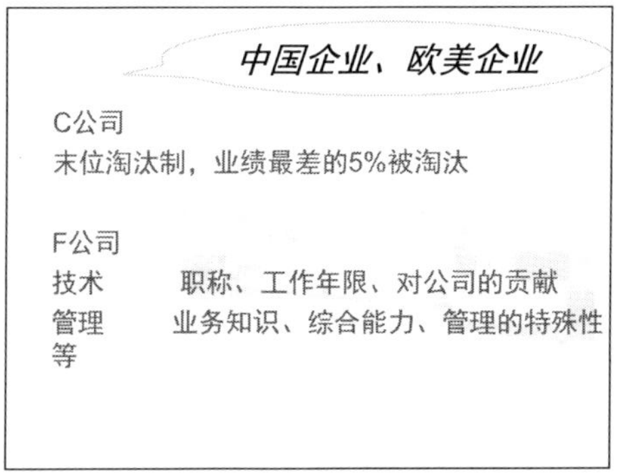

中国企业、欧美企业

C公司
末位淘汰制，业绩最差的5%被淘汰

F公司
技术　　职称、工作年限、对公司的贡献
管理　　业务知识、综合能力、管理的特殊性
等

企 J112

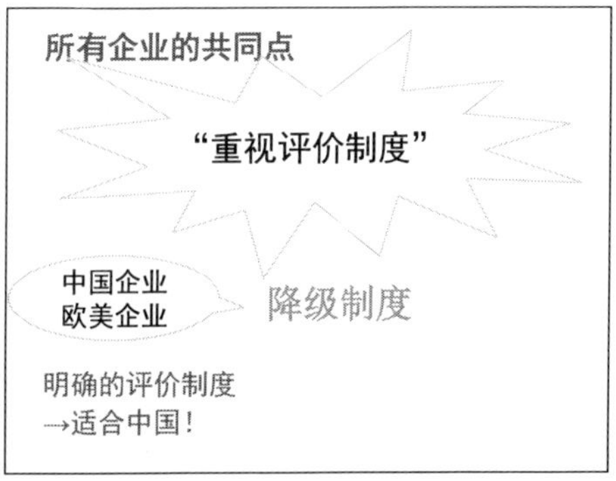

所有企业的共同点

"重视评价制度"

中国企业
欧美企业　　降级制度

明确的评价制度
→适合中国！

企 J113

（3）晋升速度

调动员工积极性的关键

员工晋升大概需要多长时间？

企 J114

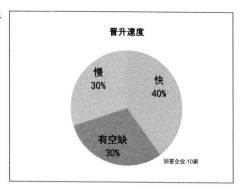

晋升速度
- 快 40%
- 慢 30%
- 有空缺 30%

回答企业:10家

企 J115

日资企业

I公司
最慢　科长→部长（10年）

H公司
6、7年左右

企 J116

中国企业

C公司
工作3年以上有机会晋升
优秀员工可能仅一年半时间就能晋升

企 J117

（4）在工作中调动员工的积极性

企业还采取了怎样的对策？

企 J118

日资企业

A公司
调动员工个人的积极性
调动公司团队的积极性

I公司
每个月会对操作工进行操作失误的统计
每月一次的评价

企 J119

中国企业、欧美企业

D公司
　职位评估制度

企 J120

中国企业、欧美企业

B公司
提案制
公司每年都会评出10名优秀员工

企J121

4、小结

企J122

离职率低的因素→福利和工资

日资企业→福利制度
欧美企业→工资

人才录用：
日资企业→人性
中国企业和欧美企业→专业性

企J123

中国企业、欧美企业契合年轻人的追求

随着年龄的增长，会越来越追求稳定的工作

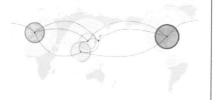

企J124

日资企业
会给员工营造一个家的氛围

中国企业
重视员工的能力

欧美企业
重视员工的提案，增强了员工的归属感

企J125

5、总结

企J126

雇用
- 完善待遇机制
- 重视个人能力
- 提高工资薪酬

人才培训
- 员工的发展空间
- 企业所需要的人才

企J127

今后的研究课题

➢ 企业将采取怎样的人才培训方式
➢ 与世界五百强企业竞争
➢ 确保人才对于保持企业发展活力是非常重要的
➢ 企业和员工能够共享发展利益
➢ 结合全球化的视点进行人才培训

不断虚心向其他企业学习
这一态度

企J128

参考文献

市场调查会社ユニバーサム(Univeraum)
http://universaumglobal.com/ideal-employer-rankings/student-surveys/china/

NASDAQ (2011)「2012离职与调薪调研报告」
http://time-az.com/main/detail/32495
http://wenku.baidu.com/view/b7d1126bcd126ff7050bf3.html

汤通(2006)「中国に进出する日系企业の人材战略—ローカル企业の人的资源管理を踏まえて」『尊修大学社会科学研究所月报』(515号) p.26
http://universaumglobal.com/ideal-employer-rankings/student-surveys/china/

苏州工业园区人力资源开发有限公司(2010)
「2010年度苏州市日资企业薪酬和福利调查报告」
http://www.docin.com/p-356685275.html

ジェトロ上海作成(2013)
www.jetro.go.jp/world/.../suzhou_industrial_park_201307.xls

企 J129

参考文献

みずほコーポレート銀行　中国営業推進部(2013)
「蘇州市概況」
http://www.mizuhobank.co.jp/corporate/world/info/cndb/regions/city/huadong/pdf/09-0018-AF-0401.pdf#search='%E6%B1%9F%E8%98%87%E7%9C%81%E6%A6%82%E6%B3%81+%E5%A4%96%E8%B3%87%E7%B3%BB%E4%BC%81%E6%A5%AD%E6%95%B0'

トランザクションバンキング部　中国調査室　黒瀬智則(2013)
三菱UFJ銀行(中国)有限公司　BTMU(China)経済週報臨時号第43期
「中国華東地域 投資環境(開発区)の現状① ～江蘇省～」
https://reports.btmuc.com/fileroot_sh/FILE/full_report/130513_01.pdf#search='%E4%B8%AD%E5%9B%BD%E8%8F%AF%E6%9D%B1%E5%9C%B0%E5%9F%9F+%E6%8A%95%E8%B3%87%E7%92%B0%E5%A2%83%E3%81%AE%E7%8F%BE%E7%8A%B6'

企 J130

企 C1

企 C2

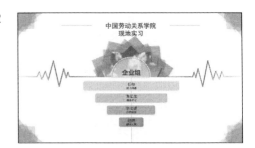

企 C3

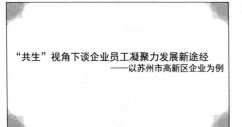

企 C4

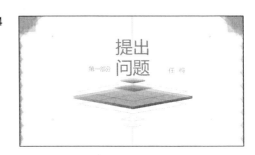

企 C5

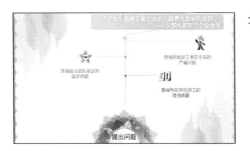

企 C6

企C7

企业员工凝聚力问题急需新的解决途径

⇩

"共生"

企C8

概念界定

企C9

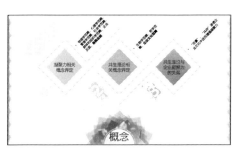

企C10

企C11

企C12

企C13

举例表述

企C14

企 C15

企 C16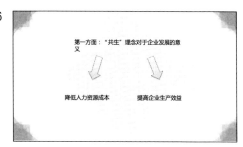

企 C17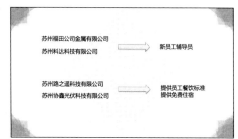

企 C18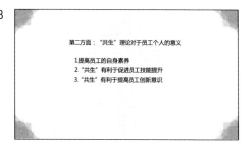

企 C19

企 C20

企 C21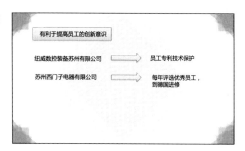

企 C22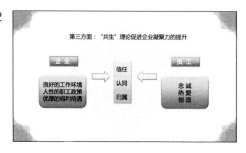

企 C23

企 C24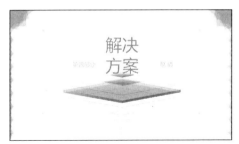

企 C25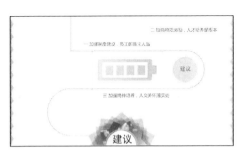

企 C26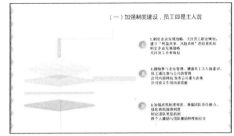

企 C27

企 C28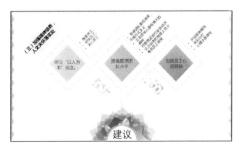

企 C29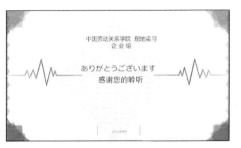

企 C30

第16回中国現地研究調査の講評

企業班担当教育　唐燕霞

〔事前準備〕企業に関する資料が多かったので，学生たちは資料の消化や専門用語の勉強などでかなり苦労した。プレ報告会は2回ほど中国語で発表したので，中国語能力の向上に役立った。

〔現地での調査とシンポジウム〕今年は初めて，中国人学生と共同調査を行ったので，異なる視点から企業調査や研究報告ができて，学生の視野を広めることができた。中国側の学生は日本語がわからないので，普段中国語で交流せざるを得ないため，中国語の上達につながった。毎日調査結果をまとめたため，シンポジウムの準備はよりスムーズにできたが，全体として準備時間が少ないため，中国語の発音の練習が十分できなかった。しかし，シンポジウムでの報告は内容も良く，中国語も流暢であったので，皆が大きく成長したと感じた。

〔全体を通して〕今年は2月から日本社会調査に参加させたので，学生は早い段階から調査方法などについて勉強することができた。また，中国語も4月から特別授業を導入したので，中国語能力もある程度向上できたと思う。全体として，学生たちはチームワークが良く，真面目で積極的で，知的好奇心が高いので，指導する教員と学生双方にとって，実り豊かな現地調査ができたと思う。

農村班担当教員　松岡正子

〔事前準備〕2月の日本社会調査への参加や日本語と中国語による複数回のプレ報告会は効果があった。農村班は例年通り，現地に関する資料が少なく，しかも中国語がほとんどであったが，学生は果敢に取り組み，プレ報告会にきちんと間に合わせてきた。7月中旬に調査地の変更が知らされ，定期試験直前でもあったのでどうなることかと案じたが，学生はほぼ徹夜状態でもう一度とりくんでくれた。すばらしいチーム力だった。

〔現地での調査とシンポジウム〕日中共同調査という形態は，調査においては表面的になりがちな日本人学生の質問や見方が中国人学生によって深められ，報告会でもそれぞれの長所短所がよくでて，互いに啓発しあうことができた。日常生活でも互いに語学を学びあい，心の通った交流がみられた。シンポの準備はやはりとてもタイトで，全員半徹状態であったが，アシスタントの李さんに助けられた。ただし共同調査ではアシスタントの負担が増すため，増員についての検討が必要だろう。

〔全体を通して〕学生は事前準備の段階から互いに助け合い，もうこれ以上やれないというギリギリまでがんばった。重要な経験になったと思う。

都市班担当教員　劉乃華

〔事前準備〕此次都市班实地调研前期的教学由日本教师和中国教师共同承担，这使学生们在获得较为丰富的日语和汉语资料的同时，亦能从不同的角度了解苏州城市生活的面貌。学生们在研读资料的过程中，结合自己兴趣和理想，不落窠臼，不囿陈规，就苏州的公益、养老和古文化街保护等选题进行学习、思考和研讨。尽管存在选题过宽和汉语水平有限等不足，但学生们不拘一格、勇于探索的态度是值得肯定的。

〔現地での調査とシンポジウム〕无论是走访社区、家庭，抑或是调查街道、名胜，学生们在实地调查时，都能积极地倾听、专业地提问、认真地记录。每天调查结束后，又能在中国大学生的热情帮助下，及时整理笔记、共同探讨选题、深化调查内容。中日学生共同调查，相互交流研讨，这种跨文化的体验，开阔了两国学生的视野。有的学生白天调查感到"意犹未尽"，晚上又不顾疲劳再次踏足店家调查。在总结成文阶段，中日学生废寝忘食，夜以继日，切磋研讨，反复修改。在研讨会上，因安排不当致使精心准备的PPT未能顺利展示，给大家留下了一丝遗憾，但学生们深入的调研成果、良好的精神风貌及较为流利的汉语，仍为这次实地调研划上了圆满的句号。

〔全体〕此次调研的圆满成功是与中方师生和其他相关人员的大力帮助分不开的，借此机会，深致谢忱。作为一名汉语教师，首次涉足社会调查这一专业性很强的工作，颇感力不从心，倘有不当，希能谅解。最后提出一点建议，对中国或其它汉语地区开展调研，从前期准备到实地调查，直到发表调研成果，汉语贯穿调研始终，这不仅要求学生具有一定的社会调查知识，同时要求学生具备一定的专业汉语基础。学生们不仅应具有听说读写译的"综合性"能力，还应掌握与调查相关的特殊词汇和表达方法这一"专业性"汉语。现地主义教育是一极富现实感的教育理念，汉语教育在课程设置、教材编写乃至教学方法上，都应紧密围绕这一理念付诸实施，这是为确保调研质量而亟需解决的课题之一。

都市班担当教員　藤森猛

〔事前準備〕今回は劉乃華先生をサポートするために、急きょ「現地研究調査基礎」を担当した。しかしながら、私自身蘇州に関する資料は十分に揃っておらず、また都市班の調査内容がまとまらない段階で、具体的な調査地を決定していかなくてはならなかった。また学生たちは非常に積極的に事前学習に取り組んでいたが、特に歴史文化街保護・旅行グループは7月になるまで調査地が確定しなかった。このため3回のプレ報告会では報告内容が毎回変わり、資料作成はかなりの困難を極めた。このような条件下でも、学生たちは報告書をよくまとめることができたと思う。

〔全体〕今回の現地研究調査に参加した学生たちは、台湾の東呉大学の日本調査の時から、学習意欲に溢れていた。また明るい学生が多く、都市班でも劉乃華先生などの中国語の指導を素直に受け止めていたので、非常に好感が持てた。学生の皆さん、先生方に感謝申し上げたい。

都市班担当教員　加治宏基

〔事前準備〕私は、実質的にはプレ報告会から関与した。報告の様子から、各班の準備状況には、調査研究をめぐる基礎教養の理解に差異／濃淡が見受けられた。これは今年度の都市班への特殊な指導事情（複数教員による指導方針・方法の不統一）に起因するもので、次年度以降には改善すべきポイントである。上述の事由もあり、都市班は2グループ間での共通の研究テーマを協議するに至らなかった。結果として、調査項目の策定が後手後手となった。

〔現地での調査とシンポジウム〕前半1週間は、労働関係学院のカウンターパートや上海外国語大学の通訳学生による協力の下、聞取り内容の整理に終始した。初の共同研究だったため、報告準備段階において日中学生間で調査結果に基づいた討議の余裕はなかった。しかし、後半1週間での長時間に及ぶ共同作業を経て、相当程度の相互理解を培うことができた。そのうえで、報告は日中間の調査視座の相違を明示するものとなった。

〔全体〕共同研究のカウンターパートである中国学生が日本側の準備をサポートするため、増員による負担是正を希望する。共同研究は、学生にとっても教員にとっても重要な教育機会であるがゆえに、調査内容・研究視座に関する議論を実現しうる中国語力を含む事前学習と実践との連関を高めねばなるまい。最後に、参加学生にはこの経験を日本社会で存分に活かしてもらいたいと願い、期待する。

編集後記

◇初めの作業では納得のいくようなページが作れず、読者に内容を伝えることの大変さを痛感しました。編集委員の仕事は、限られたページの中で読み手に伝えることだと思います。そのために、学生の視点からとらえた中国を伝え方や写真の選び方にこだわり、最後には編集という地道な作業を繰り返す、本の出版には欠かせない重要な役割だと感じることができました。編集作業にあたって、先生方や出版社の方々のご指導、編集委員の仲間の協力によって1冊の本にまとめることができ、感謝の気持ちいっぱいです。

（企業班　森有里花）

◇謝辞などを書く際に、間違えては絶対にいけないので細心の注意を払って作成しました。謝辞には多くの人や団体の名前があり、現地研究調査は本当にたくさんの人たちの力に支えられていたのだと実感しました。編集委員として周りの人たちに感謝の気持ちを表すことができる作業に携われて良かったです。見聞録では自分たちが蘇州での出来事で何が一番伝えたいのかというイメージを持つことが難しく、作成には苦労しました。何度も相談しあい作り上げた班ページは満足いくものになったのでとても嬉しいです。

（企業班　柴田優季）

◇編集委員の仕事は細かくて時間がかかるものが多く、仕事が舞い込むたびに何度も打ち合わせを繰り返しました。帰国前にきちんとデータを集めてきたのに、書き出したら分からない部分が続出して、農村班の皆に迷惑をかけました。他の人を頼ること、わからないことはきちんと聞くことの大切さを痛感しました。正直苦しかったこともありましたが、今となっては編集委員の皆、担当してくださった松岡先生に感謝の気持ちでいっぱいです。ありがとうございました。

（農村班　石田彩花）

◇編集委員の仕事が本格化してきた時期、農村班の編集委員は各自やらなくてはならないことが多くあり、焦ってばかりいました。しかし、編集委員のみんなが頑張っている姿を見て、私も頑張らなくてはと思えました。特に見聞録のページについては、なかなか思うように進まず、行き詰ってしまうこともありましたが、その都度話し合い作成してきました。編集の仕事は細かい作業も多く、一人でこなそうと思ってもなかなか難しいこともあり、みんなの協力あっての仕事だなと感じました。

（農村班　吉田美波）

◇今回編集委員として活動する中で、ページの構成を考えたり出版社の方と打ち合わせをしたり、と貴重な経験をたくさんさせていただきました。自分の担当した部分のページは地図の使用、日程表の作成など慣れていないことばかりで悪戦苦闘しました。おそらく他の編集委員も同じ思いをしていたでしょう。ほんの少しですが本を作ることの大変さを知ることができたように思います。先輩から聞いていたとおり活動内容はかなりハードで、最後まで一人ひとりが責任と締め切りと格闘している状況が続きっぱなしでした。二度言いますが、かなりハードです。しかし、委員みんなで互いの穴を補い合い、助け合うことで完成に至ることができ、個人戦でもあり、団体戦でもありました。最後にみなさん、本当におつかれさまでした。

（都市班　槌岡咲帆）

◇現地研究調査が終わり、編集委員としての仕事が始まりましたがほとんど槌岡さんに任せっぱなしで、他の編集委員のみんなにも迷惑をかけ、すみませんでした。見聞録を作成する際に写真を見返したのですが、他にも使いたい写真がたくさんあり、すごく悩みました。蘇州にいた2週間は濃かったので、1ページに収めるのは難しかったです。初めて本の編集という作業に携わり、わからないことばかりで足を引っ張ってしまいましたが、とても良い経験になりました。

（都市班　馬場有沙）

謝　辞

◇今回の中国現地研究調査にあたり，現地での調査およびシンポジウム開催に，多大なご協力を賜った以下の団体および個人の皆様に心より感謝いたします。(以下，敬称略)
◇中華全国総工会の彭勇中国職工交流中心秘書長をはじめとする諸先生方，蘇州市総工会の高慧芹副主席，強暁波弁公室副主任，中国労働関係学院の李徳斉院長，呉万雄外事弁公室主任，李双文化伝播学院院長，蘇州市総工会の佟春営氏，熊毅氏，張黎浄氏，王子清氏をはじめとする諸先生方，中国労働関係学院の焦園媛（院長弁公室総合信息科），戦帥（団委副書記），常爽（外事弁公室国際交流科）の諸先生方，上海外国語大学の江亦舟（科研処職員），楊玉竹（院生），李穎（院生），中国労働関係学院の祝乾坤，張涛，博鈺莳，費敬一，任特，趙晴，張弘弦，李美諾，龍泓宇，黄鈺琳，楊沢鑫，余程瑶ら学生の皆さん。
◇中国現地研究調査に快く応じていただいた以下の方々にも心から感謝いたします。
〈農村班〉蘇州市呉中区東山鎮では楊湾村村委の呉永強書記，朱迎春氏，陸巷村外婆橋農家楽の孔X家，叶D家，螺碧村の朱X家，顧X家，太湖村の周Z家，周L家，李X家，東山集鎮の蘇州東山永財農副経営部の徐Y家，東山集鎮市場でインタビューした皆様方，蘇州中国国際旅行社の金敏氏（以上東山鎮），同区西山鎮では石公村黄家堡の歌月湾農家楽の黄Z家，黄X家，朱F家，蘇州市呉中区呉門碧螺春茶叶専業合作社の黄X，震栄村の周Y家，沈X家，蘇州葛家塢生物科技有限公司蘇州西山霊芝仙草園の祭軍峰，東蔡農貿市場でインタビューした皆様方（以上西山鎮）。
〈都市班〉姑蘇区桂花社区服務中心，姑蘇区友新街道四季晶華社区居民委員会，蘇州市社会福利総院，蘇州中国国際旅游社有限負責公司，蘇州市工人文化宮，姑蘇区の訪問家庭の皆様方。
〈企業班〉佳能蘇州有限公司，蘇州西門子電器有限公司，蘇州路之遥科技股份有限公司，蘇州科達科技有限公司，華能蘇州熱電有限責任公司，紐威閥門有限公司，住友電工光電子器件有限公司，蘇州福田金属有限公司，NGK蘇州環保陶瓷有限公司，永旺夢楽城呉中店，蘇州協鑫光伏科技有限公司，易程(蘇州)電子科技股份有限公司の皆様方。
◇日本の以下の方々からも多大なご支援を承ったので，感謝の意を表します。
小崎昌業霞山会名誉顧問，愛知大学同窓会の高井和伸東京支部長・森満刈谷支部長・村瀬栄治上海支部長・中山弘・嘉村孝・小川悟・江南・相曽司・上田有紀，愛知大学中国同学会の小林進之輔代表幹事・山下輝夫担当幹事・納冨義宝・千賀新三郎，愛知大学孔子学院の加納靖久・川俣周二・佐藤憲子・冬木裕子・長尾ひろ・蒋田まゆみ・落合由美，愛知大学大学院中国研究科の本多正廣・増田喜代三・齋藤晃一郎ら皆様方。
◇〈愛知大学〉佐藤元彦学長，安部悟現代中国学部学部長，中国現地研究実施委員会の唐燕霞実施委員長，松岡正子委員，劉乃華委員，藤森猛委員，加治宏基委員，高明潔現代中国学部教授，阿部宏忠現代中国学部准教授ほか諸先生方，国際交流センターの鈴木康浩氏。
◇本誌の刊行にご協力いただいた株式会社あるむの皆様に心より感謝の意を表します。

[第16回愛知大学現代中国学部中国現地研究調査 2014]
学生が見た蘇州社会──企業活動・農村社会・都市生活

2015年3月10日　第1刷発行

編　集　愛知大学現代中国学部
　　　　中国現地研究調査委員会

発　行　愛知大学
　　　　〒453-8777　愛知県名古屋市中村区平池町4-60-6
　　　　連絡先 TEL(052)564-6128　FAX(052)564-6228
　　　　http://www.aichi-u.ac.jp

印　刷　株式会社あるむ
　　　　〒460-0012　名古屋市中区千代田3-1-12　第三記念橋ビル
　　　　TEL(052)332-0861　FAX(052)332-0862

ISBN 978-4-86333-094-8　C3030